本书获得

● 福建省社会科学规划项目（一般项目）"福建省农文旅

　融合路径与经验研究"（FJ2022B095）资助。

乡村振兴经济研究丛书

福建省农村三产融合发展

过程、成效及收益分配

周 芳 著

厦门大学出版社 国家一级出版社
XIAMEN UNIVERSITY PRESS 全国百佳图书出版单位

图书在版编目（CIP）数据

福建省农村三产融合发展：过程、成效及收益分配 /
周芳著. -- 厦门：厦门大学出版社，2023.10
（乡村振兴经济研究丛书）
ISBN 978-7-5615-9115-4

Ⅰ．①福⋯ Ⅱ．①周⋯ Ⅲ．①农业产业-产业发展-
研究-福建 Ⅳ．①F327.57

中国版本图书馆CIP数据核字(2023)第184186号

出 版 人　郑文礼
策划编辑　潘　瑛
责任编辑　潘　瑛
美术编辑　李嘉彬
技术编辑　朱　楷

出版发行　厦门大学出版社
社　　　址　厦门市软件园二期望海路 39 号
邮政编码　361008
总　　　机　0592-2181111　0592-2181406(传真)
营销中心　0592-2184458　0592-2181365
网　　　址　http://www.xmupress.com
邮　　　箱　xmup@xmupress.com
印　　　刷　厦门市金凯龙包装科技有限公司

开本　720 mm×1 000 mm　1/16
印张　15.75
插页　2
字数　230 千字
版次　2023 年 10 月第 1 版
印次　2023 年 10 月第 1 次印刷
定价　75.00 元

厦门大学出版社
微信二维码

厦门大学出版社
微博二维码

序

　　党的二十报告指出要全面推进乡村振兴,发展乡村特色产业,建设宜居宜业和美乡村。党的十八大以来的历年中央一号文件也多次强调"做大做强优势特色产业""加快发展乡村特色产业"。作为一种"利益共享、风险共担、相互协作"的共生体系,农村三产融合符合中国农村渐进式变革发展的要求,是我国应对农业经济资源禀赋变化的战略性调整,是农业农村发展的重要方向,对于优化农业供给侧结构性改革、促进乡村全面振兴具有重要意义。福建省位处改革开放的前沿,作为耕地资源稀缺的沿海省份,保证农村经济稳步提升的主要举措之一就是拓宽农村三产融合的广度与深度,形成独具特色的发展模式。然而,我国农村三产融合发展还处于初级阶段,融合过程不清晰、成效不显著,缺乏有效的融合标准,收益分配不健全等问题依然存在。本书立足福建,通过理论文献分析和对现实数据的聚类分析,发现福建省农村三产融合问题聚焦于融合过程、融合成效、收益分配三个方面,而现有研究较少对这三方面的问题进行逻辑上的理论推导以及现实案例的契合性论证。

　　基于此,本书着重研究福建省农村三产融合发展的过程、成效及收益分配三个方面的问题,构建了一套以融合过程为基础、融合成效测评为标准、融合收益分配为保障的 PED 分析框架,以论证三者的逻辑关系:(1)解析融合过程,构建融合过程图谱是开启福建省农村三产融合发展之路的基础。采用扎根理论的研究方法探索性地提出农村三产融合演进过程的 SRM-W 分析模式,农村三产融合应历经产业公地分析、资源分析、市场分析以及工作分工四阶段得以实现。(2)构建融合成效的测度指标体系、开展融合成效测评,是判断福建省农村三产融合发展过程是否合理、融合发展成果是否有效的重要标准。构建了一套包含产业链延伸、农业多功能性发挥、农业服务业融合、增收与就业、生态效应五个指标层的融合成效测评指标体系,采用因子分析法对十个村进行融合成效测度,分析得分成因。(3)构建融合收益分配策略是推进福建省农村三产融合发展的重要保障。选取融合成效测评得分第一的村,分别考虑局中人整体满意度最优和局中人对合作联盟的边际贡献度两个方面采用模糊合作博弈方法研究了农村三产融合的收益分配问题,比较了方法的差异性和适用性,以为不同情况下融合收益分配策略的选择提供借鉴。最后,构建了以优化融合过程、提升融合成效、完善收益分配、配套相关政策为主要内容的福建省农村一二三产业融合推进策略。

融合基础影响效果,标准为效果立柱架梁,反推过程优化。收益分配是成效实现的保障,又是过程顺利落地的支撑。本书拓展了农村三产融合的研究视域,改进了研究方法,丰富了相关理论体系,在融合过程优化、融合成效提升、融合收益分配方面提出推进福建省农村三产融合发展的建议,以期助力福建乡村振兴。

周芳

2023 年 6 月

目　录

1 绪 论

1.1 研究背景

    中国是世界上最悠久、最文明的农业古国之一,农业文明在华夏大地延续近万年。求生存谋发展,农业发展的脚步从不停歇,至今仍是如此。新中国成立七十多年来,工业化进程的持续加快使我国经济发展取得了令世界瞩目的成就,在党和人民的共同努力下,国家面貌焕然一新,尤以城市建设最为明显。然而,城市发展取得的显著成就在很大程度上牺牲了农村的资源配置,工业反哺农业的诺言也迟迟未能兑现。甚至城市日臻完善的公共服务设施、丰富的就业机会以及可观的收入等一系列明显优势又进一步挤占了农村的生产要素,导致城乡二元化矛盾随着时间推移逐渐凸显,农村日渐凋敝的发展困境迫切需要寻找新的发展思路。进入新时代,以习近平同志为核心的党中央高度关注三农发展,农村经济的复苏与提振被提上议程。2004 年以来连续 19 年中央一号文件聚焦三农,强调了三农问题"重中之重"的地位。2004—2010 年是农村"三产融合"的基础;2012 年,引导一产中加入二产,政府补助农产品产地初加工,农业部、财政部针对农村一二产业融合的财政困境出台了农产品产地加工补助项目的优惠政策措施;2014 年,提出将三产连接一产,休闲农业在国内的蓬勃发展引起了国家关注,农业部随即发布通知,指出应将休闲农业融合一二产业。农村三产融合发展是在 2015 年首次被提出来的,其整体规划是实现一产"接二连三";2015 年,农村三产融合正式被纳入为中央一号文件的议题当中,文件明确指出各地应立足自身资源禀赋优势,准确把握市场动向,加快落实农村地区的一二三产业不断地进行融合;2016 年国务院在下发的《关于推进三产融合发展的指导意见》对发展农村三产融合给出了指导意见。2016—2023 年连续八年的中央一号文件都指出农村三产融合发展是农业农村产业发展的重要方向。我国农村三产融合发展探索历程如图 1-1 所示。

图 1-1 我国农村三产融合发展探索历程

2018 年,乡村振兴战略全面启动,中共中央和国务院联合印发的《乡村振兴战略规划(2018—2022 年)》明确指出,我国要在 2020 年初步建设成为农村地区三产融合发展的格局,为乡村地区的产业发展打好基础。国务院在 2019 年 6 月份下发的《关于促进乡村产业振兴的指导意见》当中也作出了明确批示,指出乡村振兴的重要基础是产业兴旺,而只有建立农村一二三产业的融合机制,才能够确保产业兴旺的实现。在落实农业产业现代化的过程当中,必须加快推进乡村振兴战略的实践,没有乡村的振兴,中国就不可能实现真正的富强民主。据农业农村部统计,2019 年,全国农业产业化龙头企业共 9.3 万家,家庭农场已录入 60 万户,农民合作社达到 220.3 万家,其中提供产加销一体化服务的占比达 53%,农产品网络零售额达到 3975 亿元,乡村休闲旅游接待游客 32 亿次,共同推动我国农村三产融合发展。2021 年 3 月十三届全国人大四次会议表决通过的"十四五"规划纲要(第七篇:坚持农业农村优先发展 全面推进乡村振兴)中明确指出要推进农村三产融合发展,延长农业产业链条,发展各具特色的现代乡村富民产业。

党的二十大报告指出,要满足人民过上美好生活的新期待,需提供丰富的精神食粮。2023年中央一号文件提出要推动乡村产业高质量发展,要做大做强农产品加工流通业,加快发展现代乡村服务业,培育乡村新产业新业态。乡村为人们提供的不仅是物质食粮,还有精神食粮。对于产业基础深厚和文化资源丰富的乡村地区,农村三产融合不仅满足了城市居民度假旅游的美好愿望,而且促进了乡村产业结构升级和业态拓展,带动了乡村地区的"文化复兴"与"产业再塑",强化了乡村形象塑造、文化认同、文化自信以及经济发展。

共享经济挑战了人们的经济人假设,在信息化、知识化促进商业模式不断迭代的今天,农业经济形态由传统向融合形态过渡将成为历史必然。中国以创新创业推动农业经济的转型升级和促进乡村振兴。随着我国从"物质性消费"走向"服务型消费"的消费结构转型,消费的升级对农业的物质和精神需求也越来越强烈,农业不仅有生产功能,还有社会功能、生态功能、文化传承等重要意义。农民对农产品的功能化、多样化、个性化、体验化、高端化的要求不断提升,农村三产融合发展面临更大机遇。随着一系列文件相继发布,"三产融合"的概念逐渐明晰,其实现路径的探析也逐步成为新的农村政策导向之一。实践证明,三产融合是促进农业增效的长效机制,是拓宽农民增收渠道的有效途径。三产融合有效延长了农业产业链,提升了价值链。作为供给侧结构性改革的着力点,农村三产融合是我国应对农业经济资源禀赋变化的战略性调整。多项农村资源倾斜的政策体系表明了振兴乡村的决心,为乡村发展提供了养料充足的成长土壤,由此也加速孕育了多种形态的产业模式,农村产业化发展初具规模。农村三产融合发展是缓解农村资源环境的刚性约束、推进全面建成小康社会、推动城乡一体化发展、促进农业现代化的必然要求。农村产业由单一的农业粮食生产逐步转变为多样化的业态是农村实现长远发展的必由之路,也是乡村振兴战略产业兴旺的题中应有之义。农村三产融合深度与广度的进一步加强,是推动农业供给侧结构性改革持续深化的有力举措,是提高农民收入提升农民幸福感与满足感的重要路径。"农村三产融合"是扩大农村消费、增加农民收入的重要手段,将农业第一产业的生产、第二产业的加工、第三产业的流通、服务以及互联网和文化创意产业融合一体化,给农民带来更多附加值。农村三产融合强调了龙头企业、农民合作社、家庭农场、供销合作社、农户、民间资本等的作用,产业链、利益联结机制的构建是关键,企业和农民间利益分配贯穿于产业融合过程的始终。

中国经济增长进入新常态,中国以创新创业推动农业经济的转型升级和促进乡村振兴,福建省亦是如此,福建省内产业结构也从"量变"走向"质变"。福建省作为耕地资源稀缺的沿海省份,其保持农村经济稳步提升的主要举措之一就是加快三产融合的广度与深度,形成了独具特色的发展模式,并取得了显著成效。福建省积极推动农村产业融合发展试点示范建设、抓好顶层设计、加强组织协调。为福建省开展城乡融合发展工作明确了总体目标和重点任务,福建省印发《2020 年全省新型城镇化和城乡融合发展工作要点》,明确将"加快推动城乡融合发展"作为重点任务,围绕"进一步推动城乡基础设施一体化""加快城乡公共设施建设"等方面提出具体工作安排。2022 年 8 月,福建省自然资源厅会同省发改委、省农业农村厅研究制定了《保障和规范农村一二三产业融合发展用地实施细则》,进一步规范了农村三产融合用地。福建省耕地资源有限,以求在现有的资源条件实现集约化经营、精细化耕作,实现"小资源,大利用,小产品,大文章",借助产业的交叉、渗透、延伸和拓展,实现农业的多重功能。然而,我国农村三产融合总体仍处于初级阶段,融合程度低,产业链、价值链不充分、不清晰,惠及面窄,拼农资投入、拼资源消耗、粗放式的发展,利益联结机制不健全等问题还是普遍存在,福建省亦是如此。农业生产成本的"地板"上升和价格"天花板",农业发展面临重重困境。部分农村地区成功实现了第一产业"接二连三",但因为农业生产成本的上升、资源要素的约束、经营模式粗放、商业模式雷同,导致产业融合成效不明显,产加销不顺畅,卖不出、运不走、利润低等现象还普遍存在,农村三产融合发展的道路并不顺利。农村三产融合过程中存在哪些具体问题,有待对现实调查的进一步分析和解读。

1.2 研究意义

本书立足福建,面对现实,聚焦福建省农村三产融合发展的核心问题,构建农村三产融合的 PED 分析框架,主要研究了融合过程、融合成效、融合收益分配三个方面的问题。解析融合过程,构建融合过程图谱是开启福建省农村三产融合发展之路的基础;构建融合成效的测度指标体系、开展融合成效测评,是判断福建省农村三产融合发展过程是否合理、融合发展成果是否有效的重要标准;构建融合收益分配方案是推进福建省农村三产融合发展的重要保障。理论的提出具备较好的现实支撑,研究具有较强的理论意义和现实意义。

1.2.1 研究的理论意义

(1)丰富了农村三产融合研究的相关理论,分析了农村三产融合发展从无到有的演进路径,探索了融合的前提、农村三产融合应分析何种资源和市场条件,以及融合的落地和实施保障。研究通过对福建省农村三产融合演进过程研究,对于拓展农村三产融合研究视野和促进农村产业结构升级、实现共享经济具有一定的理论意义。

(2)构建了以村为评价对象的农村三产融合成效测评指标体系,以此识别和检验产业关联下的产业融合的有效性,运用因子分析对福建省九地市和十个村三产融合成效进行评价并解析其得分成因,期望该评价模型及应用可以为其他地区的三产融合成效测度提供借鉴。

(3)提供了农村三产融合收益分配的解决方法。公平合理的合作收益分配是农村三产融合得以有效和持续发展的重要保证。本书借助模糊合作博弈的思想,分别采用三种算法计算农村三产融合的收益分配情况,并对方法的使用进行比较性分析,丰富了模糊合作博弈思想应用于农村三产融合收益分配的相关研究。

(4)拓展了农村三产融合的研究方法,综合采用聚类分析、扎根理论分析、案例研究法、因子分析法、模糊合作博弈方法,理论与实证分析相结合,定性与定量相结合,丰富和深化了农村三产融合的研究方法。

1.2.2　研究的现实意义

从农村三产融合行为主体层面和政府两个层面有利于福建省农村三产融合活动的推进。

(1)从农村三产融合行为主体层面出发,有利于村集体、农业企业、家庭农场、合作社等行为主体更好地了解三产融合发展条件、行为路径、形态和效果。能帮助其解决农村三产融合发展实践中融合主题定位不清晰、分工责任不明确、发展路径模糊、融合成效不易识别、收益分配不合理的问题,以期提出更好的产业融合发展思路,优化融合路径和方略。对于优化资源配置、分工内部化、产业结构升级,为农村第一、第二、第三产业的融合协调发展提供建议。

(2)从政策层面,加深政策对农村三产融合实践活动的指导,优化农村三产融合成效评价体系,既关注融合结果也关注融合过程。厘清农村三产融合演进的现实困境,构建演进过程模型,培育形成产业间的良性互动、资源对接、利益共享的新路径、新模式、新业态,有利于进一步解决农村三产融合发展中出现的困境与问题;为政府制定相应的农村产业融合发展战略提供支持,对福建省乃至我国其他地区的农村三产融合发展也有一定的借鉴意义。

1.3 问题的提出与研究目标

1.3.1 问题的提出

农村三产融合是一项复杂的系统工程,是一个多层面、多元化、相互交叠的立体系统。农村三产融合发展目前还处于初级阶段,还面临着许多问题。诚然,本书不可能研究福建省农村三产融合发展的所有问题,但紧扣现实乡村实践中融合主体关注的核心问题。一是福建省农村三产融合发展面临哪些现实困境? 二是农村三产融合从无到有的演进逻辑和程序是什么? 应具备哪些融合基础和条件? 融合的开发和培育阶段应实施哪些具体工作,如何分工与落地? 三是如何提升融合成效? 融合成效的测度标准是什么? 怎么测度? 有没有相关评价量表得以支持? 四是如何破解收益分配不均的难题,强化融合保障? 本书拟围绕上述问题逐一展开研究并回答。

1.3.2 研究目标

本书在分析福建省农村三产融合发展现状及存在问题的基础上,对相关问题进行归纳性概括和聚类分析,研究目标主要聚焦于三个方面:(1)优化融合的过程:厘清农村三产融合发展过程,把握融合各阶段的主要任务,以期找准融合定位、培育融合资源、推动融合分工落地。(2)构建融合测评的标准:构建以村为评价对象的农村三产融合成效评价指标体系,以期识别农村三产融合成效、检测融合推进过程的合理性。测评指标体系的构建可以为农村三产融合实践活动起到一定的导向作用。(3)衡量融合的收益分配:采用三种不同的模糊合作博弈算法计算农村三产融合收益分配,分别考虑两种不同情况下的收益分配策略。比较了三种方法的适用性和差异性,以为不同情况下收益分配算法的选择提供参考。(4)构建农村三产融合推进策略:围绕"融合前提—开发与落地—培育与实施—成效测评—收益分配"等要素,从运营主体和政府两个层面提出农村三产融合推进策略。本书旨在清晰化农村三产融合发展的演进过程、评价体系,明确收益分配方案,优化融合方略,为福建省乃至其他地区的农村三产融合发展提供一定的理论参考。

1.4　研究思路与研究框架

1.4.1　研究对象

村是重要的基层单元,既有地域性的结合又有落地性的优势,许多村集体自建村集体经济组织(陈亚东,2018),有较强的乡村旅游发展的需求。本书立足福建,融合主体主要有两种情况:一种是村集体领办的村集体经济组织(农业企业或合作社等),村民以入股企业或合作社的方式参与产业融合活动;另一种是村集体通过出租集体资产、入股分成、提供中介服务等方式依托农业企业、旅游企业、合作社、家庭农场、种养大户等新型农业经营主体共同实施农村一二三产业的融合活动。

本书第 4 章以福建省 50 个村作为样本村展开融合问题的调查,聚类分析提炼现存的主要问题。第 5 章、第 8 章分别以福建省 10 个融合具有代表性的村为例(A 村—J 村),分析其融合的过程,构建融合测评指标体系,并对10 个村的融合成效进行评价。第 9 章以融合成效显著为例,探讨其融合收益分配问题。本书的研究主体保持了逻辑上的相对一致性,主要研究对象如图 1-2 所示。

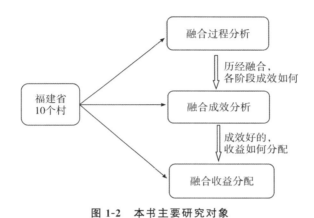

图 1-2　本书主要研究对象

1.4.2　研究思路

本书梳理相关文献,借助相关理论,在农村三产融合这一"现实存在"中挖掘其可能存在的问题,构建分析框架,分析现实问题,解决问题。首先,在理论分析基础上,对福建省 50 个村展开调研,分析其农村三产融合现存的问题,整理出 765 条原始语句,提取高频词,基于 K-means 算法进行聚类分析,结果显示农村三产融合现存问题聚焦于融合过程、融合成效测评、收益分配三个方面。其次,采用扎根理论研究方法,以福建省 10 个村为例探讨其三产融合过程,并进行融合成效的评价,以检验融合过程的合理性。接下来,研究农村三产融合的合作收益分配问题,以融合成效排名前三的村为例进行合作收益分配的计算,分别考虑基于局中人整体满意度最优和局中人对合作联盟的边际贡献度两种情况下的三种模糊合作博弈算法,比较不同情况下不同方法在融合收益分配应用中的适用性和有效性。最后,以厘清融合过程、提升融合成效、健全收益分配为出发点,提出以运营主体为主导和以政府为主导的农村三产融合推进策略。

1.4.3　研究框架

本书共计 11 章内容,对福建省农村三产融合过程、融合成效、融合收益分配问题进行研究。结构框架如下:

第 1 章为绪论。介绍研究背景、研究目的和意义,对思路和研究框架进行说明,简要介绍本书所使用的研究方法和研究对象,厘清了本书的技术路线,指出可能的创新点,同时提出本书"深入情境—提出现实问题—分析理论基础—构建理论框架—理论的验证与实证研究—理论的应用与对策建议"的研究逻辑。

第 2 章为理论基础与研究综述。梳理并分析本书所依托的相关理论,如产业融合理论、产业集聚、六次产业化、分工理论、农业多功能性理论、合作博弈理论,概括了农村三产融合发展的历程,对农村三产融合的内涵、融合动力、融合发展路径、融合类型、融合成效测度、融合收益分配等方面的研究进行概括、归纳与总结,并对相关研究进行了评述。

第 3 章为福建省农村三产融合发展现状。提出作为耕地资源稀缺的沿海省份,福建省保持农村经济稳步提升的主要举措之一就是加快农村三产融合的广度与深度,概括出福建省农村三产融合的四种发展模式,提炼出福建省农村三产融合的四个典型特征——特色主导产业带动、乡村文化旅游协同、依托规划引领建设、创建试点示范先行,分析了福建省 6 个国家级农村产业融合示范区的发展情况。

第 4 章为农村三产融合 PED 分析框架构建。首先基于大样本的调查，以村为研究对象调查融合现存问题。对福建省 50 个村的三产融合现存问题展开调研，根据 216 位访谈对象对农村三产融合发展现存问题的回答，收集了 765 条有效原始语句，提取出 52 个高频词，利用 UCINET 软件采用聚类分析的 K-means 算法对高频词进行聚类，构建共线矩阵，聚类结果显示，福建省农村三产融合现存问题主要聚焦于融合过程、融合成效、融合收益分配三个方面，并据此构建了本书以融合过程为基础、以融合成效为标准、以融合收益分配为保障的 PED(process-effect-distribution)分析框架，分析了福建省农村三产融合一脉相承的三个问题。

第 5 章为福建省农村三产融合过程分析。以福建省 10 个具有代表性的村为例，基于田野调查采用扎根理论的研究方法。首先，在理论分析基础上，探索性地构建福建省农村三产融合的 SRM-W 分析模式，乡村特色产业文化与旅游融合需经历四阶段得以实现，分别是产业公地分析、资源分析、市场分析、工作分工：(1)乡村特色产业文化与旅游融合前提是要找到一个共同获利点，使产业与旅游的结合更具黏性，即进行产业公地 S 性分析(shared analysis)，产业公地是乡村特色产业文化与旅游可共享的某种技术、产品或服务，以及随之产生的技术创新，产业公地有清晰且鲜明的主题，可以撬动不同主体的利益捆绑，进行产业链的延伸、辐射和拓展，并进行分工迂回，最终实现集体效率的提升。(2)乡村特色产业文化与旅游融合的开发与培育：特色产业文化与旅游融合活动的顺利展开，依赖于有效的产业资源 R 性分析(resource analysis)和市场 M 性分析(market analysis)，乡村特色产业文化与旅游融合是一种特色产业资源和文化资源的相互嵌入，依托于对其他资源的有效整合，精准对接市场需求。(3)乡村特色产业文化与旅游融合的落地与实施：福建省农村三产融合的集体行动属性决定了必须要有机构和职能的保障，在此基础上通过工作分工(work division)来完成融合的落地与实施。

第 6 章为农村三产融合过程 SRM-W 分析量表的开发与检验。开发福建省农村三产融合动态演进的SRM-W分析量表：(1)产业公地(S性)分析可以围绕产业公地挖掘(S1)和主题定位(S2)展开。(2)产业资源(R性)与市场(M性)分析：产业资源(R性)分析可以从优势特色产业资源(R1)、旅游资源(R2)、文化资源(R3)、人力资源(R4)、土地、资金资源(R5)，以及共享的技术(R6)展开探讨。农村三产融合市场(M性)分析可以从特色产业市场分析(M1)、旅游市场分析(M2)以及市场定位分析(M3)三方面展开。(3)工作分工(W分析)：工作分工可以从总体形象定位(W1)、功能分区(W2)、职能分工(W3)三方面分析。功能分区可以分析文旅功能区域划分与形象定位，工作分工可以分析各新型经营主体、村集体组织等的责任划分程度。综合而言，SRM-W分析量表包含4个一级指标、13个二级指标和35个三级指标，形成调查问卷。对本课题50个案例样本展开调查，通过对回收数据的统计和分析，利用探索性因子分析和验证性因子分析等方法，验证SRM-W分析模式的有效性，并对量表进行修正。将修正后的SRM-W分析量表应用于乡村特色产业文化旅游示范村，沿着"产业公地分析—资源分析—市场分析—工作分析"的分析流程，对案例的各项指标进行细致列出和分析比较，使其特色产业文化和旅游融合形态逐渐清晰，融合优势更加凸显，分工更有条理，塑造以SRM-W为理论依据打造的福建省农村三产融合的样本。

第7章　为农村三产融合过程SRM-W分析模式的现实应用。基于前文论述的10个运营主体、福建省3个国家级农村产业融合示范园、安溪县城厢镇、古田县际面村等不同农村三产融合案例，采用SRM-W分析模式分析不同三产融合主体的产业公地、产业资源R性与市场M性，以及三产融合不同融合主体的分工机制问题，将农村三产融合过程进行SRM-W分析模式的现实应用。

第8章为福建省农村三产融合成效分析。历经融合各阶段后，需要构建一套相对科学的评价指标体系，以此检验农村三产融合的成效。考虑了融合过程和融合结果两个主要方面，构建评价指标体系，包含"关联性融合"与"结果性融合"两个准则层，细分为产业链延伸，农业多功能性发挥、农业服务业融合、增收与就业、生态效应五个指标层。科学的成效评价体系有助于建立一个判断融合过程是否合理、融合成效是否有效的标准。

第9章为农村三产融合合作收益分配。通过融合成效分析,获得融合收益较多的运营主体之间应该如何分配其合作收益?这里需借助有效的模糊合作博弈方法。因此本章首先分析了融合收益的内涵,以上一章融合成效测评得分第一的村为例,分别考虑基于局中人整体满意度最优以及基于局中人对合作联盟边际贡献度的角度,采用区间值最小二乘预核仁法、修正的区间 Shapley 值两种方法,计算该村的合作收益分配,比较两种方法的适用性和差异性,为福建省农村三产融合收益分配方法选择提供借鉴。

第10章为福建省农村三产融合发展推进策略。基于前文农村三产融合 SRM-W 演进过程分析、融合成效测评和收益分配研究,分别构建了以运营主体为主导和以政策为主导的融合推进路径图。①设计福建省农村三产融合动态演进需遵循的程序和路径,设计各阶段的融合动作。沿着 SRM-W 分析脉络,厘清融合前提,夯实融合基础,明确融合开发与培育阶段的基本任务,确保融合活动的落地与实施。沿着乡村特色产业文化与旅游融合的行为路径图,形成开展福建省农村三产融合活动需遵循的基本参照。②从微观和宏观层面提出福建省农村三产融合的对策建议。微观层面应着手于产业公地的培育、铸就有机融合、开展资源约束下的市场对接与匹配、强化利益联结、确保职能保障等。宏观层面从乡村特色产业、文旅补助资金的优化配置、区域公共品牌塑造、人员调配、科技特派员下乡、职能机构分工等提出建议。

第11章为研究结论与未来研究展望。对全书研究结论进行总结与概括,概括各章节得出的主要观点及其作用,并结合本书的不足之处对未来研究提出了展望。

1.5 研究方法与技术路线

1.5.1 研究方法

笔者在精读国内外的相关研究文献基础上,对其进行了整理和综合分析,运用系统理论、产业集群理论、农业多功能性理论等为本书提供理论支撑,此外综合采用了以下几种方法。

(1)德尔菲法

深入乡村村集体、农业企业、合作社、家庭农场、农户等进行实地考察,与各类人员座谈,在对宏观政策进行分析的基础上,切实掌握农村三产融合的微观现状,理解融合的发展过程、条件、资源与市场情况、工作分工等。采取调查研究与系统分析相结合的方法,研究不同运营主体、不同融合模式下三产融合的形成条件,建立具有自适应的农村三产融合演进过程的 SRM-W 分析模式。同时本书在理论模型建构、农村三产融合评价指标体系的开发等阶段咨询了大量的农业经济管理、应用数学等领域的专家,他们就指标的设置、问卷问题的设定提供了许多宝贵的意见,提高了本研究的信度和效度,也为后续研究提供了可靠、翔实的资料和实证论据。

(2)聚类分析法

本书在识别农村三产融合现存问题中采用聚类分析方法,聚类分析是指按照一定的方法,通过一定程序,以样本数据为依据,将特定的集合自动分组成多个类别,使每一组由类似的对象所组成。使用 UCINET 软件对福建省农村三产融合现存问题的高频主题词进行聚类分析,通过关键词共线频次构建共线矩阵,确定关键词之间的相关性,归纳整理为影响因子,通过聚类识别关键问题。

（3）扎根理论研究方法

扎根理论研究方法是一种质性研究范式，以实际观察入手，通过实践在经验资料收集的基础上寻找反映事物现象本质的核心概念，并上升到系统理论。扎根理论研究反映一种探索的取向，建立一个整体的视角，并分享一种解释和理性的方法，其关键在于从经验事实中抽象出新的概念和思想。扎根理论研究借助情景化的方法兼顾学术的严谨性与管理洞见的发现，破解学术规范性与实用性兼具的难题，有助于对事件的全过程进行逻辑上的复盘与推理，回答"是什么"以及"如何"的问题。扎根理论研究由于其对事件动态过程的追逐以及事件发展脉络的把握而适用于本研究。

（4）因子分析法

因子分析模型以大量数据所反映的变量之间的相关关系作为依据，将庞杂的指标变量体系概括为少数几个综合因子，进而以其作为新的变量更好地解释现实问题。本书构建了农村三产融合成效评价的指标体系，采用探索性因子分析提炼主要成分因子，得到公共因子的载荷矩阵并建立因子分析模型。最后，根据各公共因子得分系数矩阵构建因子得分线性表达式，将标准化之后的变量数值引入方程组，求取各个因子得分，在此基础上，结合公共因子方差贡献率，得出三产融合成效得分。

（5）模糊合作博弈方法

农村三产融合合作收益分配问题是一个典型的模糊合作博弈问题，在收益值并非一个确定值的情况下，各方利益主体通过合作获取较之单干时更多的收益。本书综合考虑个体对总本的边际贡献度和总体满意度最优的两个方面，采用区间值最小二乘预核仁法和修正的区间 Shapley 值法进行农村三产融合收益分配的计算，以降低不确定性，实现相对公平。

1.5.2　本书技术路线

技术路线是对本书研究思路、研究内容、研究方法等的总体规划和概括,反映了本书选题以及各章节之间完整的逻辑关系,本书的技术路线如图1-3 所示。

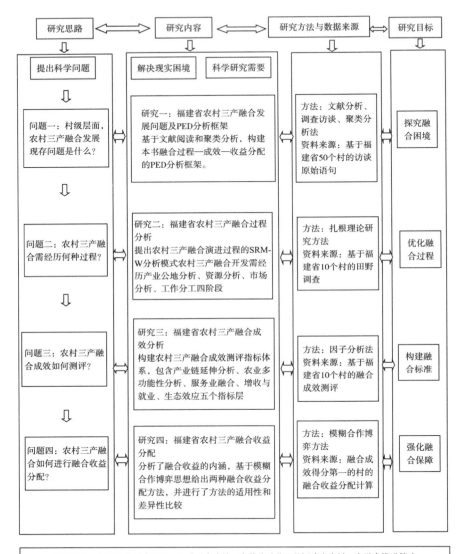

图 1-3 本书技术路线

1.6 可能的创新点

本书拓展了农村一二三产融合的研究领域,改进了农村三产融合的研究方法,丰富了研究的理论体系。具体表现为以下三个方面:

(1)创新相关理论。提出福建省农村三产融合动态演进的 SRM-W 分析模式,实现农村三产融合演进过程维度的可量化和可获取。拓展了研究视角,以实际观察入手,在现实资料收集基础上寻找反映融合路径的核心概念,并上升到理论。从事实中抽象出新的概念,为实践领域的常用词汇寻找到理论基石。通过对福建省 10 个村的农村三产融合演进过程进行分析,采用扎根理论的研究方法,循着"前提—开发与培育—落地与实施"的逻辑理路,提出可参考的农村三产融合过程的 SRM-W 分析模式,即农村三产融合开发需经历产业公地分析(shared analysis)、资源分析(resource analysis)、市场分析(market analysis)以及工作分工(division of work)四阶段得以实现,并进行了分析模式的现实应用,同时实现了农村三产融合过程的量化、判断和评价方法,同时开发 SRM-W 分析量表,并进行量表的检验与现实应用。尝试破解"就融合谈融合"的定性研究局限,为相关领域的量化和实证研究提供参考。这是本书的一个主要创新点。

(2)构建了农村三产融合成效测评指标体系。考虑了融合过程中"产业关联"的手段以及"融合结果"的目的,构建了一套农村三产融合成效测评指标体系,评价指标体系结合福建生态省建设的省情,着重考量了生态效应发挥这一指标。采用因子分析方法对福建省 9 地市以及 10 个村进行融合成效的测评,分析得分成因。

(3)提供了农村三产融合收益分配可参考的解决方法。本书采用模糊合作博弈的方法,分别计算了基于区间值最小二乘预核仁法、修正的区间

Shapley 值法、三角直觉模糊数合作博弈等方法来计算农村三产融合的收益分配情况,并对方法的使用进行比较性分析,以为不同情况下方法的选择提供借鉴。

农村三产融合有很强的实践性,成果要对实践做出指导,但现实中理论研究与实际联系得不够紧密。本书力求在理论提出、实证检验与实践应用三层面的紧密结合取得突破,也是对农村三产融合研究的深化与补充。随着农村三产融合活动在我国的进一步推进,未来有望展开更大范围的研究,进一步拓展研究领域,深化研究案例,并进行案例的跟踪研究。

2　理论基础与研究综述

　　无论何种研究,都建立在前人研究成果的基础上,特别是作为当前活跃发展的农村三产融合实践,无法套用固定的生产函数来得出,而需借助系统的理论科学。农村三产融合作为一种要素集聚的系统化经营,综合借鉴了产业经济学、产业集群理论、分工理论、农业多功能性理论、螺旋创新理论、六次产业化理论的思想和方法。农村三产融合是农业、加工业、流通服务业、休闲旅游业、互联网、文化创意产业等的多元融合与螺旋推进,是"协同效应"下催生的农业经济形态,通过横向与纵向的多元产业间的延伸、渗透、交叉、合作,实现"范围经济效应"。农村三产融合理论源于产业融合理论,是一种农业领域内的产业集聚,与日本的"六次产业化"理论有相似性又有差异性。融合与分工相互影响,相互促进。农村三产融合演进过程中的收益分配问题是一种典型的模糊合作博弈问题,在多元合作的农业集成系统中,分布式的点对点在某种共识机制下形成彼此间的信任,通过某种利益联结机制形成一种不完全合作契约关系,实现在联盟共享经济体中个体收益最大化。本章系统梳理了产业融合理论、产业集聚、分工理论、合作博弈理论、农业多功能性理论,以为研究提供较好的理论支撑。

2.1 研究的基础理论

2.1.1 产业融合理论

农村三产融合源于产业融合理论,二者具有同根性,是产业融合的重要组成部分,农村三产融合的理论研究可以借鉴传统产业融合的理论基础。关于产业融合的由来,Youngjung Geum 等借助 100 个韩国企业的案例数据,得出产业融合的四种类型:技术促进者、政策驱动的环境促进者、服务整合的社会商业生成器、技术驱动的新价值生成器。Sung-Hyun Hwang 采用专利数据,实证分析了韩国 45 个不同产业间的产业融合系数。产业融合被定义为行业之间边界的模糊(Curran et al.,2011;Curran et al.,2010;Hacklin et al.,2009),这是由于共享类似的技术和市场造成的。分享技术或市场的行业既可以相互竞争,也可以相互补充。融合导致新的融合产业和价值链的出现,并为已与他人融合的现有产业和新出现的产业提供了一个动态的商业环境,评测融合的程度和成效如何,对于及时的反应战略至关重要。融合是一个过程,在这个过程中,以前明确界定的事物之间的界限变得模糊。这是因为融合会导致竞争本质的变化,以及支撑受影响产业的经济观念(Bone et al.,2009)。作为技术创新等破坏性因素的来源,融合将传统上不同而稳定的企业聚集到同一领域,产生各种溢出效应。这种行业边界模糊的现象可能发生在两个主要层面:技术和市场。在技术层面,行业竞争是由于技术的高度融合而发生的,新开发的技术被用于各种行业。在市场层面,行业融合是由需求结构的融合引起的,这种融合以产品杂交的形式表现出来,将以前不同的产品结合在一起。融合导致新的融合产业和价值链的出现,并为已与他人融合的现有产业和新出现的产业提供了一个动态的商业环境。产业融合所带来的变化越来越多,各个产业间原有的界限已经开始变得模糊,甚至一部分已经没有界限。具体而言,两个或多个产业之间出现了大量的交叉性业务,同时也可以进行战略联盟式发展。周振华教授指出,随着产业融合时代的到来,传统产业的边界越来越模糊,同时也开启了经济服务化的时代,产业之间可以构建起全新的竞协关系。

运用到农业领域,则是衡量产业在供给端和需求端的融合。在供给方面,农村三产融合反映了产业在技术上日益进步的走势,在需求方面,农村产业融合是不断满足人们日益增长的物质和文化需求的需要。目前的研究表明,不同类型的融合使特定的协作因素成为焦点。技术集成融合的特点是技术推动创新方法和专注于独特的产品特征。技术替代融合是激进的技术变革的到来带来的,这种变革有可能取代现有的知识和能力。企业应监测新的技术趋势,并在客户和市场需求方面不断评估新的技术潜力。在产品替代融合的情况下,企业利用现有的技术能力来增加客户所需的互补功能。产品互补融合的关键焦点往往是产品互操作性和标准开发活动。信任、有效沟通、明确协作角色和目标等一般协作成功因素应成为管理层关注的焦点,而不依赖于趋同的类型。

2.1.2　产业集聚

从国际经验来看,没有哪个产业能脱离其他产业独自发展良好。产业集群(industry cluster)不仅在经济发达国家存在,也在发展中国家陆续出现。从 20 世纪 80 年代开始,美国就建设了硅谷,德国建设了外科器械产业集群,法国则逐渐形成了香水玻璃瓶产业集群,这些集群的蓬勃发展使得产业集群成为经济社会和国民生活当中的热词。就我国来说,从 20 世纪 90 年代开始,广东地区就建设了珠江三角洲的工业集群,浙江地区也建设了温州传统特色产业集群,还有北京所建设的中关村,产业集群在区域经济增长中发挥了十分重要的作用。产业集群理论是 20 世纪 20 年代出现的,20 世纪 90 年代由迈克尔·波特创立,产业集群能够对人才产生较强的吸引力,同时还形成了健全的人才培养机制,使得人才能够获得较好的激励。所以在每一个产业集群当中,人才资源都出现了大幅度的聚集现象。就像迈克尔·波特所描述的那样:从产业的视角来看,地理上的集中性能够发挥较强的磁场效应,使得高级人才和一系列的产业资源都能够快速地向这一中心聚集。同时,人才资源的聚集又为人才的成长和产业的发展、升级提供了保证。因此,需要研究产业集群成为一个"磁场"的原因和如何成为一个"磁场",以及在人才不断聚集的过程当中,能够给人才的成长带来什么样的作用。产业协作延长了产业链的长度,产业集聚拓展了产业链的宽度,产业集群增加了产业链的厚度,产业融合集合了长度、宽度和厚度,进入一个产业发展的新阶段。产业集群是一种组织形式,其发展与技术创新、产业结构调整以及地方经济发展水平密切相关。

相比农业产业化,农村产业融合具有以下特征。一是更加重视农业基础地位。认为只有从农业的角度出发,不断强化对农业产业链和价值链的开发和建设,鼓励农业的多元化功能得到发挥,才能为农村地区带来增收的影响。二是更加强调农业功能横向拓展,即农业的非生产功能如生态、旅游、文化、科技、教育等。三是更加注重业态创新。在对农业的非生产性功能进行有效的挖掘之后,通过要素渗透,模糊产业边界,催生新产业新业态。四是更加注重多元新型经营主体的培育和引领。

产业融合、产业集群与产业协作的关系:产业融合不同于产业集群,产业集群是不同企业共同致力于相同产业的发展,彼此的关联性较强,而产业融合是一群从事不同产业的组织、企业和农户之间的合作,如何基于共同利益点相融共生。分工提高了人力资本,促进了技术创新,分工使生产过程具有很强的连续性、计划性、规划性和劳动强度;协作劳动创造了集体生产力。

建立在协作劳动基础上的产业融合，可以追求高效率和低成本。协作劳动创造了集体生产力。建立在协作劳动基础上的产业融合，可以追求高效率和低成本。融合是一个过程，在这个过程中，事物之间的界限变得模糊。分工与合作的内生演进促进了城乡产业融合的进一步发展。农村三产融合的产业间要有一定的关联性，在演进过程中产业间会相互渗透、协调耦合。农村三产融合，在做强农业主导产业的同时"接二连三"推进农林业、农产品加工业与旅游、教育、文化、康养等产业的深度融合。

2.1.3　六次产业化

以农业为主体的产业融合思想源于日本，今村奈良臣较早提出了产业融合的发展理念，并对第六产业的概念进行了界定，认为第六产业既包括了农产品的生产、加工，同时也包括了肥料和流通以及销售、信息等一系列过程。借助于农业生产的"接二连三"行动，能够有效地连接农产品的生产、加工、销售和服务等一系列的过程，使得其构成完整的产业链。无论是将第一、第二和第三产业相加还是相乘都能得到六，由此就构成了六次产业化的概念。日本于20世纪90年代末逐步推定《六次产业化政策》，继2018年日本政府首次在政策大纲提出"第六产业"，随后"六次产业发展"步入快速发展阶段，日本政府出台了系列政策。

日本的高桥文纪（2019）也指出，在农业产业化中发挥核心作用的农业龙头企业仍有望在产业间融合中发挥引领和示范作用，但同时也强调了农民专业合作社、家庭农场、供销合作社、农户、民间资本等的作用，产业链、利益联结机制的构建，企业和农民间利益分配的平衡受到重视。姜长云比较了日本的"六次产业化"与我国农村三产融合发展的异同。"六次产业"和"一二三产融合"存在本质上的相似点，日本"六次产业化"值得我们借鉴，但同时应客观谨慎。六次产业理论认为产业融合的形成有三个阶段：一是产业渗透初级阶段,即同一主体从事具有关联性的产业,如农民一边种玉米,一边进行玉米的加工,一二产业的兼业有益于减少交易成本与平均边际成本。二是产业交叉和延伸,即同一主体从事两个不同的产业,但边界较为清晰,如从服务业向第一、第二产业的渗透,如农业休闲采摘、庄园型观光、农家乐等。如葡萄采摘园的农民,关照客人葡萄采摘的同时自己进行树枝修剪与采摘收费,与此同时,家中还有酿制的葡萄酒供应给顾客消费,形成农产品流通与服务(三产),这就是一个简单的三产融合。农户种植为一产,葡萄酒酿造为二产,葡萄采摘为三产,这是产业融合的交叉与延伸阶段。六次产业的主要特点:(1)地产地销。如农产品当地加工、农产品直销、农超对接、农校对接、市民乐园、休闲农业等,其中直销是最常见的模式。(2)农业多元化。(3)农民增收。通过落实农村地区的三产融合,可以促使农村地区的产品经济向服务经济进行过渡,并从传统的链式经济向循环经济进行变革。从横向的角度看,农村地区也可以跨越竞争经济的限制,向共生经济发展。在此过程中,不仅可以实现由部门经济向网络经济的社会复合发展,同时也可以加快落实自然经济向知识经济的过渡,促使农户的生产过程由刚性向柔性转变,从传统的务工谋生走向生态乐生。

复旦大学六次产业研究院从另一角度给出了六次产业理论的基本框架,将互联网技术和文化创意产业独立于传统的第三产业,第六产业是一个企业、政府、社会"第三方力量"的合作共治共享,认为需在传统的第一、第二、第三产业中融入以"互联网+"为代表的第四产业以及以文化创意为代表的第五产业,形成第六产业。

2.1.4 分工理论

马克思指出,农业不能像工业一样,采取完全的分工制度,但在农村三产融合的思路下,分工协作促进共同利益捆绑的个体生产效率推动生产力发展的基本规律下,农业可以作为统一的主体参与到其他产业的分工,汲取二三产业中已高度发达的相关细分产业的成果。马克思主义理论提出,分工要结合生产问题,融合看似"分工"的反向活动,但融合离不开分工,不是"告别斯密",而是如何更好地"拥抱斯密"。分工可以增进国民财富,提高人力资本价值,促进技术创新,使生产过程具有很强的连续性、计划性、规划性和劳动强度。协作劳动创造了集体生产力。建立在协作劳动基础上的产业融合可以追求高效率和低成本。政府、企业、农户之间的分工网络具有内在的必要性和可能性。亚当·斯密较早将分工引入经济学,认为分工是提高劳动生产力、促进经济增长与国民财富增加的重要因素。在马克思主义经济学当中所描绘的社会分工机制,能够促使我们突破当前的文化产业限制,深刻了解农村地区在社会分工方面的欠缺,并为三产融合发展带来有效的指导。马克思对其进行了传承和发展,并区分了社会分工和生产组织内部分工。但是对劳动分工发展的本质的阐述是美国经济学家阿林·杨格完成的,他在《报酬递增与经济进步》一文中提出以专业化与分工问题为核心来分析经济进步的观点。杨格认为专业化与分工导致报酬递增,从而促进经济进步,表现为报酬递增的主要是生产的资本化或迂回方法的经济,这些经济等同于现代形式的劳动分工经济。学者解安等人借助于马克思的社会分工理论分析了农村地区三产融合式发展的整体要义,由此发现通过开展农村地区三产融合战略,能够使我国农业经济资源相对禀赋变化得到较好的应对。在推进农村地区三产融合的过程当中,借助技术的不断创新使得单位时空范围内的劳动投入得到了增加,借助服务规模化的社会分工机制,使得土地规模化内部分工所存在的一些问题得到了有效弥补,同时也利用农业供给多样性的方式打破了原有的市场限制。通过开展三产融合行动,能够使农村地区内部分工的限制得到突破,从而实现更大范围和更高层次的产业大融合,确保农业资源实现优化配置和重新组合,为产业分工带来有效的优化效果。

协作本身就是许多人的聚集以及"行动的同时性"。分工提高效率是不争的事实,是分工经济的一条普遍原理。不是融合决定了分工,而是分工与专业化促成了融合的发生,随着分工的形成,三产融合逐步推进。分工要结合生产问题,融合看似"分工"的反向活动,但融合离不开分工,对我们今天突破农业产业化局限,认识整个农村地区社会分工的不足,并以此分析促进农村三产融合发展具有现实指导意义。分工是国民财富增长的源泉,分工提高了人力资本,促进了技术创新,分工使生产过程具有很强的连续性、计划性、规划性和劳动强度。协作劳动创造了集体生产力。建立在协作劳动基础上的产业融合,可以追求高效率和低成本。融合是一个过程,在这个过程中,以前明确界定的事物之间的界限变得模糊。

如何统一各利益相关者主体的各种劳动并且相互制约?不同利益相关者主体间是一种什么样的关系?一方面,有些规模大、实力强、理念新,尤其是拥有产业公地的新型经营主体只是"自扫门前雪,不管公家田",不愿发挥领军企业或组织协同的作用。另一方面,农业经营主体和农户有时候也会出现"一头热、一头凉"的局面,由于农户素质参差不齐,加之农业劳动力老龄化、低学历等的特征,二者在合作上存在一定难度。分工提高效率是不争的事实,是分工经济的一条普遍原理,但农村三产融合中,分工的前提基于区域总体发展的基本定位、战略思路、功能分区,才能各司其职。不是融合决定了分工,而是分工与专业化促成了融合的发生,随着分工的形成,三产融合会逐渐演进。

产业融合是资源优势互补、专业化分工、交易成本内部化的表现形式。本书认为农村三产融合是一二三产业结构的优化与升级,分工是产业融合后以"人"为中心的各职能部门、利益相关主体的分工迂回,新经济时代分工依然在不断深化中。分工有助于农村地区产业结构的优化与升级,有助于调整组织结构、管理行为。农村三产融合以服务规模化的社会分工弥补了土地规模化的内部分工不足(解安,2017)。规模经济的本质是专业化,产业融合要实现规模化也必须专业化分工。

2.1.5 农业多功能性理论

农业多功能性是 20 世纪 80 年代提出的概念，并在 1992 年联合国环境与发展大会后传播，其将农业的经济功能与生态和社会功能等多种功能联系起来。农业由于其具备农业自然资源、农业生产过程、农副产品三大要素，使得农业除了提供粮食和纤维等，还有很多其他的作用，如经济功能、社会功能、生态功能、政治功能和文化功能。农业的生态功能主要体现在改善生态环境、保护生物多样性、防治自然灾害、调节气候、水，分解消化二三产业的外部负效用等。经济功能体现在提供农副产品、创造和保持区域经济活力等；社会功能主要体现在促进就业、维护社会稳定秩序等。文化功能主要体现在农业提供的审美和休闲价值以及提供的农业文化生态系统。政治功能主要体现在保持政治稳定、影响政治选择等，农产品也是国家战略储备物资，如图 2-1 所示。

2.1.6 合作博弈理论

合作博弈是博弈理论中的重要组成部分，在管理、资源分配、商业等领域有着广泛应用。关于合作联盟收益分配的方法研究，经典合作博弈的重要解概念常见的有核心和稳定集、核仁、Shapley 值。Shapley 值可看作是根据边际贡献率进行收益的分配。核仁（nucleolus），简单来说，就是指最大的收益不满最小化。Shapley 值强调贡献度，偏向功利主义的"公平"，核仁更注重平均主义，同情和保护弱者。但由于现实经济管理合作实践中环境的不确定性，参与者的目标多样性和不稳定性，参与联盟的不同程度，导致参与者收益值很难确定为一个具体值，而更多的是在某一个范围（区间）之内，

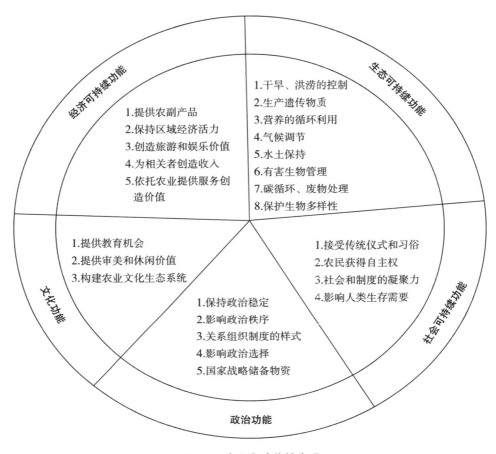

图 2-1 农业多功能性表现

即为收益为区间数的模糊合作对策问题。近年来国内外不少学者针对收益为区间值的合作共享的收益分配进行了研究。

2.1.7 农村三产融合发展历程

从国际经验来看,没有哪个产业能脱离其他产业独自发展良好。农村三产融合,狭义地讲是同一生产主体从事某一特定农产品的生产、加工、流通和休闲旅游活动,各产业链集体分享共同收益。通常来说,这种情况下,交易成本最低,融合难度也较小,但融合规模有限。广义地来说则包括了各类不同的产业经营主体基于某一共同利益点的抱团合作活动。目前,我国从事农村三产融合的经营主体越来越多样化,并逐渐成长,形成以龙头企业、家庭农场、合作社为主体的发展趋势。农村三产融合主要经历产业分工、产业协作、产业集聚、产业集群、农业产业化、产业融合等发展历程。

2.1.7.1　产业分工—产业协作—产业集聚—产业集群——产业融合

协作本身就是许多人的聚集以及"行动的同时性"。分工提高效率是不争的事实,是分工经济的一条普遍原理。不是融合决定了分工,而是分工与专业化促成了融合的发生,随着分工的形成,三产融合会逐渐演进。马克思超越工场手工业内部分工局限的社会分工思想,分工要结合生产问题,融合看似"分工"的反向活动,但融合离不开分工,对我们今天突破农业产业化局限,认识整个农村地区社会分工的不足,并以此分析促进农村三产融合发展具有现实指导意义。分工是国民财富增进的源泉分工提高了人力资本,促进了技术创新,分工使生产过程具有很强的连续性、计划性、规划性和劳动强度;协作劳动创造了集体生产力。建立在协作劳动基础上的产业融合,可以追求高效率和低成本。融合是一个过程,在这个过程中,以前明确界定的事物之间的界限变得模糊。融合为 Strat-Egy 公式提供了当今行业中最复杂的环境之一。

产业协作延伸了产业链的长度、产业集聚拓展了产业链的宽度,产业集群增加了产业链的厚度,产业融合集合了长度、宽度和厚度,进入一个产业发展的新阶段。

产业融合不同于产业集群,产业集群是不同企业共同致力于相同产业的发展,彼此的关联性较强,而产业融合是一群从事不同产业的组织、企业和农户之间的合作,如何基于共同利益点相融共生。分工提高了人力资本,促进了技术创新,分工使生产过程具有很强的连续性、计划性、规划性和劳动强度;协作劳动创造了集体生产力。建立在协作劳动基础上的产业融合,可以追求高效率和低成本。政府、一二三产企业、农户之间的分工网络具有内在的必要性和可能性。分工与合作的内生演进促成了城乡产业融合的进一步发展。农村三产融合的产业间要有一定的关联性,在演进过程中产业之间会相互渗透、协调耦合。农村三产融合,在做强农业主导产业的同时"接二连三",推进农林业、农产品加工业与旅游、教育、文化、康养等产业深度融合。

2.1.7.2 农业产业化与农村三产融合

农村产业融合与农业产业化相比,一是更加重视农业基础地位。强调立足农业,打造农业产业链和价值链,开发农业多种功能,增加农村就业增收机会。二是更加强调农业功能横向拓展即农业的非生产功能如生态、旅游、文化、科技、教育等。三是更加注重业态创新。在挖掘农业的非生产功能的基础上,通过要素渗透,模糊产业边界,催生新产业新业态。四是更加注重多元新型经营主体的培育和引领。产业融合的形成有三个阶段:一是产业渗透初级阶段,同一主体从事具有关联性的产业,如农民一边种玉米,一边进行玉米的加工,一二产业的兼业有益于减少交易成本与平均边际成本;二是产业交叉和延伸,同一主体从事两个不同的产业,但边界较为清晰,如从服务业向第一、第二产业的延伸和渗透,如农业休闲采摘、庄园型观光、农家乐等。农户种植为一产、葡萄酒酿造为二产、葡萄采摘为三产,集"种植＋加工＋休闲采摘"为一体即是产业融合的第三阶段:交叉与延伸阶段。

2.1.7.3 农村三产融合发展阶段

农村三产融合的实践源头可以追溯到我国的科技特派员制度。张来武指出,科技特派员指是农村三产融合最重要的实践来源,2010年福建省南平市出现科技特派员农村科技服务,经过二十年的实践形成了农村一二三产业融合发展的科技特派员制度,包括由此衍生出的促进农村三产融合发展的星创天地制度。这些实践都是围绕农村三产融合的思想设计的,许多的科技特派员和星创天地案例都是在农村三产融合的思想的指导下产生的,科技特派员也是合作联盟的利益共同体之一。农村三产融合通过以下活动发挥作用:第一,通过农产品加工提高附加价值,增加农业生产者的实际收入。第二,通过农业生产、加工、休闲采摘观光等服务活动的提供,使农业经营体的农事工作全年化、持续化。第三,通过三产融合,可以提升地区农产品的品牌效应,提升新的市场价值,更进一步,出口海外。农村三产融合可以创造更多工作岗位。可以促进农村经济活性以及对地区其他产业的辐射效应。农村产业由单一的农业生产逐步转变为多样化的业态融合是农村实现长远发展的必由之路,也是乡村振兴战略产业兴旺的题中应有之义。农村三产融合深度与广度的进一步加强,是推动农业供给侧结构性改革持续深化的有力举措,是提高农民收入提升农民幸福感与满足感的重要路径。农村三产融合是多元主体进行到一个创新系统的过程,农村三产融合的演变机制决定着农村产业发展未来的走向。

2.2 研究综述

农村三产融合作为一种客观的经济现象,在全国乡村呈现出蓬勃发展的面貌。随着三产融合理念在农村的渗透力度的逐步上升,其对农村经济增长的重要性也与日俱增,进而引发了学术界越来越高的关注度。由于其较大的辐射外溢效应,农村三产融合越来越受到关注,政界、业界和学界也对此进行了非常广泛的研究,研究涉及三产融合的内涵、类型、模型体系、测度等方面,本书对此进行梳理和简要评析,以期丰富农村三产融合的相关理论,为活跃的农村三产融合实践活动提供更强有力的支撑。

2.2.1　农村三产融合的内涵研究

马克思指出,资本积累是经济增长的关键,合作过程中也包含了各主体间对资本增长的竞争与较量。Rosenberg(1978)第一次使用"产业融合"一词,该词被用来与"平行和不相关活动的序列"形成对比,他使用这个词来描述不相关的工业部门和刀具生产的不同阶段所使用的过程的连续性。农村三产融合与产业融合理论具有同根性,随着产业融合活动的持续进行,研究人员对这一现象表现出越来越大的兴趣,产业融合可以定义为两个或两个以上不同的产业部门之间的界限变得模糊的过程,因为这些产业部门的科学知识、技术、市场和价值链变得相互交织(Kim et al.,2015),也有许多学者从供给端的技术驱动和需求侧的市场需求对产业融合进行类别的划分,由于输入方和输出方的融合,出现了一个新的价值链和新的行业细分市场(Broring et al.,2007)。产业融合有助于加速现有产业结构的再整合进程,并导致新的产业出现,但欧洲国家产业融合较为聚焦于电子信息、生物医药、食品、旅游业等(Kim,2015)。

根据 Hacklin 等(2009)的说法,融合分为四个阶段:知识融合、技术融合、应用融合、产业融合,其中产业融合(应用融合转变为产业边界转换的阶段)通过技术融合的推动,一直是被认为是经济发展的主要动力。一方面,产业融合似乎是技术驱动的,因为新的技术发展是跨越传统的行业边界应用的。这种技术共享不仅创造了新的技术密集的行业细分,而且增加了环境动态以及不同行业的新界面(Bierly et al.,1999)。另一方面,需求结构的融合以及将先前不同的产品特征组合成一种混合产品也会导致融合的发生(Pennings et al.,2001;Sääksjärvi,2004)。需要许多关键的知识领域来从事创新,这些必要的知识和能力领域传统上是在不同的行业拥有的。

根据国内产业融合的发展实践经验看,先后有苏毅清、梁瑞华、李治、熊爱华、姜晶、赵霞、陈赞章、谭明交等学者对农村三产融合内涵进行了界定，普遍得出结果论、过程论、目的论、性质论的农村三产融合观。如认为农村三产融合的本质是农业与二三产业价值等其他形式的价值连接（姜晶，2018），实现途径是第一产业的资产联合及向二三产业的延伸，是交易成本内部化，最终产生新业态、新模式，也被描述为以令人兴奋的新方式连接技术（Kodama，2014）。也有观点认为，三产融合的实质是提升农产品或农副产品等原材料的附加值以促进第二产业发展，有效扩展农业的多功能性以发展第三产业，并在此过程中充分挖掘加工产品的价值，延长产业链，提升价值链，辐射带动仓储物流业及信息业共同发展，在实现农村充分就业的同时提高地区经济水平（张永勋 等，2019）。宗锦耀等（2017）认为农村三产融合狭义地讲是同一生产主体从事某一特定农产品的生产、加工、流通和休闲旅游活动，各产业链集体分享共同收益。通常来说，这种情况下交易成本最低，融合难度也较小，但融合规模有限。广义来说则是包括了一二三产业各类不同的经营主体通过产业联动、产业集聚、技术渗透、体制创新等方式，将资本、技术、劳动力以及其他资源要素进行跨界集约化配置，使农产品投入部门、农业生产、农产品加工、流通和饮食等服务部门有机地整合在一起，使得农村一二三产业协同发展，最终实现农业产业链延伸、范围经济和农民收入的增加，发挥乡村振兴战略中产业兴旺、生态宜居、生活富裕的功能。张永勋、闵庆文（2019）将三产融合的实质归纳为提升农产品或农副产品等原材料的附加值以促进第二产业发展，有效扩展农业的多功能性以发展第三产业，并在此过程中充分挖掘加工产品的价值，延长产业链，提升价值链，辐射带动仓储物流业及信息业共同发展，在实现农村充分就业的同时提高地区经济水平。

综观农村三产融合内涵研究，大体体现了产业联结、分工协作、过程论三个方面的思考（见表 2-1）：（1）从产业联结的角度来看，许多学者认为融合是指通过价值主张、技术和市场等要素的趋同，模糊行业之间的边界

(Broring et al.,2007)，或是技术服务和行业结构演变的一种趋势（Kim et al.,2015；赵霞，2017）。(2)根据过程论,农村三产融合必须经过技术融合、产品和业务融合,然后到市场融合,完成三产融合的整个过程,或者可用是否产生新技术、新业态和新的商业模式来衡量是否完成了农村三产融合。(3)结合分工理论,苏毅清等（2016）认为农村三产融合是农村三产间各部门的产业分工以及分工在农村地区的内部化。分工协作可以适当缓解乡村振兴战略中不平衡、不充分、不同步问题,融合不仅没有消灭分工,还进一步促进了分工,但尚未有学者对分工如何在农村融合过程中具体操作结合质性研究方法进行逻辑演绎。

表 2-1　农村三产融合概念界定

研究角度	农村三产融合的概念
产业联结	产业间的界限变得模糊,是农业与其他二三产业等其他形式的价值联结。(Choi et al.，2001；Broring et al.，2007)
过程论	产业融合是一个对技术、资本、劳动力、土地等要素进行集约化胚子的过程,分阶段、分步骤实现技术融合、产品和业务融合以及市场需求融合。Rosenberg,1978；Hacklin,2009；Pennings et al.，2001；Sääksjärvi，2004)
分工理论	农村三产融合是各部门间的产业分工以及分工在农村地区的内部化,通过分工与合作实现交易成本最低、分工与融合的内生演进促成了农村三产融合的进一步发展。(Bierly et al.，1999；苏毅清 等,2016)

本书认为农村三产融合是不同利益主体基于产业公地基础上的相融共生,通过资本、技术、劳动力、土地等要素的集约化配置,实现产业链的整体延伸、辐射和拓展,并进行分工迂回,最终实现集体效率的提升。农村三产融合并非农村第一、第二、第三产业的简单拼凑,融合区域中的相关产业首先要有融合基础,有清晰的主题鲜明的差异化的点即产业公地,撬动整个产业链的利益捆绑,进行产业链的整体延伸、辐射和拓展,并进行分工迂回,最终实现集体效率的提升。

　　传统的三次产业分类法由新西兰经济学家费歇尔提出,第一产业指产品直接取自自然界的部门,第二产业是指对初级产品进行再加工的部门,第三产业指为生产和消费提供各种服务的部门。传统的三次产业的划分限制了农民的发展。根据相关研究,农村三产融合中的第一产业主要指农业,如种植业、林业、畜牧业、水产养殖;第二产业可理解为农产品加工业或以农产品为主要原材料的产品的加工业,如农产品加工、纤维加工、烟草加工、食品加工、生物质能源加工等;第三产业包括农业生产投入部门和流通与服务部门,投入部门如种子饲料、农机农资、农业科技信息服务等,流通服务部门如农产品销售、农业电商、农产品物流、饮食业、农业文化、农业休闲旅游等。当然也有学者将文化创意产业和"互联网＋"也纳入农村三产融合的研究视域,图 2-2 供参考。农村三产融合,在做强农业主导产业的同时"接二连三",推进农林业、农产品加工业与旅游、教育、文化、康养等产业深度融合。本书的农村三产融合也将文化创意纳入关第三产业,为农产品及乡村景观改造提供服务。文化创意将艺术、创意、技术、科技等运用到农产品及农业旅游产品中,使独特的产业文化和乡土文化拥有了前景广阔的商业价值。随着人们需求的提升,需求不仅是物质的,更是精神的。创意文化可以引领当前越来越时尚化、个性化的消费前沿,彰显农业科技、文化、艺术的魅力,满足人们对乡土、乡情、乡愁的更高层次的精神追求。

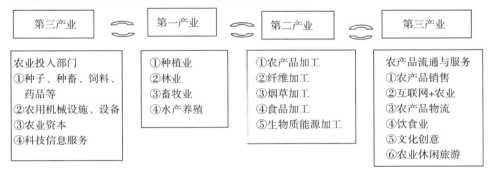

图 2-2　农村三产融合联结图

2.2.2 农村三产融合动力研究

产业融合是一种现象,发生在既定的和明确界定的行业之间的边界上汇聚成他们的交汇点。从这种融合中产生的技术和产品不仅在各自行业中产生了新的应用,而且还提高了客户体验(Hacklin et al.,2009,2010;Karvonen et al.,2013)。作为技术变革的特殊类型的"技术创新"和"融合"目前被认为是战略制定中最重要的两个因素(Karvonen et al.,2013)。导致融合的创新不仅可以发生在技术或市场层面,也可以发生在一系列价值链中,企业通过这些价值链生产产品和服务,并将它们交付给消费者。融合的关键战略涟漪效应包括将传统上与众不同的企业聚集在一起将自己的稳定商业模式纳入同一领域(Karvonen et al.,2013)。这一过程,虽然可以为企业带来新的增长机会,但也可以加剧竞争。随着技术进步和信息和通信技术(ICT)的广泛使用,消费者需求的多样化正在加速不同技术和行业之间的融合进程。因此,产业融合日益被主要发达国家和全球公司视为竞争优势的关键来源,其中许多国家和企业自 2000 年以来一直在制定和实施一项融合战略。从整体上来看,产业融合的内在动力就在于技术的革新,但这种技术革新是嵌入在某种或某系列产品或服务中,并在相关产业领域可共享,这是产业融合的前提条件。

产业融合改变了生产要素、消费需求条件、关联产业的战略、产业结构和同业竞争等要素,使单个产业间发挥各自的优势形成多合效应。农村产业融合的动因在于单个产业所不具备的却通过融合带来了系列发展优势,通过融合创造了比单干时更多的收益。谭明交(2016)分析了农村产业融合发展的内在经济逻辑,基于趋同理论,随着交易成本的降低,以及融合收益的增加,交易成本最小化和融合收益递增是农村三产融合发展的动力,并提出农村三产融合是农业相关的一二三产业之间的趋同过程,任何一个要素的驱动都可看作是该要素向其他两个要素的加权平均。李治（2017）认为交易成本内部化是农村三产融合的本质（其中技术创新是第一驱动力，制度创新是重要保证），农业多功能性是推动力，市场需求是牵引力。陈慈等（2020）构建了农村产业融合形成机制的钻石模型，认为技术创新驱动要素条件变化是农村产业融合的技术动因，国内市场需求的变化是推动农村产业融合的消费动因，合作竞争压力和追求规模经济是产业融合的企业动因，关联产业交易成本变化是产业融合的利益动因，政府放松管制是产业融合的制度动因，经济信息化、服务化发展是产业融合的机会。技术创新是产业融合发展的技术动因，反过来农村产业融合又能推进质量变革、动力变革和效率变革。当一个产业的技术创新或者市场增值开始显著影响或改变其他产业的产品开发、技术创新或价值创造过程的性质时，就会出现融合（Lei，D. T.，2000）。

关于农村三产融合演进的前提条件，本书着重参考了"产业公地"这一概念及相关研究。产业公地一词源于制造业领域，最早指能够对多个产业的创新提供支持的制造能力与技术能力的集合，后期逐步运用到各领域的研究中。关于产业融合条件的一般描述是技术进步、放松管制、管理创新，但是以多种因素共同构成的某种合力来笼统地解释某一经济现象的条件，重点不够突出。"产业公地"最早出现于《制造繁荣：美国为什么需要制造业复兴》一书中，作者美国哈佛商学院的加里·皮萨诺和威利·史认为：产业公地是一系列能够对多个产业的创新提供支持的技术能力和制造能力的集合，是产业或行业中的"公共用地"，是一种能力网络和生态体系，表现形式多样。钱平凡认为，产业公地无法私有化，但本书认为产业公地既可以是公有，也可能是某一方的技术、产品或服务，但愿意拿出来有偿分享，这份公地能嵌入到其他产业中，实现资源共享、多方受益。苏毅清（2016）也提出产业公地是产业间共同的技术基础以及随之产生的技术革新，是农村三产融合发生的前提条件，但并未就产业公地的细分做具体解析。

本书所认为的农村三产融合的产业公地相对更为聚向,所指的产业公地更多是"看得见"的可共享的产品、技术或服务,不易造成英国学者哈丁所提出的公地悲剧,即私人利用免费午餐出现的狼狈景象,因为农村三产融合中的产业公地并非公益性。一二三产业有了产业公地,才有共同利益上实现产业关联的基础。产业公地可理解为各产业之间的关联点,在一定物理空间范围内围绕这一共同关联点进行技术创新,形成产业间协同,资源共享,打造一产二产以及休闲旅游业品牌强度,扩大产业融合区域内产品、企业的知名度和竞争力。引导政府、企业、农户主动参与产业公地建设。农村建设产业公地,就要将村集体、农业企业、农产品加工企业、旅游企业、合作社、家庭农场、农户相联结,形成利益共同体,找到一个可撬动各方利益的点,企业与农户间构建稳定的购销关系。建立正确的认知,首先进行三产融合、产业公地建设理念的导入,政府引导、市场推动,通过宣传培训提升各利益主体参与产业融合的意愿。产业公地作为产业融合的基本"供给",可一定程度上撬动彼此的利益捆绑,多方主体都意愿围绕"产业公地"找到一个共同获利点,但"产业公地"并非信手拈来,而需建立在产业公地挖掘与分析,主题定位的基础上进一步得以提炼。

2.2.3　农村三产融合发展路径研究

　　按照学科发展规律,某一领域的理论和实践研究发展到一定程度,将形成相应的研究方法和范式,承载该学术领域的框架体系。现在产业融合演进路径研究大多是从要素层面,如 Stieglitz 构建了一个产业融合类型和产业动态演化的理论框架。Haclin 认为产业融合可以分为四个阶段:知识融合、技术融合、应用融合、产业融合。在系统理论模型构建上,国内谭明交题为《农村三产融合发展:理论与实证》的博士论文分析了农村三产融合发展动力、质量和模式,并从融合内涵、融合机理和融合质量等方面构建了一个系统的理论框架。三阶段模型也被纳入三产融合的模型范畴中,农村产业融合主要遵循产业要素融合、产业链内融合和产业链间融合三种模式,从演化路径看,初级阶段主要由单一业务合作向产业要素融合演进,中级阶段由产业要素融合向产业链内融合演进,高级阶段由产业链内融合向产业链间融合演进。

从效益角度郭军构建了农村三产融合与农民增收的关系模型,通过产业延伸、整合、交叉和技术渗透影响农民收入。刘威、肖开红认为农村产业融合主要遵循产业要素融合、产业链内融合和产业链间融合三种模式,从演化路径看,初级阶段主要由单一业务合作向产业要素融合演进,中级阶段由产业要素融合向产业链内融合演进,高级阶段由产业链内融合向产业链间融合演进。芦千文提出农村三产融合的五维度观察模型,认为观察农村三产融合的五个维度是产业链条、产业布局、产业跨度、乡村功能、融合主体。谭丹(2019)认为我国三产融合发展水平还比较低,应着力构建农村三产融合的动力系统,提升主体融合意愿,建设融合渠道、推进资源要素的流动。以地方特色产业为主导,强化组织机构、产业布局的互动与协调,鼓励服务组织的改造升级。李冰(2019)提出要在农村三产融合的实践推进中提炼文化意向,复苏真实文化意向实现地域文化代际传承。第一产业应注重以家庭经营为主的特色产业的适度规模效应,第二产业应着重在涉农产品和生物质能源加工业注重技术投入与科技创新。第三产业应植入地标和当地特有的文化意象,并且同年将创新扩散理论思想引入技术接受模型,基于不同利益群体视角分析农村三产融合的影响因素,结果表明农村社群关系对于三产融合的实施具有显著正向作用.据此提出"社会化+生态化"的三产融合路径。周立、李彦岩(2020)构建了加强农业多功能性开发与产业链延伸紧密合作的理论分析框架,据此提出"起始型—休闲型"、"起始型—专业型"以及"起始型—理想型"的三产融合价值增值路径。张笃川(2019)提出今后仍应以休闲农业为突破口,推动农村三产融合发展。陈慈等(2020)认为农村产业融合的过程应历经"产业分立—技术融合—产业融合"三阶段,在产业分立阶段存在进入和退出壁垒,技术融合阶段技术创新扩散、技术壁垒得以消除,在第三阶段产业融合阶段产业边界模糊、整合趋势得以形成。田真平从宏观角度提出我国农村三产融合融合需经厉"萌芽阶段—发展阶段—成熟阶段"三个阶段。我国农村三产融合的萌芽标志是初步建立起多元主体合作的生产机制,由技术创新的主体利益的追求形成内生动力。在发展阶段,借助市场创新和制度创新作为外部动力带动融合的深度和广度,维持融合的可持续性。在成熟阶段,通过创新驱动组合战略,内生动力推动和外生动力拉动的双重作用下,共同推进农村三产融合。但农村三产融合应是一个循环的过程,上一阶段的融合完成将成为下一级段更深层次、更大边界融合的基础,而且从微观视角,融合的基础和条件是什么,作者没有进行更深入的分析。

2.2.4 农村三产融合类型研究

不同类型的产业融合对所涉公司的影响不同(Katz,1996)。继Malhorta 和 Gupta(2001)之后,Broring 和 Leker(2007)假设产业融合的企业面临新的不熟悉的知识、能力和资源来源,区分了两种类型的产业融合:第一种投入侧融合主要是由技术因素驱动的,新技术或技术领域的出现跨越多个行业,是技术驱动的投入方融合的一种表现。第二种类型是产出侧融合,它与市场驱动因素密切相关,这种趋同是由几个行业之间的需求结构融合引起的。产业融合的这两个方面为创新提供了一个特定的背景。技术驱动的投入侧融合和市场驱动的产出侧融合的发生导致了一个新的行业间细分市场的发展。由于输入方和输出方的融合,出现了一个新的价值链(Broring et al.,2007)。融合要么导致完全淘汰两个以前单独的行业(1+1=1),要么也可能触发一个额外的产业或部门的出现,这是对先前两个行业

(1+1=3)的补充(Greenstein et al.,1997)。也有学者从供给端融合和需求端融合进行类别的划分,但与输入—输出模式划分一样,多归因于对技术和市场两个要素的考量。融合还导致标准和法规的融合,这反对创新公司的额外不确定性。也有学者把产业融合划分为"替代范式""竞争范式""合作范式"三种类型。在"替代范式"中,新的行业部门将取代前一个部门(1+1=1),从而导致竞争融合。在"合作模式"中,出现了一个新的市场或部门导致互补融合(1+1=3),它需要从以前不同的行业中整合资源和能力(例如通过战略联盟或其他形式的合作)。在"竞争范式"中,融合也可能意味着需要同时合作和竞争。在竞争融合中,相关市场中的竞争对手数量增加了竞争,而互补融合则倾向于减少竞争。融合通常会改变竞争优势的基础,必须根据融合的性质和程度调整其战略(Dowling,2008)。日本学者小田,滋晃等从六次产业化的事业类型和相关网络节点链接角度,将农村三产融合的类型分为加工事业委托型事业主体、生产者集团连接型事业主体、三次产业倾斜型事业主体、组织内加工部门联结型农业生产部门、地区农业生产诸资源保全型事业主体、地区闲置资源利用型事业主体、地区活性化型事业主体、个农业商工合作型事业主体八种。根据一项研究,当一个行业商业化的进步或创新开始显著影响或改变其他行业的产品开发、竞争和创造价值过程的性质时,就会出现融合(Lei,2000)。这也表明产业融合是一个融合过程(Lind,2004),这导致了对技术和产业融合之间区别的讨论(Nyström,2008)。

在融合过程中,新的行业部门要么取代之前的部门,要么在它们的交汇处补充它们(Dowling,2008;Bröring,1998)。在"替代范式"中,新的行业部门将取代前一个部门(1+1=1),从而导致竞争融合。在"合作模式"中,出现了一个新的市场或部门导致互补融合(1+1=3),它需要从以前不同的行业中整合资源和能力(例如通过战略联盟或其他形式的合作)。在"竞争范式"中,融合也可能意味着需要同时合作和竞争。在竞争融合中,相关市场中的竞争对手数量增加了竞争,而互补融合则倾句于减少竞争。融合通常会改变竞争优势的基础,必须根据融合的性质和程度调整其战略(Dowling,2008)。如果技术融合假设成立,我们可能预期专利申请的产业内部多样性将不断增加,或者如果路径依赖观点有效,则专利申请的累积性将不断增加累积性或路径依赖性是创新活动的一个基本属性,而溢出范式可以导致技术多样化,然后是产品和市场多样化。随着溢出范式的主导和来自另一个行业的技术的扩散,我们预计行业之间的技术融合会增加(Tunzelmann,2001)。在经济学中,使用专利数据来理解发明和创新的过程有着悠久的历史(Schmookler,1996)。M. Karvonen 和 T. Kässi(2013)引用专利来分析和评价产业融合,即农村三产融合实体之间如何形成农业网络并运作?考虑到融合起因以及不同融合主体的相互联系,农村三产融合过程可分为九种类型,每一种都有一个独特的网络,也有各自的治理结构,以及农户和企业间的冲突。如葡萄栽培和葡萄酒酿造,茶叶生产和制茶加工、梅生产与梅干加工、马铃薯生产与淀粉加工、甜菜生产与甜菜糖加工,以及和其相关的销售、文化活动、休闲观光采摘结合,都是典型的农村三产融合活动。关于农村三产融合的模式,姜天龙等(2020)认为,根据产业融合所包含的产业类型划分,可以分为"1+2"模式、"1+3"模式和"1+2+3"模式;根据产业融合主体划分,可以分为"拓展开发"模式和"合作融合"模式;根据利益联结机制划分,可分为"初级融合"模式和"高级融合"模式;根据产业初始融合的动因划分,可分为"自发融合"模式和"扶持融合"模式。陈慈在梳理产业融合相关文献的基础上总结了农业产业融合的四种类型,分别为重组型融合、渗透型融合、交叉型融合、延伸型融合。其中重组型融合是农业产业内部种植业、养殖业、畜牧业及其子产业建立起的有机关联,形成相互衔接、循环往复的发展业态,如循环农业。渗透型融合表现为现代生物技术、信息技术、航天技术等高技术对农业的植入,引起农业生产方式的变化和经营管理的变革,如智慧农业、植物工厂等。交叉融合是指拓宽农业的多重功能,与文化、教育、旅游、信息产业交叉融合，形成农业增值效应，如休闲农业、创意农业。延伸型融合是指农业向产前和产后的产业链延伸，发展农产品加工业和农业生产性服务业。

根据我国国家发改委关于印发农村产业融合发展试点示范方案的通知（发改农经〔2016〕833号），为避免融合类型过于单一或雷同，将农村产业融合类型分为农业内部融合型、产业链延伸型、功能拓展型、新技术渗透型、多业态复合型、产城融合型六种，具体内容如表2-2所示。

表2-2　农村产业融合类型

产业融合类型	具体表现
农业内部融合型	指以农牧结合、农林结合、循环发展为导向调整优化农业种植养殖结构，无公害、绿色、有机农产品和地理标志农产品比例高，农业废弃物综合利用水平高，实现经济效益和生态保护实现统一，种养结合等循环农业、生态农业发展形成规模，在全国具有较高知名度和影响力，有力地促进当地产业发展和农民增收。
产业链延伸型	指农业向后延伸或者农产品加工业、农业生产生活服务业向农业延伸，促进农业产业链各环节紧密结合，提高农产品附加值。通过农业产业化龙头企业和农产品加工领军企业带动农产品加工原料基地建设，发展农业规模经营；支持农民合作社和家庭农场发展农产品加工和农产品直销等。
功能拓展型	指农业通过与其他产业的功能互补，赋予农业新的附加功能。如农业与旅游业、文化创意产业、能源工业等相结合衍生出的休闲农业或乡村旅游、创意农业和能源农业等新业态项目。
新技术渗透型	指技术密集或信息化程度高，农产品生产、交易和农业融资方式先进。如信息技术、物联网技术等新技术在农业中的应用，产生的涉农电子商务、农业互联网金融、智慧农业等项目。
多业态复合型	指同时兼有上述四种类型或者融合其中几个类型，一般以龙头企业为主要投资主体，农业资源集约利用程度高、产业链条完整、农业多功能性明显、示范带动作用较强。

续表

产业融 合类型	具体表现
产城融 合型	指农村产业融合与新型城镇化联动发展,县域内城乡产业布局规划合理,二三产业在县城、重点乡镇及产业园区等集聚度较高,较好发挥对人口集聚和城镇建设的带动作用,形成了一批农产品加工、商贸物流、休闲旅游等专业特色小城镇。

资料来源:国家发改委官方网站。

2.2.5　农村三产融合的测度研究

国际上,经济学家比较青睐使用投入产出如专利数据来理解发明和创新的过程(Trajtenberg,1990),主要从微观层面呈现出两大趋势(Geum,2012),一种是衡量产业间的相关性与耦合度,另一种是衡量知识/技术相关性(Breschi,2003)。这两种关于测量产业融合性的文献在测量设计中具有相似性,如大多使用熵、同心度量等(Xing,2011)。然而,以往的研究测量产业融合,已经显示出一定的局限性。由于依赖企业一级的微观数据,它们往往未能衡量宏观一级的区域产业融合成效,例如农业的多功能性、就业带动与农民增收。此外,国际上与技术有关的数据无法充分描述发生产业融合的市场、需求侧路径以及对周边的影响和辐射。产业 A 和 B 之间的融合水平可以用两种不同的方式来衡量:一方面,基于技术投入结构的相似性;另一方面,基于需求侧分配结构的相似性。可用是否产生新技术、新业态和新的商业模式来衡量是否完成了农村三产融合。

随着理论层面的研究逐步丰富,国内学者有部分采用层次分析法、熵值法、德尔菲法等评价了湖南、云南、北京、新疆以及部分产业集群地区的农村三产融合发展水平。研究指标主要集中于以下几个方面:(1)农业多功能性体现在：农村三产融合应在稳定食品、社会经济功能、推进农业与旅游、教育、文化、康养等深度结合等领域发挥作用，进一步推动休闲农业会展农业、互联网＋农业等的发展（朱朝枝，2017；杨宾宾，2022）。（2）农业产业链延伸：农村三产融合应推进农业投入部门、农业生产部门、农产品加工转化部门、食品流通与餐饮服务部门、消费者或出口部门的有机衔接，合理优化产业链条；（3）区域辐射效应：农村三产融合应对促进农村经济增长和社会效应，提高农民收入和缩小城乡差距等发挥作用。产业之间的融合不需要被评估为一种局部化的现象，而是从整体的行业间竞争与合作体系的角度，影响了区域经济和民生问题。王苗苗等（2022）从农业产业链延伸、农业多功能发展、农业与服务业融合、经济效益和社会效益五方面构建了包含 15 个三级变量的评价指标体系，评价了山东省 16 个地级市三产融合发展情况并分析得分成因。聚焦于东北粮食主产区，张向达、林洪羽（2019）构建了耦合协调度模型，基于 2010—2016 年的面板数据测算该区域的旅游业、农业与农产品加工三者的融合程度，并分析了三产融合的制约因素，进而提出政策建议。刘国斌、李博（2019）认为，三产融合是实现农业现代化的必要途径，三产融合加快了农业现代化进程，而农业现代化水平的提升又反哺了三产融合，二者相互不可或缺。综上可知现有的三产融合评价相关研究都是选择以 AHP 法作为指标权重的测算方法，但是此方法过于依赖专家的主观判断，一定程度上会干扰最终结果，科学性还可以进一步增强。本书从福建省的实际情况出发，在前人研究的基础上筛选指标并适当增删，设计农村三产融合成效测评指标体系，并选取上一章进行 SRM-W 分析的 10 个村进行评价。首先，根据指标体系搜集 10 个村相应的数据；其次，运用因子分析法进行公共因子提取，计算因子得分，并进行综合得分排名；最后，根据结果探讨得分成因，进而提出提升农村三产融合成效水平的优化路径。

2.2.6 农村三产融合收益分配研究

利益联结是农村三产融合得以持续开展的关键,公平合理的收益分配是利益联结的难点和痛点。农村产业融合提出后,姜长云(2016)提出农村产业融合利益机制面临着严峻的问题,要开拓思路,完善农村产业融合利益联结机制。但目前很少有学者对农村产业融合的利益联结机制进行深入研究。在市场带动下,利益联结或者利益捆绑是三产融合活动得以持续进行的重要纽带,各利益相关主体在实现经济价值以及生态价值中获益,催生出产业融合的良性循环。企业与农户包括地方政府间可以合作、可以买断、可以持股。农户可以通过出售自身销售行为、服务或场地等从中获利,利益联结可以是销售行为联结、服务型联结和租赁行为联结。姜晶(2018)等从价值连接、利益联结的角度提出了农村三产融合的内涵。吴群(2005)、虞紫燕(2007)、李克(2011)、刘翔云(2010)等多数学者将这种利益机制分为五种类型:相对稳定的买断关系、合同式利益联接、合作式利益联接、企业化利益联接、股份式或股份合作式关系。

探索合理的利润分配机制,真正使农民分享三产融合发展的红利是一个难题。从利益联结的视角,郭海清、申秀清(2018)指出利益协调机制的不完善是阻碍农村三产融合发展的重要原因,应引导各方利益协调,尤其是保障农户在三产融合成果分享中的利益分配,分享二三产业的收益,提升公平性、合理性,提高融合意愿。张向达、林洪羽(2019)评价了东北三省黑龙江、吉林、辽宁的三产融合综合评价指数,并进行了粮食产业、粮食加工以及农业旅游业的三产耦合协调度。存在于产业间的利益联结是维系三产融合各方主体的纽带,也是平衡各方利益的关键点。由于风险承受能力、资源的限制等因素,融合的企业或团队间不一定将所有人力、物力、财力资源都投入,且由于环境的不确定性、农业的高风险性、个人的有限理性,以及信息不对称性与不完全性,合作契约有时也是不完全契约存在模糊性和不确定性因素,导致合作人以一定程度参与产业融合,这就是一个模糊联盟问题。

　　农村三产融合的本质是一种集体契约合作关系,合作收益分配是涉及三产融合主体切身利益的关键问题,学者们也对此展开了研究。研究方法上,经典合作博弈的重要解概念常见的有核心和稳定集、核仁、Shapley 值、Banzhaf 值等。Shapley 因合作博弈获得诺贝尔奖。Shapley 提出"正义"的标准,并构建了 Shapley 合作收益分配方法,解决了许多现实问题,也很好地适用于本书的农村三产融合合作收益分配研究。有学者运用 Stackerberg 方法建立利润的分配模型。Ruiz(1996)提出了最小二乘预核仁与最小二乘核仁的概念,沿用预核仁与核仁中联盟不满意度的思想,使得每一联盟的不满意程度以相同水平接近所有联盟不满意程度的平均值,因此最小二乘预核仁与最小二乘核仁均体现了平均主义和功利原则。Luis(1996)等基于超额向量提出合作联盟的最小二乘法和最小二乘核仁解概念。André(2014)等提出等值盈余价值分配的新特征,进一步精确 Shapley 值、等值盈余价值分配、等值价值分配之间的差异。Alonso(2015)等提出一种新的多线性扩展的方法来计算对称联盟 Banzhaf 值。但由于现实经济管理合作实践中环境的不确定性,参与者的目标多样性和不稳定性,参与联盟的不同程度导致了参与者收益值很难确定为一个具体值,而更多的是在某一个范围(区间)之内,即为收益为区间数的模糊合作对策问题。从研究对象来看,国内研究主要集中于供应链、农产品流通、产学研联盟等领域。黄志坚(2006)等分析了农业企业和农户合作行为的烟花博弈稳定性分析,长期合作过程中,第三方介入可以保证合作博弈的顺利进行。关于合作联盟收益分配的方法研究,经典合作博弈的重要解概念常见的有核心和稳定集、核仁、Shapley 值。Shapley 值可看作是根据边际贡献率进行收益的分配。

　　近年来国内外不少学者针对收益为区间值的合作共享的收益分配进行了研究。李登峰(2016)针对收益值为区间数的多人合作对策,确定了区间值合作对策的多种区间值分配解,比如区间值 Shapley 值、区间值核心分配解等。刘家财(2017)根据反映联盟不满意度的平方超量,构建了多人合作对策中区间值最小二乘核仁预仁解的二次规划模型,并确定了每个局中人的区间值分配的上下界值,获得区间值最小二乘核仁解,并实例证明了其在供应链合作收益分配中的合理性、有效性和优越性,该方法能很好地解决收益值为区间数的合作收益分配问题,广泛应用于经济管理、军事、环境、教育等复杂的合作联盟中。本书拟采用该区间值最小二乘核仁解方法对三产融合中主体的合作收益进行分配。于晓辉、张强(2008)针对合作对策中收益函数是区间数的问题,给出了供应链收益分配的区间 Shapley 值。邓磊、张希玲等(2016)以河北省昌黎县至北京鲜食葡萄的流通为例,运用 Shapley 值法,探讨了产业链中不同主体"农户＋批发商＋零售商"的利润分配模式的优化与选择。王永亮等(2014)构建了 Shapley 值法修正模型,对农业产业链参与主体的合作过程的共享利益进行分配。Kemahlioglu 等(2011)通过利用 Shapley 价值分配利润,计算由于库存汇集而产生的超额利润在供应链上不同层次的企业间分享。宁宇新(2015)聚焦于农业产业化视角下的"农超对接"收益分配,农超对接也是农村三产融合落在农产品流通领域的一种表现形式。本书采用模糊合作对策的求解方法,合作对策最关心的问题就是总联盟的收益如何才能公平合理地进行分配。

2.2.7　产业公地研究

关于产业融合条件的一般描述是技术进步、放松管制、管理创新,但是以多种因素共同构成的某种合力来笼统地解释某一经济现象的条件,重点不够突出。产业公地一词源于制造业领域,最早指能够对多个产业的创新提供支持的制造能力与技术能力的集合,在《制造繁荣:美国为什么需要制造业复兴》一书中,作者美国哈佛商学院的加里·皮萨、诺和威利·史认为:

产业公地是一系列能够对多个产业的创新提供支持的技术能力和制造能力的集合，是产业或行业中的"公共用地"，是一种能力网络和生态体系，表现形式多样。"产业公地"概念后期逐步渗透到各行业各领域中。钱平凡认为，产业公地无法私有化，但本书认为产业公地既可以是公有，也可能是某些已经私有化的技术、产品或服务，但所有人愿意拿来分享，只是是有偿，这份公地能嵌入非所有人的产业中，实现资源共享、多方受益。苏毅清（2016）也提出产业公地是产业间共同的技术基础以及随之产生的技术革新，是农村三产融合发生的前提条件。

本书所认为的农村三产融合的产业公地相对更为具象，所指的产业公地更多是"看得见"的可共享的产品、技术或服务，不易造成英国学者哈丁所提出的公地悲剧，即私人利用免费午餐出现的狼狈景象，因为农村三产融合中的产业公地并非公益性。农村一二三产业有了产业公地，才有共同利益上实现产业关联的基础。产业公地可理解为各产业之间的关联点，在一定物理空间范围内围绕这一共同关联点进行技术创新，形成产业间协同，资源共享，打造一产二产以及休闲旅游业品牌强度，扩大产业融合区域内产品、企业的知名度和竞争力，引导政府、企业、农户主动参与产业公地建设。农村建设产业公地，就要将村集体、农业企业、农产品加工企业、旅游企业、合作社、家庭农场、农户相联结，形成利益共同体，找到一个可撬动各方利益的点，企业与农户间构建稳定的购销关系。建立正确的认知，首先就是要进行三产融合、产业公地建设理念的导入，通过政府引导、市场推动，宣传培训提升各利益主体参与产业融合的意愿。产业公地作为产业融合的基本"供给"，可一定程度上撬动彼此的利益捆绑，多方主体都意愿围绕"产业公地"找到一个共同获利点，但"产业公地"并非信手拈来。

2.2.8 乡村文化与旅游融合研究

2.2.8.1 文旅融合的关系学说

从国际上来看,1966 年,联合国教科文组织期刊(Courier)头条文章《文化旅游:尚未开发的经济发展宝藏》(*Cultural Tourism: The Unexploited Treasure of Economic Development*)首次提出了文化旅游发展的经济意义。1977 年,美国学者 Robert Mcintosh 和 Gebert 首次提出"旅游文化"的概念,引起学界关于文化旅游的思考和讨论。世界旅游组织(UNWTO)出版的 *Tourism and Culture Synergies*(2018)一书指出,文化与旅游融合的重要驱动力是教育的发展和文化产业与旅游产业间的协同作用。国际上文旅融合的研究议题主要包含了文化遗产与旅游融合(Danielzyk et al.,2001)、文化创意与旅游融合、文旅融合的影响演进(Fatimah,2015)、文旅融合的需求(Falk et al.,2013)、文旅融合的产业化(Weaver et al.,2017)等方面。国内研究则较为关注文旅互动的理论基础、融合关系的类型、动力、产业链构建、融合路径、融合模式等。文化和旅游的关系有着"灵魂载体说""诗与远方说""塑旅彰文说",文旅融合有必然性说,也有非必然性说,国内外诸多学者如 Palmer C.、Bob Mckercher、维克托·A.金斯伯格、王韬钦、张朝枝等都进行了探讨。关于文旅融合路径研究,张朝枝、朱敏敏(2020)认为,文旅融合存在三种层次的践行路径,一是建构集体记忆与身份认同以增强文化的旅游吸引力;二是集体记忆的可参观性生产以加强文化的展示性和可参观性;三是面向游客的文化展示产业化以延长文化旅游体验的产业价值链。杨军指出,文化旅游可以与生态文化、民族节庆、体育赛事、藏传佛教寺院文化等多产业、多业态融合。文旅融合是一项复杂的系统工程,一个多层面、多元化、相互交叠的立体系统。

　　综观世界各国的乡村旅游,欧洲被认为是乡村文化旅游发展最早且最为成熟的地区,欧盟第五框架协议提出了欧洲综合乡村旅游管理方针,并在资金、政策、教育培训等多方面对乡村旅游提供大力支持。50％以上的法国人参加各种乡村旅游度假活动。日本形成了集休闲观光、农业教育、农业体验为一体的多功能和复合型模式,开发了多样的乡村文化旅游产品。我国同样也在进行多种融合模式的探索。

2.2.8.2　乡村文化旅游融合的路径

　　综观世界各国的乡村旅游,欧洲被认为是乡村文化旅游发展最早且最为成熟的地区,欧盟第五框架协议提出了欧洲综合乡村旅游管理方针,并在资金、政策、教育培训等多方面对乡村旅游提供大力支持。50％以上的法国人参加各种乡村旅游度假活动。日本形成了集休闲观光、农业教育、农业体验为一体的多功能和复合型模式,开发了多样的乡村文化旅游产品。我国同样也在进行多种融合模式的探索。孔凯、杨桂华(2020)提出民族地区乡村文旅融合路径可以通过"政府提供规范标准、权益保障、政策支持的公共服务功能—突出乡村的主体性、加大村民的参与度—文化公司进行专业化、标准化的开发和运营—第三方的媒体、组织、专家监督"这一脉络来实现。王韬钦(2018)提出了乡村文化与旅游产业融合发展的路径选择:转变思维,加强农村文化价值内涵的挖掘保护工作;尊重人的主体性,发挥人才的推动力;加强基础工作建设,避免超前跳跃发展。本书同时借鉴了吴必虎(2001)提出的区域旅游开发的昂谱(RMP)分析模式,认为区域旅游规划应遵循"资源(resource)—市场(market)—产品(product)"的线路进行,RMP体系是针对旅游开发中的问题提出的一种区域旅游开发模式,区域旅游规划应从资源(resource)、市场(market)和产品(product)三方面进行程序性论证,该理论成为区域旅游开发的经典理论,在实践工作中得到了广泛应用。在CNKI中国知网输入主题词"RMP",检索出文章共325篇,其中CSSCI文献10篇,北大中心核心期刊收入 35 篇，文章内容都是对 RMP 理论在现实中的应用，RMP 理论已经广泛应用到旅游规划的各个领域。

2.2.9　研究评述

农村三产融合作为一种客观的经济现象，在我国乡村呈现出蓬勃发展的面貌。除了上述农村三产融合内涵、类型、利益联结与收益分配、成效测度、演进机制的研究外，农村三产融合的研究还涉及动因机制、成功因素、问题与政策推动、成效评价、案例借鉴等多个领域。国外学者的研究主要集中于产业融合概念的界定、产业集聚、六次产业化、农业多功能、合作收益分配等，国内学者的研究主要集中于农村三产融合的内涵、发展模式、成效评价、案例借鉴等。笔者将国内外农村三产融合的类型、融合模型、关键成功因素、成效评价、收益分配等研究观点和主要学者归纳如表 2-3 所示。

表 2-3　农村三产融合主要研究话题、观点和研究学者

主要话题	主要观点和研究学者
融合类型	技术驱动的输入侧融合与市场驱动的输出侧融合（Broring et al.，2007） 替代范式、合作范式、竞争范式（Lei，et al.，2000；Dowling，2008；Bröring，2006） 农业内部融合型、产业链延伸型、功能拓展型、新技术渗透型、多业态复合型、产城融合型（国家发改委）
融合模型	1. 农村三产融合的驱动力模型（技术驱动及市场牵引）（李治 等，2017）； 2. 发展过程模型（"前提—条件—雏形—完成"的发展过程）（苏毅清，2016）； 3. 三阶段模型（产业要素融合、产业链内融合和产业链间融合三阶段）
产业融合关键成功因素	1. 组织战略：合作者兼容的战略分享、清晰且盈利的市场前景、技术或产品组合（More et al.，1999；Kelly et al.，2002；Macher，2004；Rice et al.，2006） 2. 管理：弹性组织结构、清晰的角色和职责、规则制度、目标柔性（Todeva et al.，2005；More et al.，1999；Taylor，2005；Dodourova，2009；Chin et al.，2008）

续表

主要话题	主要观点和研究学者
	3. 融合过程:沟通、顾客和市场需求定位、明确的规格和要求、学习过程、控制系统 (Dodourova,2009;More et al.,1999;Cooper,2003;Yoffie,1997) 4. 人的因素:高层支持、对行动的承诺、人格特质 (Chin et al.,2008;Littler et al.,1995;Rich,2003) 5. 产品和服务:差异化产品、产品的相对优势、先进的标准和生态体系、质量、顾客对产品的熟悉度 (Cooper,2003;Narayanan,2001;Bores et al.2003;Malerba,2007)
融合成效 及评价	国外研究: 1. 投入产出数据如专利数量等(Trajtenberg,1990;Karvonen,2010,2013) 2. 行业间耦合度(Fan et al.,2000;Xing,2011) 3. 知识/技术相关度:(Breschi,2003;Nathalie Sick,2019;Kim,2015) 4. 对农业经营主体的影响:(空闲信宪,2011;山本康贵,2007) 国内研究: 1. 农业多功能性体现(王苗苗,2022;田聪华,2019;张永勋、闵庆文,2019) 2. 农业产业链延伸(周立、李彦岩,2019;李芸,2017) 3. 区域辐射效应(陈国生,2019;李志勇、于萌,2014;杨宾宾,2022)
合作收益 分配	研究方法: (1)最小二乘预核仁(Ruiz,1996;Luis,1996;李登峰 等,2016) (2)Shapley 值(André,2014;马士华,2006;于晓辉 等,2007;Kemahlioglu 等,2011) (3)Banzhaf 值(Alonso,2005) (4)三角直觉模糊数(李登峰 等,2017) 研究对象: 供应链合作收益分配(王永亮 等,2014)、农产品流通合作收益分配(宁宇新 等,2015)、产学研联盟合作收益分配(赵璇,2017)

资料来源:作者根据相关文献整理所得。

　　虽然农村产业融合研究取得了长足发展,但与日益活跃的农村产业融合实践活动的需求相比,在理论界的研究尚有不足之处:(1)农村三产融合主体不清晰:现有研究存在农村三产融合主体不明确的问题,因此导致各种各样的分析路径不一致、融合过程模糊的问题。大多数研究侧重于监管和行业影响的宏观层面,而忽略了农业企业和农户的微观层面的观点。农村三产融合主体是农村三产融合的运行载体,也是实现农村三产融合的主要承载对象和实施者。村集体是农村重要的基层单元,以村为单位既有地域性的结合又有落地性的保障,本书以村为主导来进行农村三产融合的相关研究,可以充分地指导村集体农村三产融合的实践活动。(2)研究层面上,国内研究主要集中于农村三产融合内涵、类型、评价、演进机制等,虽然现有一些关于融合过程方面的研究,但尚未有研究循着"前提—开发与培育—落地与实施"这样的线路厘清农村三产融合过程,进行融合过程理论分析模式的推导,并结合案例进行现实验证。现有一些其他省份有构建农村三产融合成效评价体系中,但尚未发现有研究构建了福建省农村三产融合成效评价指标体系,尤其是结合福建省生态文明建设的省情。尽管关于收益分配问题的研究较多,但较少有研究关注农村三产融合的合作收益分配。本书试图在研究层面和研究主体上做一些创新与探索,试图为福建省农村三产融合的理论研究以及融合实践及政策制定提供一些参考。(3)研究方法的多样性还有所欠缺,使得农村三产融合的理论研究系统性、层次性和延续性还尚有不足。现在有研究案例经验介绍得多,但采用质性研究方法,集学术严谨性与实用性为一体具体阐述农村三产融合发展路径的少。本书丰富了农村三产融合的研究方法。一方面,在本书第 4 章农村三产融合演进过程的研究中,使用定量数据不太可能捕捉到农村三产融合动机、合作伙伴选择、权力平衡、信任、控制机制和融合成效等重要的软问题,而通过使用定性数据源可以更有效地实现这些问题。在处理产业间合作时,默契的管理行为不容忽视。此外,结构化程度较低的融合背景和资源需要一种探索性的研究方法和使用定性数据来关注这种情况的细节和主观意义,从而激发这种背景下的三产融合行动。另一方面,解释哲学需要直接体验接触被调查的现象,并对研究领域中出现的理论进行归纳发展,本书在融合进程演进中采用的扎根理论的质性研究方法得以有效解决这一问题。农村三产融合是一个复杂的过程,对融合动态过程的追逐以及事件发展脉络的把握亟须质性研究的方法来厘清发展的脉络。而且应该采用合作博弈论的方法来解决融合中面临的一些现实问题(张来武,2016)。通过产业融合,融合主体获取了比单干时更多的收益,需要合理的收益分配,借助合作博弈的方法形成一个分享系统的公理化的体系。

3 福建省农村三产融合发展现状

乡村振兴和消除相对贫困是我国未来发展中的一项重要任务,推动乡村振兴,消除相对贫困必须解决好农业产业高质量发展问题。农村三产融合发展是缓解农村资源环境的刚性约束、推进全面建成小康社会、推动城乡一体化发展、促进农业现代化的必然要求。农村产业由单一的农业粮食生产逐步转变为多样化的业态是农村实现长远发展的必由之路,也是乡村振兴战略产业兴旺的题中应有之义。福建省以乡村特色产业为魂,以秀美田园为韵,以生态农业为基,以技术创新为径,以乡风乡貌为形,推动农业向多功能拓展,催生出新的产业形态和消费业态。作为耕地资源稀缺的沿海省份,其保持农村经济稳步提升的主要举措之一就是加快三产融合的广度与深度,形成了独具特色的发展模式,并取得了一些成效。随着乡村振兴战略以及促进农村三产融合发展的相关政策的逐步出台,福建省积极响应国家号召,大力推动农村三产融合发展。

3.1 福建省农村三产融合发展政策

福建省位处改革开放前沿,丘陵山地众多,海湾多,有宜人的气候条件、丰富的生态旅游资源、深厚的历史文化底蕴,农业文化源远流长。福建省真正意义上的农村三产融合源于休闲农业,自 2007 年中央一号文件提出"建设现代农业,必须注重开发农业的多种功能,向农业的广度和深度进军,促进农业结构不断优化升级"以来,休闲农业在我国快速发展。近十年来,福建省休闲农业快速增长,开启了真正意义上的一产"接二连三"。农村三产融合活动指导文件源于《国务院办公厅关于推进农村三产融合发展的指导意见》(国办发〔2015〕93号)。作为耕地资源稀缺的沿海省份,福建省保持农村经济稳步提升的主要举措之一就是加快三产融合的广度与深度,经过近十年的发展形成了独具特色的发展模式。在融合主体上,农村三产融合主体主要是新型农业经营主体,如农民合作社、家庭农场、农业企业、种养大户等。本书主要探讨村级层面的产业融合活动,融合主体一种是村集体自建的村集体经济组织(农业企业或合作社等),村民以入股企业或合作社的方式参与;另一种是村集体通过出租集体资产、入股分成、提供中介服务等方式依托农业企业、旅游企业、合作社、家庭农场、种养大户等新型农业经营主体共同实施农村一二三产业的融合活动。

福建省积极推动农村产业融合发展试点示范建设、抓好顶层设计、加强组织协调。2016年,福建省发布了《关于推进农村三产融合发展的实施意见》(闽政办〔2016〕212号)。2022年8月,福建省自然资源厅、发展和改革委员会、农业农村厅三部门联合印发了《保障和规范农村三产融合发展用地实施细则》,通过用地保障有效促进了农村产业融合发展,以求在现有的资源条件实现集约化经营、精细化耕作,实现农业的多种效能。近年来,福建省出台系列乡村振兴专项补助,如2023年3月福建省下发2022年福建省乡村振兴重点特色乡(镇)奖补资金1亿元、乡村振兴实绩突出村奖补资金4亿元。

为了促使农村地区的经济结构得到有效优化,福建省主动向经济发展新常态靠拢,在农业的发展进程中引入相应的工业理念,围绕着市场需求来对自身的利益联结机制进行优化和提升,在有效进行机制创新的基础上加快推进农业供给侧结构的改革,帮助农民早日实现增收目标。以新型农业经营主体为依托,以农业服务业为纽带,促使农村地区的发展新动能得到有效挖掘,着重打造农村产业融合发展的示范样板,并借助相应的网络平台进行宣传和引导,在现代化农业的发展理论指导下,促使农村地区的一二三产业得以充分融合,为农民的增收和农村的繁荣打下坚实基础。同时借助于示范样板的作用,不断对先进经验进行推广和复制,促使农业产业链得到有效延伸,并对农业的多项功能进行有效开发,为农村新业态的产生作出积极贡献,让农民从二三产业发展的增值收益中分享利润,为农业增效、农民增收和农村繁荣提供重要支撑。通过农村产业融合发展示范园创建工作,实现将农业优势转化为经济腾飞态势、生态效益转换为全体民众福祉的战略转型。

3.2 福建省农村三产融合发展基本现状

表 3-1 2010—2021 年福建省农林牧渔业总产值

年份/年	农林牧渔业产值/亿元				
	总计	农业	林业	牧业	渔业
2010	2226.41	899.39	190.13	414.49	640.19
2011	2614.57	1025.03	239.00	527.12	733.83
2012	2843.47	1119.42	258.06	533.56	836.57
2013	3057.36	1196.59	296.02	558.67	902.18
2014	3247.11	1307.63	326.31	574.60	926.08
2015	3399.30	1358.58	317.70	633.83	967.02
2016	3784.24	1474.49	318.28	768.11	1091.29
2017	3947.16	1527.00	327.73	750.49	1202.05

续表

年份/年	农林牧渔业产值/亿元				
	总计	农业	林业	牧业	渔业
2018	4229.52	1653.45	389.00	718.42	1318.20
2019	4636.56	1774.77	417.33	914.39	1361.68
2020	4901.07	1818.18	390.57	1141.12	1373.12
2021	5200.97	1906.02	424.87	1059.91	1621.51

数据来源:2022年《福建省统计年鉴》。

从表3-1可以看出,近十年来福建省农林牧渔总产值稳步增长。农林牧渔产值从高到低排名是农业、渔业、牧业、林业,农林牧渔均占有重要地位,总体稳步向前。由于环境保护和污染防治,2018年牧业在经历平稳阶段后,2019年有小幅上升,林业相对增长速度较缓。2020—2022年虽受疫情影响,但农业产值稳步增长。

表3-2　2021年大中型农产品加工业或以农产品为主要原材料的产品加工业经济指标

序号	项目	企业数/个	资产总计/万元	营业收入/万元	主营业务收入/万元	利润总额/万元
1	农副食品加工业	138	7167170	12987308	12861850	861577
2	食品制造业	119	6567409	9053305	9011642	984572
3	酒、饮料和精制茶制造业	64	3497088	6224166	6104603	643084
4	烟草制品业	6	2723731	3314411	3249215	213497
5	纺织业	169	10745650	20212757	20007895	1673522
6	纺织服装、服饰业	193	7599644	14026968	13858449	1382750
7	皮革、毛皮、羽毛及其制品和制鞋业	349	14661294	27274584	27098323	2282331
8	木材加工和木、竹、藤、棕、草制品	40	1012023	3112407	3099664	274156

农村三产融合中的第二产业主要指农产品加工业或以农产品为主要原材料的产品的加工业。表3-2列举了2021年福建省部分大中型农产品加工

业或以农产品为主要原材料的产品加工业经济指标,如农副食品加工业,食品制造业,酒饮料和精制茶制造业,烟草制品业,纺织业,纺织服装服饰业,皮革、毛皮、羽毛及其制品和制鞋业,木材加工和木、竹、藤、棕、草制品等。其中,皮革、毛皮、羽毛及其制品和制鞋业的企业和单位个数以及资产总值位居前列。

福建省主要农产品有粮食、油料、蔬菜和园林水果。其中粮食作物主要有稻谷、大小麦、甘薯、马铃薯、杂粮、大豆和杂豆,近十年呈略微下降趋势,2019年产量达493.90万吨。园林水果主要有柑橘、龙眼、荔枝、香蕉、枇杷、菠萝、橄榄、柿、桃、李、梨、苹果、葡萄、杨梅等,近年来有略微上升趋势,2019年园林水果产量达到681.61万吨。其中蔬菜作物近几年产量大幅上升,2019年产值达到1437.33万吨。

2019年福建省内旅游人数达52697.08万人,旅游收入达7393.43万元,国内游客中,根据旅游目的分为休闲观光度假、探亲访友、公务、经商、会议、医疗、宗教朝拜、文化科技交流和其他,其中休闲观光度假游客的比例高达78.8%,远超其他类型游客,足以说明休闲观光度假已成为旅游的重点目的,休闲观光已成为人们生活中的刚需,休闲旅游业具有旺盛的生命力。

表3-3　2020年福建省部分示范项目的地市区分布情况

单位:个

福建省各地市区	省美丽休闲乡村	省养生旅游休闲基地	省级体育旅游休闲基地	省休闲农业示范点	省金牌旅游村	省级"一村一品"示范村	农业产业化省级示范联合体
福州	4	4	3	7	5	31	4
厦门	2	/	/	/	2	3	2
莆田	4	1	1	1	3	10	1
泉州	6	1	0	5	4	30	12
漳州	4	1	0	5	3	28	12
三明	6	7	2	4	3	31	10

续表

福建省各地市区	省美丽休闲乡村	省养生旅游休闲基地	省级体育旅游休闲基地	省休闲农业示范点	省金牌旅游村	省级"一村一品"示范村	农业产业化省级示范联合体
南平	4	1	2	4	5	36	10
龙岩	4	2	0	3	5	36	7
宁德	5	1	3	3	5	44	9
平潭综合实验区	1	2	1	0	1	1	1

数据来源:福建省农业农村厅、福建省文化和旅游厅。

3.3　福建省农村三产融合发展典型特征

福建省以乡村特色产业为根,以乡风乡貌为形,以技术创新为径,大力发展农村三产融合,推动农业向多功能拓展,催生出新的产业形态和消费业态,依托示范带动、多元服务,依托国家级农村产业示范园带动,并鼓励建设一批休闲农业示范基地、乡村振兴示范点,提供数字平台、基础设施等保障,通过项目、人才、技术、生产、销售的多元化平台构建,探索多元化融合发展模式。本着"生态优先"的原则,福建省农村建设牢固树立人与自然和谐发展的理念,坚持绿水青山就是金山银山,既要仓廪丰实,也要山美水美、人情和美,坚持节约资源和保护环境的基本国策,坚定走生产发展、生活富裕、生态良好的发展道路,将习近平总书记"绿水青山就是金山银山"的科学论断渗透出来的精义神韵和风骨风尚,内化于心,外化于行,在溯本清源中体味和把握生态文明建设的系列话语体系和理论体系。"留得青山在,才能有柴烧",福建省农村建设尊重自然,顺应自然,保护自然,在此基础上传承创新,农业产业结构实现了从"量变"向"质变"的改革。福建省农村产业三产融合表现为四个典型特征。

3.3.1 特色主导产业带动

福建省农村三产融合发展注重以当地特色产业为主导,进行产业链的延伸和多元拓展。在鼓励各地依靠当地优势资源禀赋、努力打造和维护特色品牌、大力发展当地特色农产品的同时,生产品种多样化、质量优质化、品牌个性化的农产品,以契合城市居民对高端农产品的需求,推进供给侧结构性改革。鼓励规模化种植养殖、农产品技术创新、多样化拓展农产品销售渠道,布局农业多功能性,拓宽现代农业产业体系。2017年福建省人民政府发布的《关于加快农业七大优势特色产业发展的意见》指出:加快农业特色产业发展,要突出绿色发展,最终实现了对一产的优化,同时也使二产得到了深化,使三产得到了强化。在对第一、第二、第三产业进行融合发展的过程中,可以为农业供给侧结构性改革提供有力支持,使农民群众获得更多收入,加快落实智慧农业生态农村建设。经过多年努力,福建省特色农产品总量不断增加,形成了一批特色鲜明、分工合理、协调发展的优势产业区,生产出许多优质特色产品,极大地带动了当地特色农业发展和市场拓展,如武夷山的茶叶、建宁的莲子、漳浦的花卉、龙岩的百香果、连城的兰花、连江的海产、云霄的枇杷、永春的芦柑等,各地区主导产业突出,产业融合度高,因地制宜,各具特色。根据《福建省特色农产品优势区建设规划(2018—2020年)》,福建省重点发展了九大类25个品种的特色农产品,大体区域分布如表3-4所示。"十四五"期间,福建省计划实施特色现代农业高质量发展的"3212"工程,建设30个重点现代农业产业园、20个重点优势特色产业集群、100个农业产业强镇、2000个"一村一品"专业村,推进特色产业集群建设。

表 3-4　福建省特色农产品优势区主要品种与部分分布区域

序号	类别	品种	主要分布区域
1	特色粮经作物	稻谷、甘薯、花生、道地药材	三明、连城、平潭、柘荣等
2	特色蔬菜	蔬菜	福清、长乐、仙游、荔城等
3	特色水果	柑橘、葡萄、百香果-龙眼等热带水果、桃、梨等落叶水果	平和、福安、漳州、福安等
4	特色茶叶	闽南乌龙、闽北乌龙、绿（红、白）茶、茉莉花茶	武夷山、安溪、福清、武平等
5	特色食用菌	银耳、海鲜菇等	古田、罗源、顺昌、南靖等
6	特色花卉	花卉	延平、清流、连城、漳浦等
7	特色畜禽	禽类、草食动物、特色猪	福清、屏南、尤溪、上杭等
8	特色水产品	海水养殖产品、淡水养殖产品	闽东南沿海、三明、南平、龙岩等
9	特色林产品	油茶、笋竹、非木质利用产品	明溪、建宁、永安、三元等

资料来源:根据福建省发改委网站资料整理所得。

3.3.2　乡村文化旅游协同

福建省文化资源丰富,有红色文化、海丝文化、农耕文化、海洋文化、闽南文化、客家文化、妈祖文化、南音文化、戏曲文化、朱子文化、船政文化、书香文化、畲族文化,以及各种类型的特色产业文化,如茶文化、梯田文化、竹木文化、香文化、木雕文化。福建省注重特色产业与地域文化的协同发展,这是一种"特"与"魂"的融合,是固态文化、物质文化与精神文化的融合,具体表现在文化产业与农业种养、文化产业与农产品加工业、文化产业与休闲旅游业的结合。

近年来福建省休闲观光度假游客比例稳步上升,乡村旅游市场需求也逐步形成。城市居民在忙碌的工作之余,慢慢将视线转向了乡村。人们对乡村休闲旅游、文化教育、生态涵养等的多层次需求决定了乡村的供给不能仅停留在朴素的物质层面，还应当满足人们的精神需求，甚至可以对患有"城市病"的城市人的心理健康进行治愈和调试。作为一种对上至国家乡村振兴战略、下至人们乡村旅游现实需求的回应，近年来福建积极推动乡村文化旅游融合发展，依托休闲农业等建设了一批乡村旅游示范基地。福建省武夷山作为世界文化与自然遗产地，文化底蕴厚重，突出历史主题，而宁德市、龙岩市则拥有浓厚的红色基因，大力发展红色旅游。在众多的农产品和服务中，文化价值所占的比重可以高于物质价值。福建的乡村旅游需求市场有巨大潜力，其主要任务是考虑供应何种乡村产品和服务以满足人们日益正增长的物质文化和精神文化的需求。

3.3.3 依托规划引领建设

福建省注重乡村振兴战略规划的引领作用，谋划乡村发展方向，厘清主题定位，由"历史自然"转向"规划引导"。许多乡村规划先行，分类施策，扎实推进，合理布局，乡村发展有规可依，有章可循；重规划引领，依托项目推动。如福建省农业类文化创意和设计服务规划重点推进三大领域和12项重点项目，在农业美学设计领域重点推进"休闲农业与美丽乡村建设协同示范"项目、"休闲农业与乡村旅游融合发展示范""特色农业观光基地建设"项目；在田园生态设计领域重点推进"农业科普示范基地"项目、"农业文化产业园区"项目、"地标性农产品生产示范基地"项目；在休闲体验设计领域重点推进"休闲农场（农庄）"项目、"农业综合体"项目、"养老基地"项目、"农耕文化与民俗体验示范园区"项目、"水上渔家"项目以及"森林人家"项目。

福建省规划建设"两带""三区""五圈"，通过"三纵八横二十五联"的高速路网形成整体。"两带"指沿海现代多功能农业产业带、山区现代多功能农业产业带。"五圈"指"厦漳泉同城都市圈""福州城市群都市圈""龙岩客家文化圈""三明郊野休闲圈""南平绿色生态圈"。"三区"指以下三个区：一是环城区,即在市、县两级城郊,突出利用环都市的区位优势、交通优势、客源优势、科技优势、资金优势,结合创意产业的最新成果,重点发展以农业观光、农业科普、农业体验、农业科技展示、农业博览、农业物流、生态服务为内容的都市农业区。二是依山区,即在以山地、丘陵、岗地、台地为主体的区域,结合森林、果园、特色生物资源,结合当地乡土文化,突出农业生态和休闲度假主题,发展集娱乐、体验、休闲、科普、探险、康体、度假为一体的生态型休闲农业区。三是临水区,即在水车、流域、湿地、海岛、港湾、温泉、冷泉等资源丰富的区域,结合当地的水资源条件、农业特色和休闲文化,延伸产业功能,建设各种以"水文化"为灵魂的亲水休闲农业旅游区。

表 3-5 福建省"两带三区五圈"的规划布局

规划布局	具体内容	规划区域
两带	沿海现代多功能农业产业带	包括福州、平潭、莆田、宁德、厦门、漳州、泉州 7 个地市级区域
	山区现代多功能农业产业带	包括龙岩、三明、南平 3 个地市级区域
三区	环城区	重点发展都市农业区
	依山区	重点发展生态型休闲农业区
	邻水区	重点发展亲水休闲农业旅游区
五圈	厦漳泉同城都市圈	具有闽南风情的特色"圈层"
	福州城市群都市圈	丰富多彩、可达性强的特色"圈层"
	龙岩客家文化圈	客家文化"圈层"
	三明郊野休闲圈	以"郊野"为主题的现代多功能农业"圈层"
	南平绿色生态圈	较高品位的绿色生态农业"圈层"

3.3.4 创建试点示范先行

福建省积极鼓励建设农村产业融合试点示范项目,鼓励建设一批休闲农业示范基地、乡村振兴示范点等多种形式,通过项目、人才、技术、生产、销售的多元化平台构建,探索多元化融合发展模式,也取得了一些成效。截至2022年1月,福建省在漳浦、建宁、武夷山、建瓯、尤溪、寿宁六个县(市)建成6个国家级农村产业融合示范园。6个国家级示范园均十分重视产业融合创建任务,积极探索创新,突出特色。武夷山示范园的茶叶、建宁示范园的莲子、漳浦示范园的花卉、寿宁示范园的生态硒锌、尤溪示范园的生态旅游、建宁示范园的竹产业,各个示范园都有鲜明的主导产业特色,积极创建集"特色农业产业、文化、基金、休闲、旅游"为一体的农村三产融合发展,主要表现为农业内部融合型、产业链延伸型、功能拓展型、新技术渗透型、多业态复合型、产城融合型等融合模式。

福建省鼓励多种形式的产业融合示范建设,如2023年1月,福建省乡村振兴局公布全省50个乡村"五个美丽"建设典型案例,"五个美丽"是指美丽乡村庭院、美丽乡村微景观、美丽乡村小公园(小广场)、美丽田园、美丽乡村休闲旅游点。2023年2月,福建省确定108个村庄作为省级美丽宜居村庄培育对象。福建省在农业农村部登记的地理标志产品总共有108个,如武夷岩茶、古田银耳、安溪铁观音、建瓯锥栗、永春芦柑、长汀河田鸡、东山鲍鱼、建莲、永春篾香、德化白瓷、永春佛手、坦洋工夫、福建乌龙茶、柘荣太子参、政和白茶等,2020年增加福鼎白茶、福鼎黄栀子、上杭萝卜干、上杭乌梅、杭晚蜜柚、连城地瓜干、连城白鸭、宁化牛角椒、平和琯溪蜜柚以及诏安红星青梅等。部分示范点的地市分布如表3-6所示。

表3-6 福建省农村三产融合发展渠道及示范建设

途径渠道	主要表现
合作社＋家庭农场	2020年度国家级农民专业合作社66家,省级农民专业合作社156家。2020年度评选出"百佳家庭农场""百佳农民合作社示范社""十佳农民合作示范社联合社"。
农业＋园区	截至2022年底,福建省国家级农村产业融合示范园6个。截至2017年底,福建省共有73个省级农民创业园。

续表

途径渠道	主要表现
农业＋旅游	2022 年福建省 50 个乡村"五个美丽"建设典型案例,2020 年福建省 36 个村入选"金牌旅游村"、省级美丽休闲乡村 40 个、省级休闲农业示范点 32 个、省级森林康养基地 20 个、省级养生旅游休闲基地 20 家、省级体育旅游休闲基地 14 家。
农业＋互联网	福建省共有中国淘宝村 441 个。
农业＋品牌	2022 年全省 40 个乡村振兴示范乡镇,2020 全国乡村特色产品中,福建省特色种植产品 20 项,特色养殖产品 9 项,特色食品 7 项。截至 2021 年 1 月,福建省农产品地理标志登记保护产品数量达 108 个。

数据来源:福建省农业农村厅、福建省文化和旅游厅官方网站。

3.4　福建省农村产业融合示范区发展概况

按照国办〔2015〕93 号文和国家发改委等七部委通知要求,福建省着力实施"百县千乡万区"试点示范工程,扎实有序推进试点示范创建工作。福建省发改委积极推动六个国家级产业融合示范园的发展,组织申报了国家农村产业融合示范园,根据国家发改委印发《关于印发首批国家农村产业融合示范园创建名单的通知》(发改农经〔2017〕2301 号),首批国家级农村产业融合示范园福建省入选 3 家,分别是漳州市漳浦县农村产业融合发展示范园、三明市建宁县农村产业融合示范园、南平市武夷山市农村产业融合示范园;第二批入选 3 家,分别是南平建瓯市农村产业融合示范园、三明市尤溪县农村产业融合示范园、宁德市寿宁县农村产业融合示范园。6 个示范园均十分重视产业融合创建任务,积极探索创新,亮点突出,融合发展模式清晰。

(1)漳浦县农村产业融合发展示范园。该示范园为产业链延伸型融合,位于漳州市漳浦县福建漳浦台湾农民创业园（以下简称台创园）规划区，总面积61.53平方公里。示范园的一产主要种植花卉、果蔬、食用菌等，其中以发展台湾花卉为主，特别是台湾蝴蝶兰生产企业集聚发展，形成了漳浦十里花卉走廊和现代农业休闲观光驿站的特色产业区，成为福建省最具辐射力和影响力的花卉物流集散中心。目前，示范园兰花大世界基地入驻台湾蝴蝶兰花卉企业16家，从育种到成品花销售，形成了传统种植到标准化、工厂化生产，年产种苗5000万株以上，已成为中国大陆蝴蝶兰的"种苗之都"，年产值达3亿元，主要销往日本、韩国及欧美国家。花卉产业发展势态良好，经过多年的沉淀，形成了新品种研发、培苗生产、花卉专用肥等配套产业。示范区内蓬勃发展的花卉、食用菌、果蔬产业带动了农产品加工的崛起发展，目前在长桥镇溪内村已设立了农产品加工区，主要从事水果深加工，根据《台湾农民创业产业园总体规划》，为进一步加深花卉产业与二产的融合，今后的招商方向将向花卉食品、花卉饮品及花卉系列日化品倾斜。

（2）建宁县国家农村产业融合发展示范园。该示范园为多业态复合型融合。建宁县是"中国建莲之乡""国家级杂交水稻制种基地""中国无患子之乡""中国黄花梨之乡""省级生态农业试点县"。示范区以具有一定规模且具有全国影响的当地建莲产业为特色，融合种子、果子等重点农业产业。园区综合开发格局为：打造融合山、水、天、林、旅为一体的空间开发格局，形成"一带、一区、一心、一轴"园区发展结构，即：山水田园发展带、闽江源生态保育区、产业综合发展核心、溯源文化发展轴。总体产业发展布局划分四个产业片区，即"产业综合发展区""北部休闲农业旅游区""南部生态农业发展区""闽江正源生态保育区"。示范园计划实施农田建设项目、产业融合主体培育项目、农业产业链延伸项目、农业休闲旅游项目、建莲文化旅游项目、生态水利项目、森林山体生态保护项目等七大类26个项目。园区总产值31亿元，三次产业比例为20：47：33。园区目前已培育形成了以莲子产业为主要特色产业，融合种业、果业、烟叶等产业的现代农业产业发展格局。

（3）武夷山市国家农村产业融合发展示范园。这是一个茶产业产城融合型示范园,也是我国茶产业融合的示范基地,不仅拥有着健全的茶产业经济链和价值链,同时在旅游和文化方面也实现了互融互进的融合性机制。园区内有茶种植、茶生产、茶加工、茶展示、茶销售、茶文化旅游等相关产业,产业链条非常完整。武夷山茶叶种植历史久远、品种丰富,现有茶树品种280种,包括大红袍、肉桂、水仙、奇种等重点品种。示范园利用当地土壤、水质、空气的良好条件,对茶叶质量安全从生产到销售进行全程监控,管控到位,有序发展,三产融合不断加强,产业结构不断升级优化。建宁县示范园通过不断探索,已形成适合本地特点的"农业内部融合型生态种养""农业＋旅游""农业＋互联网"等融合发展模式。

（4）寿宁县国家农村产业融合发展示范园。该园区为第二批国家农村产业融合发展示范园。寿宁县地处闽浙交界,为"九山半水半分田"的典型山区县,工业基础薄弱,农林业为主业。目前已初步形成以生态硒锌为品牌,高山茶为支柱,油茶、名优水果、中药材、高山冷凉型花卉为补充的多元农产品结构。但该园区农业产业化程度较低,且近年来寿宁县农业虽然在与第二、三产业融合上步伐有所加快,出台了多项规划,但总体上仍处在起步阶段,所以存在农业产业化程度化较低、旅游产业基础设施薄弱、产业缺乏高质量联动等问题。如今顺应形势,面对挑战,园区迫切需要推进农业与旅游业、体育产业、电子商务等其他产业融合,通过借势发展增强竞争力。推进一二三农村产业融合发展,既是新常态下落实精准扶贫、拓宽农民增收渠道的重要举措,又是促进农业现代化与新开城镇化相衔接、加快推进城乡一体化的有效途径。

（5）尤溪县国家农村产业融合发展示范园。尤溪县不断加大农村产业融合发展建设力度,以汤川乡旅游开发为依托,以高山蔬菜、黑山羊、洋中食用菌为主要特色产业,全力推进农业与旅游业融合发展,实现产业融合、农民增收。尤溪县国家农村产业融合发展示范园三产融合发展的主要做法有：一是培育龙头企业，打造特色产业。汤川乡拥有高山蔬菜基地 10 个，种植面积 3.35 万亩，年产蔬菜近 11.5 万吨，创产值达 2.5 亿元。二是提升全域旅游，培育乡村旅游载体。示范园区目前拥有国家 4A 级旅游景区"侠天下"、3A 级旅游景区"古溪星河农谷度假区"。2018 年游客量达到 63 万人次，实现旅游总产值 1.5 亿元。三是加强品牌建设，引导产业集聚。策划生成高山蔬菜、食用菌、黑山羊、高山茶等特色农副产品伴手礼，丰富"我家尤礼"产品线。目前已有"沈川""臻野"等农产品品牌、食用菌商标 11 个、有机食品认证 3 个、绿色食品认证 6 个、无公害产品认证 2 个。

（6）建瓯市农村产业融合示范园。建瓯市地处闽北，拥有得天独厚的自然条件、多样化的农作物，素有"绿海金瓯""酒城笋都""竹海粮仓"之称，拥有迪口"良麟"葡萄基地，建设"葡萄风情小镇"，集"食、住、行、游、购、娱"为一体，年接待游客 20 万人以上，"农家乐"20 余家。"北苑贡茶文化展示基地"设有茶叶加工技艺体验馆、北苑贡茶文化展示馆、游客接待中心、观光茶园等，目前网络销售冬笋达 600 多万元。全市茶叶种植面积 12.4 万亩，为全国重点茶区之一；竹林面积 130.9 万亩，为"中国竹子之乡"之首。

然而，福建省农村三产融合发展在探索过程中还是存在一些问题，尤其是农业新型经营主体在融合的具体实践中还存在着融合前提不清晰、融合标准不明确、缺乏融合方向性的引导、部分地区实现了一产的"接二连三"但融合收益不显著，或者处于供应链源头的农户没有分享到合理的收益分配等问题。然而，这些问题在现实中具体如何被描绘，有待在实际调查中进一步探索。

3.5　福建省农村三产融合发展模式

农村三产融合意味着传统产业边界的模糊化以及乡村特色产业、生态景观及文化等资源的经济化、信息化趋同的优势,产业间新型的竞争协同关系产生了更大的复合经济效应。农村三产融合重塑了农村产业结构的演进形态,逐步演化为一个多层面、多元化、相互交叠的复杂立体系统,随着产业融合,产业关联、产业结构、产业空间布局都发生了变化。福建省位处改革开放前沿,丘陵山地众多,海湾多,有宜人的气候条件、丰富的生态旅游资源、深厚的历史文化底蕴、源远流长的农业文化。作为耕地资源稀缺的沿海省份,福建省保持农村经济稳步提升的主要举措之一就是加快农村三产融合的广度与深度,形成了独具特色的发展模式,具体表现为以下四种类型。

(1)休闲旅游联结型:主要指农业向后延伸或者农业生产生活服务向前延伸,农业种植、销售、休闲旅游与服务之间联结形成合作网络,农业经营主体主要从事第一产业和第三产业,委托外部进行农产品加工,或者自身从事农产品的初级加工,致力于农业种养和休闲旅游之间联结,为消费者提供农村生活体验的产品和服务,如农家乐、休闲观光、创意农业、农耕体验、休闲运动、民宿等。以福建和平古镇农业开发有限公司为例,该公司成立于2014年11月26日,位于邵武市和平镇和平农业园,经营范围为农业种植养殖、中药材种植。公司现有已经获得绿色食品标志农业种植基地和国家农业科技园区中药材种植基地。2017年11月公司获得南平市农业产业化"市级龙头企业"称号,是邵武国家农业科技园区重点企业,包括绿色标志水稻基地、稻花鱼基地、林下中药材基地、猕猴桃园、水源涵养区、花卉苗木景观区、鱼塘和溪流戏水区,还建有乡村大舞台、跑马场、高空拓展区域等。

(2)加工联结型:主要表现为农业种养联结农产品加工,维系农产品加工设施全年运转,确保原料农产品采购。谋求与农产品原料供应者的合作,确保其数量和质量,是这种联结方式的主要内容。加工设施设备一部分用于自身种养的农产品加工品制造,也与附近的农业经营体签订生产合同,成为地区农业的加工和检测等场所,如福建古甜食品科技股份有限公司、福建三明茶盟生物科技有限公司等。

该类型最初是以基于自己生产技术的单一作品和相关作品的农业生产为核心的,然后与附近同种经营体合作,同时设置了加工设施。在考虑与大型家庭餐馆、酒店连锁合作的同时,以城市的业务需求为中心,积极开展包括应对竞争对手在内的营业活动,努力确保和稳定销售对象。此时,如果从自营体和契约农家采购原料农产品出现界限,就有必要从当地市场和附近农协采购同种作物。该类型一般以加工事业为中心,为了满足销售需求,采购必要的"原料"。而且,原料采购以全国范围内的采购为基础,根据情况的不同也有可能从海外采购。其中,来自自己的农业经营体的采购比例逐渐降低。在这种情况下,农业生产部门在缩小或消失的同时,与该经营体分离,向以加工部门为核心的农工商协作型转变。

(3)组织内农工商联结型:以农业龙头企业为中心进行农产品生产、提货、加工、流通、服务。企业流转一定的土地经营权,通过雇佣农户或与农民签订种植合同等方式,将农业生产委托给农户,种子、农药、肥料等生产资料由企业提供。丰收的农产品经过加工,以独特的品牌流通,或者在自身经营的餐厅或农家乐进行烹调与销售,直接消费或是间接提供给消费者。

以南武夷药博园星创天地为例,该公司将"中药材标准化种植、中药材良种筛选与繁育、中药材养生产品开发、现代农业(中药材)五新技术"等农业技术成果与"中医药健康理疗、电子商务运营、中医药特色旅游、中医药文化传播"高度链接融合,促进福建邵武国家农业科技园区中药材产业链整合和价值链提升,建设集特色旅游、运输、饮食、住宿为一体的中医药文化主题公园。公司立足"中医药科普、中医药产品科研、中医药养生体验、中医药健康旅游"四位一体的创新发展模式,融合一产中草药种植、二产中草药加工、三产中医药文化旅游等产业为一体,农业、科技、文化、旅游相得益彰,共同推进,促进三产融合发展。

(4)信息技术渗透型:主要指将现代信息技术、生物技术、物联网技术等运用到农业中,实现农业的智能化、信息化、精准化,产生农业电商、智慧农业、农业互联网金融等,如"互联网＋农业""生物技术＋农业",典型企业有福建花博汇电子商务有限公司、福建承天农林科技发展有限公司等。福建省耕地资源有限,应尽量在现有的资源条件实现集约化经营、精细化耕作,实现"小资源、大利用,小产品,大文章",同时借助产业的交叉、渗透、延伸和拓展,发挥农业的多重功能。

此外,结合互联网技术,通过网络销售生产的农产品,充分发挥互联网优势点,让互联网成为线下交易的前台。如"O2O农业"的线下创意农场。其利用网上商城、微信公众平台、新浪微博等多种线上营销渠道去宣传、推广企业产品和品牌形象,是全面社交媒体与客户的在线互动,有效吸引了消费者眼球,以求最大限度地发掘潜在消费者。

4 农村三产融合 PED 分析框架构建

通过对现状的分析，掌握福建省农村三产融合发展的基本现状和主要特点，在此基础上选择福建省 50 个村展开深度调研，通过询问"贵村在农村三产融合发展中还存在什么问题"，将受访者的回答整理出有效原始语句，从中提炼出高频词汇，探索农村三产融合问题的聚焦指向。经过聚类分析凝练福建省农村三产融合发展主要问题表现为融合过程、融合成效、收益分配三方面相关的问题，构建了以融合过程为基础、以融合成效为标准、以融合收益分配为保障的 PED 分析框架（process-effect-distribution），为后续研究奠定基础。

4.1 研究思路与方法

4.1.1 研究思路

以村为研究对象，对福建省 50 个村的 216 位访谈者询问"贵村农村三产融合发展目前存在的问题"，并对其在该问题上的回答进行分析，整理出 765 条有效原始语句。通过对原始语句的关键信息和词汇进行归纳和概括，提取高频词汇，再通过聚类分析，将高频词汇聚合成几个类别和维度，构建农村三产融合现实问题的理论模型。聚类分析结果表明,农村三产融合的现实困境聚焦于融合过程模糊、缺乏有效评价体系、收益分配机制不健全三个方面。

4.1.2 聚类分析

聚类分析是指按照一定的方法,通过一定程序,将特定的集合分组成多个类别,使每一组内容由类似的对象所组成。聚类分析可以以样本数据为依据,自动进行归类,归类源于自发性,而不是事先制定主观标准。本书中笔者采用的是聚类分析的 K-means 算法。K-means 算法是最为经典的基于划分的聚类方法,是目前十大经典数据挖掘算法之一,其基本思想是:以空间中 k 个点为中心进行聚类,对最靠迂他们的对象归类,通过迭代的方法,逐次更新各聚类中心的值,直至得到最好的聚类结果。

4.2 样本来源

本研究所调查的样本来源于福建省的 50 个村,50 个村遍布福建省各地市,50 个村的三产融合主体主要有两和情况:一种是村集体领办的村集体经济组织(农业企业或合作社等),村民以入股企业或合作社的方式参与产业融合活动;另一种是村集体通过出租集体资产、入股分成、提供中介服务等方式依托农业企业、旅游企业、合作社、家庭农场、种养大户等新型农业经营主体共同实施一二三产业的融合活动。50 个村的三产融合行为主体及主导产业情况如表 4-1 所示,其三产融合形式以"1+2+3""1+2""2+3"为主。需特别说明的是,由于农村三产融合中的第三产业涵盖范围较广,包含了农资农机、农业资本技术服务的农业投入部门以及农产品流通与服务部门,如电子商务、数字农业、农产品物流、乡村旅游、文化创意等，本分析中的第三产业着重列举了各村的乡村旅游和文化创意产业。

表 4-1   50 个村的三产融合行为主体及主导产业概况

编号	所属乡镇	融合行为主体	三产融合主导产业概况
J1 村	安溪县城厢镇	村集体＋企业	1＋2＋3：林木种植、藤铁加工、乡村旅游、文化创意
J2 村	古田县吉巷乡	村集体＋企业＋农户	1＋2＋3：古田银耳种植、银耳加工、乡村旅游、银耳文化
J3 村	龙海浮宫镇	村集体＋企业	1＋2＋3：浮宫杨梅种植、杨梅酒加工、乡村旅游
J4 村	永春县石鼓镇	村集体＋家庭农场	1＋2＋3：麻竹种植与加工、麻竹工艺品设计、乡村旅游
J5 村	邵武县水北镇	村集体＋企业＋农户	1＋2＋3：中草药种植、中草药加工、康养旅游
J6 村	永定县湖雷镇	村集体＋企业＋农户	1＋3：水果种植、水果采摘
J7 村	大田县屏山乡	村集体＋企业＋农户	1＋2＋3：高山茶种植、茶加工、康养旅游
J8 村	光泽县止马镇	村集体	1＋3：光泽稻渔综合种养、餐饮住宿
J9 村	漳浦县官浔镇	村集体＋企业＋农户	1＋2＋3：花卉种植、互联网、乡村旅游、文化创意
J10 村	武夷山星村镇	村集体＋企业＋农户	1＋2＋3：茶叶种植、标准化加工、茶文化旅游
J11 村	泰宁梅口乡	村集体＋企业＋农户	1＋2＋3：茶叶种植、茶叶加工、民宿及文化项目
J12 村	永定县下洋镇	村集体＋企业＋农户	1＋2＋3：葡萄种植、葡萄酒加工、葡萄采摘、餐饮
J13 村	南安市向阳乡	村集体＋合作社＋农户	1＋2＋3：蜜蜂养殖、蜂产品加工、旅游观光互联网
J14 村	安溪县城厢镇	村集体＋合作社＋农户	1＋2＋3：水果种植、水果采摘、餐饮、民宿

续表

编号	所属乡镇	融合行为主体	三产融合主导产业概况
J15 村	蒲城县兴浦灵芝	村集体＋企业＋农户	1＋2＋3：灵芝种植、灵芝加工、灵芝主体生态旅游
J16 村	永春县岵山镇	村集体＋家庭农场	1＋3：永春芦柑种植、观光采摘
J17 村	南安市华盛果艺	村集体＋家庭农场	1＋2＋3：金桂荔枝种植、加工及文化旅游
J18 村	厦门古龙酱	村集体＋企业＋合作社	1＋2＋3：酱产品生产、加工、文创活动
J19 村	建瓯市玉山镇	村集体＋合作社＋农户	1＋2＋3：翠冠梨种植、加工、翠冠梨采摘
J20 村	福清市相思岭	村集体＋企业＋农户	1＋3：水果种植、水果采摘、文创项目
J21 村	连城林坊乡	村集体＋农户	1＋2＋3：连城地瓜种植、地瓜加工、地瓜采摘
J22 村	明溪县城	村集体＋合作社＋农户	1＋2＋3：畜牧养殖、明溪肉脯加工、文创项目
J23 村	古田县城西街道	村集体＋农户	1＋2＋3：食用菌培育、工厂化生产、文化产业园
J24 村	漳州市芗城区	村集体＋合作社＋农户	2＋3：天宝香蕉种植、香蕉加工、文化旅游
J25 村	古田凤都镇	村集体	1＋3：水蜜桃种植、休闲旅游、餐饮
J26 村	福鼎前岐镇	村集体＋农户	1＋2＋3：四季柚种植、加工、乡村旅游
J27 村	云霄县和平乡	村集体＋企业	1＋2＋3：枇杷种植、枇杷加工、餐饮、文创设计
J28 村	德化县龙浔镇	村集体＋企业＋合作社	1＋3：畜牧养殖、牧草种植、有机质能源、乡村旅游
J29 村	建宁溪源乡	村集体＋合作社＋农户	1＋2＋3：建宁白莲种植采摘、加工、互联网、文创活动

续表

编号	所属乡镇	融合行为主体	三产融合主导产业概况
J30 村	福鼎贯岭镇	村集体＋家庭农场	1＋2＋3：福鼎芋种植、芋产品加工、乡村旅游
J31 村	将乐县高唐镇	村集体＋家庭农场	1＋2＋3：茶种植、擂茶加工制作、制作体验、文化项目
J32 村	霞浦滩涂	村集体＋合作社＋农户	1＋3：海鲜养殖、农作体验、餐饮住宿
J33 村	长泰县岩溪镇	村集体＋家庭农场	1＋3：花果种植、花果采摘、餐饮住宿、文创项目
J34 村	永春县达埔镇	村集体＋合作社	1＋2＋3：香制作、加工、体验、香非遗文化旅游
J35 村	连城县宣和乡	村集体＋企业	1＋2＋3：中草药种植、中草药加工、康养旅游
J36 村	龙岩上杭百香果	村集体＋企业＋农户	1＋2＋3：百香果种植、百香果加工、休闲采摘
J37 村	连城县四堡乡	村集体＋企业	1＋2＋3：兰花种植、茶加工、兰花文化旅游
J38 村	龙岩连城姜	村集体＋家庭农场	1＋2＋3：生姜种植、姜产品初加工、姜文化体验
J39 村	永泰春梧桐镇	村集体＋企业	1＋2＋3：茉莉花种植、茶加工、茉莉花文化旅游康养
J40 村	柘荣县凤洋村	村集体＋农户	1＋2＋3：太子参种植、太子参加工、康养旅游
J41 村	福清一都镇	村集体＋合作社	1＋2＋3：一都枇杷种植、枇杷加工、采摘
J42 村	连江苔菉镇	村集体＋家庭农场	1＋2＋3：鲍鱼养殖、餐饮住宿、海港旅游
J43 村	古田大桥镇	村集体＋企业	1＋2＋3：养牛畜牧、牧草种植、乡村旅游、电商
J44 村	周宁陈峭村	村集体＋农户	1＋2＋3：农事体验、古厝文化、乡村旅游

续表

编号	所属乡镇	融合行为三体	三产融合主导产业概况
J45 村	诏安县红星乡	村集体＋合作社	1＋2＋3:青梅果种植、青梅加工、梅花乡村游
J46 村	仙游县度尾镇	村集体＋合作社	1＋2＋3:文旦柚种植、加工、休闲采摘、文创项目
J47 村	安溪县长坑乡	村集体＋合作社	1＋2＋3:山格淮山种植、加工、淮山文化节、康养旅游
J48 村	屏南县代溪镇	村集体	2＋3:红釉黄酒、黄酒文化节、文化旅游
J49 村	福安穆云畲族乡	村集体	1＋3:穆阳水蜜桃、溪塔葡萄、畲族文化、乡村旅游
J50 村	连江梅洋村	村集体＋合作社	1＋3:梅种植、梅文化、乡村餐饮住宿

4.3　数据获取

　　笔者对本样本数据展开了充分调研,走访了其中的 25 个村,其中,2017年 10 月至 12 月,实地走访了 J4 村、J13 村、J16 村、J23 村、J34 村,并细致分析了这 5 个村申报福建省星创天地和泉州市星创天地的申报资料,着重阅读材料中关于农村三产融合介绍和成效部分;2018 年 7 月,走访了 J3、J24村,前后历时 5 天,并进行了 J3 村的产业融合调研汇报;2018 年暑假即 7 月和 8 月期间,走访了 J6、J10、J12、J21、J36、J37、J38 村;2018 年 11 月,走访了 J5 村、J7 村;2018 年 9 月,走访了 J42、J50 村;2019 年 1—12 月,先后 7 次实地调研了 J1 村、J14 村的三产融合情况;2020 年 6—12 月,走访了 J2 村、J25村、J32 村、J40 村、J48 村,并有幸参与了其申报旅游景区的相关工作会议。经调查,50 个村都在从事农村三产融合实践,并进行相关探索,其中笔者有幸参与了 J1 村、J14 村、J3 村、J5 村、J43 村、J6 村、J12 村的产业规划建设,和 J2 村、J3 村的乡村旅游规划项目建设,并在村部进行了文化旅游融合的情况汇报,科技特派员和星创天地是我国农村三产融合的重要实践来源。其余各村分别以电话访谈、视频会议、问卷发放、资料分析的方式对其三产融合探索和发展过程中存在的问题进行了分析。

4.4　聚类过程

本书采用的是聚类分析的 K-means 算法,首先根据随机原则选择 3 个类的初始中心,开始迭代,每次迭代中,对任意一个样本,分别求其到 3 个中心的欧式距离,将该样本归到距离最短的中心所在的类;然后用均值方法更新 3 个类的中心的值,重复前面步骤。当 3 个类的中心值的移动距离满足一定条件时,迭代结束,完成聚类。

根据受访者对现存问题的回答,笔者对 765 条有效原始语句进行分析概括的过程中提炼出 52 个高频主题词汇,见表 4-2。然后采用 UCINET 软件构建 52 个高频词的共线矩阵(见本书附录),绘制高频词词云图如图 4-1 所示。其中,表 3-6 中"出现频次=含有该高频词汇的原始语句数量""累计百分比=含有该高频词汇的原始语句数量/765(有效原始语句总数量)"。

表 4-2　福建省农村三产融合发展存在问题的高频词汇

序号	高频词汇	出现频次	累计百分比/%	序号	高频词汇	出现频次	累计百分比/%
1	乡村规划	84	10.98	27	运输成本	129	16.86
2	主体定位	36	4.71	28	人工成本	157	20.52
3	技术研发	36	4.71	29	风险承担	75	9.80
4	创意设计	54	7.06	30	市场分析	94	12.29

续表

序号	高频词汇	出现频次	累计百分比/%	序号	高频词汇	出现频次	累计百分比/%
5	农产品销售	37	4.84	31	形象设计	86	11.24
6	农产品物流	132	17.25	32	功能分区	119	15.56
7	农产品仓储	95	12.42	33	技术培训	89	11.63
8	农产品加工	42	5.49	34	农产品检测	67	8.76
9	农产品价格	136	17.78	35	电子商务	167	21.83
10	融合主体	27	3.53	36	净利润	46	6.01
11	工作分工	46	6.01	37	销售总额	85	11.11
12	成效评价	38	4.97	38	产业基础	37	4.84
13	农民增收	79	10.33	39	发展潜力	28	3.66
14	就业水平	89	11.63	40	功能定位	75	9.80
15	农业劳动力	32	4.18	41	融合模式	28	3.66
16	农村人口	53	6.93	42	空间布局	86	11.24
17	人口老龄化	56	7.32	43	土地保障	127	16.60
18	收益分享	41	5.36	44	能源支持	38	4.97
19	利益联结	45	5.88	45	资金投入	92	12.03
20	分配机制	26	3.40	46	金融服务	85	11.11
21	生态环境	78	10.20	47	适度规模化	47	6.14
22	生态种养	46	6.01	48	督促考核	28	3.66
23	评价标准	39	5.10	49	标准化程度	37	4.84
24	机械化程度	68	8.89	50	品牌效应	118	15.42
25	融合条件	38	4.97	51	组织化程度	47	6.14
26	生产成本	157	20.52	52	市场辐射	37	4.84

图 4-1　农村三产融合现存问题高频词汇词云图

4.5　聚类结果及分析

采用聚类分析 K-means 算法对农村三产融合现实问题的 52 个高频词汇样本的共频性进行分析，并基于关键词共线技术，进行农村三产融合存在问题术语网络的绘制，剔除其中没有联系的标签词，最后进行 K 均值的聚类分析，得出聚类分析结果如图 4-2 所示。

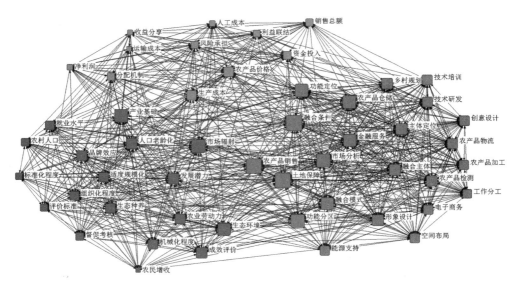

　　图 4-2　福建省农村三产融合存在问题高频词聚类分析

由图 4-2 可见,在对农村三产融合现存问题原始语句和高频词的分析中,乡村规划、主体定位、技术研发、创意设计、农产品销售、农产品仓储、农产品加工、融合主体、工作分工、融合条件、市场分析、形象设计、功能分区、技术培训、农产品检测、电子商务、功能定位、融合模式、空间布局、土地保障、能源支持、金融服务等都体现了在农村三产融合探索过程和实践过所涉及的人、事、物,体现了促成农村产业融合所需配套的各种资源要素的联动与集聚,因此可归纳为属于关于农村三产融合过程方面的问题。根据聚类分析结果,成效评价、农民增收、就业水平、农业劳动力、农村人口、人口老龄化、生态环境、生态种养、评价标准、机械化程度、产业基础、发展潜力、适度规模化、督促考核、标准化程度、品牌效应、组织化程度、市场辐射等都体现了与融合成效相关的内容。农产品价格、收益分享、利益联结、分配机制、生产成本、运输成本、人工成本、风险承担、净利润、销售总额、资金投入等高频词反映了农业三产融合经营体对成本收益的关注,体现的是融合收益方面的问题。三个方面贯穿于农村三产融合发展"启动—过程—成效测评—收益分享"的整个环节,共同影响着农村三产融合发展。

(1)农村三产融合过程

农村三产融合是一个集聚多元要素、模糊行业间边界的过程,其结果是形成多方合作博弈的局面,并导致竞争本质的变化。农村三产融合过程是指农村产业结构升级过程中农村第一、第二、第三产业相互嵌入、资源共享、协同发展的具体实施步骤。目前农村产业融合的过程还没有像科学和技术融合那样被强烈地分析,关于融合过程的研究有如下几个问题:农村三产融合从无到有的演进逻辑和程序是什么? 有没有可参考的案例? 农村三产融合发展的前提条件是什么? 如何探索和分析产业融合基础? 应分析哪些资源并进行合理配置? 分工合作的落地实施应如何开展?

(2)农村三产融合成效

农村三产融合本质上是一种集体行动,是一个协作劳动的过程,创造了集体生产力。建立在协作劳动基础上的产业融合,追求的是高效率和低成本。分工与合作的内生演进促成了农村三产融合的进一步发展。通过产业关联进一步相互渗透、协调耦合,实现产业链的延伸、农业功能的拓展、农民的增收增效、企业实力增强、生态环境改善,农业附加值提升。在农业"接二连三"推进农林业、农产品加工业与旅游、教育、文化、康养等产业融合的过程中,农村三产融合的良性推进有赖于科学的评估体系的建立。现有的一些考核办法侧重于对农村三产融合结果的考核,而对过程的考核有所欠缺。因此,有效的农村三产融合评价体系亟待建立。

(3)农村三产融合收益分配

共享经济挑战了人们的经济人假设,在信息化、知识化促进商业模式不断迭代的今天,农业经济形态由传统向融合形态过渡将成为历史必然。从国际经验来看,没有哪个产业能脱离其他产业独自发展良好,通过合作获取收益也是农业农村发展的必然之路。农村三产融合产业间利益联结不紧密,农民组织化程度低,农民与农业企业和合作社的订单缺少法律约束力,履约率不高,双方效益尤其是农民效益得不到有效保障,现有理论研究也较少关注农村三产融合的收益及其收益分配问题。笔者认为,农村三产融合是各方力量的博弈,在各方力量博弈的过程中有一个根本性的问题可以解决整个三产融合长期有效的可持续性,即收益分配问题。收益分配的不合理、不公平降低了联盟成员之间的信任度和契约水平,进一步影响着联盟的长远性、稳定性和可持续性。部分有条件的农村三产融合运营主体将同时经营的第一、第二、第三产业的具体业务内容交由不同人员分管,但年终绩效中并没有体现出基于贡献或者基于最大满意度的合作收益分配。因此,更为科学的三产融合合作收益分配方法有待提出,当收益分配问题得以合理解决,整个三产融合才得以向纵深发展,实现长远发展、可持续发展。

4.6 融合过程—成效—收益分配(PED)
分析框架构建

综合上述分析,本书以优化融合过程、构建融合标准、强化融合保障为主要出发点。同时立足福建,面对现实,聚焦核心问题,推进农村一二三产业良性融合发展,进而助力福建乡村振兴,这也是本书的研究初衷所在。通过聚类分析,我们发现目前福建省农村三产融合过程中存在三个主要问题,即融合过程不清晰、融合成效测度不合理、融合收益分配机制不健全,对其研究很有必要。

农村三产融合是一个多方合作博弈的过程,在这个博弈的过程中,各方主体通过资源共享降低交易成本,在一个跨行业的经营系统中实现个体与个体的匹配,以及个体与人力、技术、资本等生产要素的匹配。然而现有研究较少涉及农村三产融合的动态演进过程的问题(刘威,2019),正如苏毅清(2016)所认为的那样,产业公地是开展产业融合的根本前提,对于融合客观过程的分析很有必要,构建农村三产融合的客观过程分析框架很有意义。融合主体按照一定的社会认可的规范,实现利益共享、风险共担、相互协作,通过不完全契约下的联盟形式,在信息不对称的环境中,通过彼此间的信任,建立起融合的生态网络,从而共同实现产业间的关联,进而实现农业增效、农民的增收、促进就业、改善生态环境,这是融合想要达到的一个效果。然而,融合是否达到了预期效果,需要进行成效测评来总结经验、发现问题,并引导未来发展(李芸,2017)。通过融合,人们创造了比单干时更多的收益,此时就需要合理的收益分配机制。合作收益的分享需要形成一个分享系统的公理化的体系,合作博弈可以解决合作的收益分配问题(张来武,2016),这也是 Shapley 创建合作博弈论的初衷所在。与宗锦耀(2017)所提观点一致,笔者认为利益联结是农村三产融合可持续发展的关键,而公平合理的收益分配是其难点和痛点。诸多研究表明,融合过程分析、成效分析、收益分配分析是农村三产融合发展中的三个关键问题。

三者涉及农村三产融合密切关联的三个问题,是产业融合"起—承—转—合"之间需要考虑的重要方面,存在内在逻辑上的一致性。三者内在交融,是影响福建省农村三产融合发展的三个关键因素。围绕这三个方面,本书构建了一个以融合过程为基础、以融合成效测评为标准、以收益分配为保障的 PED 分析框架(process—effect—distribution),分析框架如图 4-3 所示。

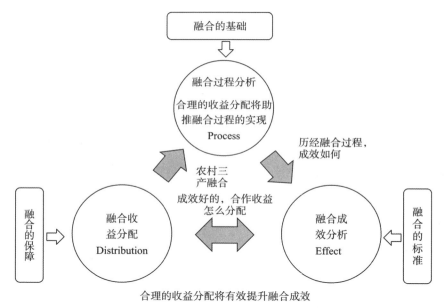

图 4-3　农村三产融合 PED 分析框架

第一,解析融合过程,构建融合过程图谱是开启福建省农村三产融合发展之路的基础。农村三产融合是一个过程,是一个集聚各种资源要素进行集约化配置的过程。融合过程不清晰,使得很多农村有融合之迫切愿望,却无融合之力。苏毅清等认为(苏毅清 等,2016)有必要分析农村三产融合的客观过程框架,以此来判断农村三产融合的进行程度,以及是否完成了产业融合。在针对 50 个典型村的调研中我们也发现,对于相关运营主体来说,可能存在的问题是不知如何具体实施来充分展开融合活动,融合过程中需经历何种阶段,农村三产融合从无到有的演进逻辑和程序是什么？此时需要一个描述农村三产融合演进过程的系统框架。

第二,构建融合成效的测度指标体系、开展融合成效测评,是判断福建省农村三产融合发展过程是否合理、融合发展成果是否有效的重要标准。通过融合,乡村创造了新的增长机会,实现了农业产业链的延伸和多重功能,发挥了农业服务业的有效作用,提升了农村经济效应、社会效应、生态效应。然而,是否提升以及提升的程度如何,需要科学的融合成效检验,构建农村三产融合成效测度指标体系,以此推断相关融合过程的设计的合理性。

第三,构建融合收益分配机制是推进福建省农村三产融合发展的重要保障。农村三产融合是各方力量的博弈,在各方力量博弈的过程中能够解决农村三产融合长期有效可持续性的核心问题就是收益分配问题。收益分配的不合理将降低联盟成员之间的信任度和契约水平,降低融合成效,进一步影响联盟的长远性和稳定性。那么,融合成效的好的运营主体需如何分配其收益呢？此时就需要借助公平合理的收益分配方法。

融合基础影响效果,标准为效果立柱架梁,反推融合过程优化,利益分配是成效实现的保障,又是过程顺利落地的支撑。农业产业化的演变过程的推进有利于提高农业生产效率和规模效益(蔡海龙,2013)。融合成效指标的确立可以进一步巩固融合优势,弥补融合劣势。融合标准的确立可以反推过程优化,一是检验融合过程设计的合理性,二是优化融合过程的科学性。融合收益分配是融合主体得以最终受益的重要保障,这一保证将成为融合活动开启和持续运行的主要动力,是融合过程顺利实施的有效支撑。正如孙正东(2015)所说,龙头企业、专业合作社、专业大户及家庭农场(含传统农户)等都是理性经济人,合作过程中以实现自身利益最大化为根本目标,有效的收益分配机制可以保障联合体联系的紧密与稳定。

4.7 本章小结

　　本章在分析福建省农村三产融合发展基本现状的前提下,基于聚类分析方法,以福建省 50 个村为例展开调研,探讨了农村三产融合发展存在的问题,通过对原始语句的关键信息和词汇进行归纳和概况,提取高频词汇,进而将高频词汇汇聚成几个类别和维度。聚类分析结果表明,农村三产融合的现实困境主要体现在融合过程、融合成效、融合收益分配三方面。

　　基于此,构建了本书的 PED 分析框架,主要包含对农村三产融合过程(process)、融合成效(effect)、融合收益分配(income distribution)三个方面的分析。解析融合过程,构建融合过程图谱是开启福建省农村三产融合发展之路的基础。构建融合成效的测度指标体系、开展融合成效测评,是判断福建省农村三产融合发展过程是否合理、融合发展成果是否有效的重要标准。构建融合收益分配机制是推进福建省农村三产融合发展的重要保障。农村三产融合是一个过程,那么融合需大体遵循什么的历程? 有没有可参考的案例? 走过融合的各个阶段,那么融合达到了什么样的效果,有没有科学的测量工具? 融合成效好,但有没有获得融合收益,或者收益应该如何在各融合主体间合理分配? 循着"发现问题—分析问题—解决问题"的逻辑思路,多元融合情景下厘清农村三产融合发展的过程、成效和收益分配体系尤为重要,本章构建的 PED 分析框架为丰富相关理论研究,以追逐越发复杂多变和广阔的农村三产融合实践奠定了基础。

5 福建省农村三产融合过程分析

作为一种"利益共享、风险共担、相互协作"的共生体系,农村三产融合符合中国农村渐进式变革发展的要求,其理论研究超越了产业分工、产业规律的探索,上升到产业综合研究,把握其发展的过程脉络尤为重要。农村三产融合的开发过程研究极具现实意义,尽管我国农村三产融合开发过程表现出差异化的行为模式,但还是有一定的路径可循。农村三产融合由于其能够降低交易成本、促进产业分工的内部化,以及价值共享等效应,因此越来越受到农业农村产业发展的青睐,不但能够促进农业、手工业、文化创意产业、旅游服务业、数字经济产业等的融合,还能够促进产业链的横向与纵向延伸、交叉与渗透,形成新的发展模式和业态,对促进农业农民增收、改善生态环境有重要意义。然而,我国农村三产融合发展处于初级阶段,融合方向和条件不清晰、产业链价值链不充分、利益联结较为模糊、职能分工机制不健全等问题仍然存在。

进入新时代,农村三产融合发展需要我们不断探索新思路、新理念、新路径,勾勒现实图景,梳理发展脉络,构筑经验积累,创新相关理论。马克思主义理论提出,分工要结合生产问题。农业不能像工业一样,采取完全的分工制度,但在农村三产融合的思路下,分工协作促进共同利益捆绑的个体生产效率推动生产力发展的基本规律下,农业可以作为统一的主体参与到其他产业的分工,汲取二三产业中已高度发达的相关细分产业的成果。农村三产融合演进过程是指农村产业结构升级过程中农村第一、第二、第三产业相互嵌入、资源共享、协同发展的具体实施步骤。本章拟寻找案例支撑,描绘农村三产融合发展的现实场景,梳理农村三产融合从无到有的演进程序和逻辑理路,探索动态理论框架,以期揭示一些乡村实践中反映出来的管理洞见,为农村三产融合演进过程提供一些参考。

　　本章拟在分析福建省农村三产融合发展基本现状和存在问题的基础上,以福建省 10 个村为例,基于扎根理论研究方法,通过开放性编码、主轴性编码、选择性编码的扎根分析范式,通过对 10 个村产业融合活动的前提条件、开发和培育以及分工保障等的细致梳理、提炼、比较分析,提出农村三产融合演进过程的 SRM-W 分析模式,进一步解读农村三产融合演进逻辑和过程。

5.1　问题提出

　　共享经济挑战了人们的经济人假设,在信息化、知识化促进商业模式不断迭代的今天,农业经济形态由传统向融合形态过渡将成为历史必然。三产融合作为一种要素集聚的系统化经营,综合借鉴了产业经济学、产业集群理论、分工理论、农业多功能性理论、螺旋创新理论、六次产业化理论的思想和方法,是农业、加工业、流通服务业、休闲旅游业、互联网、文化创意产业等的多元融合与螺旋推进,是"协同效应"下催生的农业经济形态,通过横向与纵向的多元产业间的延伸、渗透、交叉、合作,实现"范围经济效应",也是一种典型的模糊合作博弈问题,在多元合作的农业集成系统中,分布式的点对点在某种共识机制下形成彼此间的信任,通过某种利益联结机制形成一种不完全合作契约关系,实现在联盟共享经济体中个体收益最大化。关于农村三产融合过程的研究中,李治等(2018)从宏观资源配置、中观产业规律和技术进步,以及微观市场主体等三个角度提出农村三产融合的驱动力模型,与刘威等(2019)提出的三阶段模型一样,注重要素的主导与承接性作用。雷鹏、周立(2020)提出应构建新产业、新业态、新模式的"三新"工作机制来促进农村三产融合发展。农村三产融合"前提—条件—雏形—完成"的发展过程模型由苏毅清(2016)等提出,认为产业融合的前提是形成产业公地,条件是技术融合和放松管制,雏形是产品与业务融合,最终形成新技术、新业态和新的商业模式完成产业融合过程,但并未说明应分析什么资源条件以及如何进行分工职能保障。还有学者综合从产业链条、产业布局、产业跨度、乡村功能、融合主体五维度考察农村三产融合行为。

但现有农村三产融合理论模型大多以宏观主体作为研究对象,较少以村、农业企业为主体研究农村三产融合的动态过程,或者存在融合主体不清晰的问题,导致各种演进模式和路径不清晰,过程不明确。这些研究普遍是案例经验介绍得多,而采用质性研究方法,集学术严谨性与实用性为一体具体阐述农村三产融合发展路径的少。笔者循着"前提—培育—实施落地"的逻辑理路,拟在多元融合情景下厘清农村三产融合发展的清晰脉络。由于农村三产融合发展需要更多系统的理论研究以追逐越发复杂多变和广阔的农村三产融合实践,如何探索和分析产业融合基础?应分析哪些资源并进行合理配置?分工合作的落地实施应如何开展?这些都有待进一步解析。本章拟以福建省10个村为研究对象,通过对10个村三产融合的开发过程进行扎根理论分析,在经验资料收集的基础上寻找反映农村三产融合过程现象本质的核心概念,并上升到系统理论,从经验事实中抽象出农村三产融合过程的分析模式,提炼融合路径。

5.2 研究设计

5.2.1 研究方法

本章拟采用扎根理论的研究方法对福建 10 个村的三产融合发展过程进行分析。埃默里(1985)推荐了探索性研究的主要方式,如搜索文献和经验调查。这两种方法也与现实主义研究哲学相一致,并被选为本章的主要研究方法。文献搜索有助于研究的演绎部分,从经验丰富的人那里获得经验性的洞察力。定性研究侧重于从被调查者的角度理解这一主题,反映了一种探索的取向,建立了一个整体的视角,并分享了一种解释和理性的方法(Ghauri et al.,2005),用定性的方法来描述这种现象(是什么)并解释如何的问题(怎么样)。在特定的背景下。定性数据是研究中最有用的归纳部分。然而,定性数据的量化和编码方式允许使用非参数统计方法进行统计分析。定性研究借助情景化的方法兼顾学术的严谨性与管理洞见的发现,破解学术规范性与实用性兼具的难题,有助于对事件的全过程进行逻辑上的复盘与推理。扎根理论研究方法是一种定性研究范式,以实际观察入手,通过实践在经验资料收集的基础上寻找反映事物现象本质的核心概念,并上升到系统理论,其关键在于从经验事实中抽象出新的概念和想法。本章采用扎根理论研究方法进行分析,原因如下:一是现有文献尚未明晰农村三产融合的动态演进及落地保障;二是定量研究难以揭示农村三产融合的动态过程,质性研究方法比较适合。扎根理论研究由于其对事件动态过程的追逐以及事件发展脉络的把握而更适用于融合过程研究。

5.2.2 案例简介

郡县治,天下无不治;县域强,则国无不强,县域经济发展在乡村振兴战略的实施进程中发挥着举足轻重的地位。本章以福建省 10 个村为例,研究其三产融合发展的演进进程,试图提炼、梳理农村三产融合发展的过程脉络。酸甜可口的余姚杨梅、柔绵甘甜的福鼎白茶等鲜翠欲滴的农产品以及花香四溢的桃源仙境带给人们美好的物质和精神享受,兼具实用性、经济性和艺术性,特色规模农业产业自带的物质和精神文化联同乡村旅游共同承载着城里人的乡愁需求,对这些需求的迎合可以促进当地产业的发展和生态的建设,助力乡村振兴。

表 5-1　福建 10 个村第一、第二、第三产业基本情况

编号	所在县、乡(镇)	第一产业	第二产业	第三产业
A 村	安溪县城厢镇	藤铁工艺品生产	藤铁工艺品加工、技术研发	电子商务、藤铁工艺品文化创意、展示馆、配套运输
B 村	古田县城西街道	食用菌培育	食用菌标准化、工厂化生产及初深加工	电子商务、食用菌展示馆、博物馆、文化馆、乡村旅游、配套运输
C 村	永春县石鼓镇	麻竹规模化种植	麻竹产品的初加工及标准化深加工	电子商务、麻竹工艺品展示、竹笋美食节、文化创意及配套运输
D 村	上杭县珊瑚乡	百香果种植	百香果标准化种植、饮料加工	电子商务、休闲采摘、展示馆、文化创意、乡村旅游、配套运输
E 村	邵武县水北镇	中草药种植与培育	中草药标准化生产及初深加工	中医药展示馆、康养基地、农家乐、电子商务、中医药文化科普及配套运输

续表

编号	所在县、乡(镇)	第一产业	第二产业	第三产业
F村	建宁县溪源乡	建莲种植培育	标准化、机械化生产及初深加工	莲子文化旅游、展示馆、电子商务、文化创意及配套运输系统
G村	古田县凤都镇	水蜜桃种植	桃产品初深加工	电子商务、桃文化创意设计、配套运输、桃文化观光
H村	武夷山星村镇	茶叶种植茶苗培育	茶叶标准化、工厂化生产及深加工	茶生态旅游、茶展览、"印象·大红袍"茶文化演出、电子商务、文化创意及配套运输系统
I村	漳浦县官浔镇	花卉种植培育	花卉标准化生产及深加工	花卉会展、电子商务、文化创意,及配套运输系统及旅游
J村	连江县苔菉镇	鲍鱼养殖培育	工厂化机械化养殖	农业电商、海港文化旅游、海上作业体验、配套运输系统

案例分析的福建省 10 个村的第一、第二、第三产业基本情况如表 5-1 所示,三产融合具体情况大体如下:

(1)A 村:位于泉州市安溪县城厢镇,属于城郊型乡村,交通便利,该村发展三产融合具有天然的优势。一产:安溪县为中国茶都,城厢镇有优渥的林业资源,茶产业、水果产业、渔产业也有良好的基础。二产:安溪县作为世界藤铁工艺之都,安溪的藤铁工艺产品销售至全球 40 多个国家,城厢镇又是生产藤铁工艺品最大的镇(涵盖了 60% 以上的藤铁工艺品生产商)。A 村主导产业为滕铁工艺产业,藤铁产业源自"竹藤产业",产品部分取材于竹木材料。藤铁工艺品由于其兼具经济价值和鉴赏价值,易于嵌入其他产业,如休闲旅游业及文化创意产业,茶文化和藤铁工艺产业的工匠精神所折射出的特色产业文化都能很好地融合到旅游业中。三产：A 村毗邻县城，有各种系列的地文景观、生态水域景观、旅游商品和人文活动，旅游资源丰富，可大力发展休闲旅游业。同时，安溪县城有近 40 万常住人口，随着大量城市居民走向农村，对三产有巨大的刚需。但是，如何将藤铁工艺产业更好地嵌入休闲旅游，从而带动服务业、餐饮、民宿、文化创意产业的发展，同时使旅游业的发展又能反哺农业、文化创意产业以及藤铁工艺产业，带动藤铁工艺公共品牌的建立，这是 A 村三产融合发展中需要进一步思索的问题。

（2）B 村：该村行政划分为古田县戒西街道，为中国传统村落、省级森林村庄、省级乡村振兴示范村。B 村有深厚的传统村落古厝文化、红色文化、人文底蕴，有各种系列的地文景观、生态水域景观、旅游商品和人文活动，非常适宜发展乡村旅游业，实现产业融合。B 村拥有怡云山馆、上回堂、蝴蝶厝（一鉴堂）、雪馨广场（两等小学堂旧址）、红色教育展馆，荷风小院等建筑景观 6 处，有肇基宝树、摩崖石刻、下仙亭等自然景观 3 处。B 村所在的古田县被誉为中国食用菌之都，食用菌产业繁盛。20 世纪 60 年代末，古田县开始人工栽培银耳。银耳是古田的特产，曾获得中国国家地理标志。2020 年 3 月，罗峰村总投资 170 万元，打造集银耳生产、加工、展示、销售于一体的银耳文化观光园，既可以直观银耳种植、参与银耳采摘、品尝银耳食品，还可以体验银耳手工皂制作乐趣。村集体打造了一条集食用菌生产、加工、配送、批发零售商、食用菌文化观光的全产业链，与阿里巴巴合作建成了银耳销售"电商平台"，与防伪溯源二维码技术相结合，实现了"码上购买"和线上线下"一点七包"服务。

（3）C 村：位于泉州市永春县，是著名的麻竹生产基地。村庄依山傍水，山林相依，地理位置优越，交通条件便利，自然气候较湿润，十分适合竹子的生长，因此吾江村有着大量的竹资源。中国的"松竹梅"岁寒三友、"梅兰竹菊"四君子、"竹林七贤""胸有成竹"等都有关于"竹"的典故，而竹向来也是文人墨客笔下的君子，有着宁折不屈·百折不挠的精神。因此，竹文化向旅游业的发展可以此为依托,并结合现代人对物质和精神的追求,进行创新性发展,如竹园、竹林、竹笋、竹工艺品等。利用当地丰富的竹资源,可开发竹产业经济,同时将现代科学技术运用其中,使竹文化与竹产业相互融合,在发展竹产业的同时,竹文化也在默默发展中,最终在日积月累的发展中形成经验,将竹文化与竹产业发展成为一种经济模式,拉动双方共同增值。永春县吾江村于2020年8月30日开展了首届麻笋文化节,号召游客进行挖笋比赛,有游客闻讯而来,活动以后大家都兴高采烈,满载而归。丰富的竹资源、悠久的竹文化、独特的竹产业、壮观的竹景观、美妙的竹艺术,共同构成了竹产业文化如今的景象。村集体聘请工艺大师开发设计麻竹工艺品,摸索出一条集麻竹种植、麻竹食品加工、麻竹工艺品加工、农产品物流、乡村休闲旅游为一体的三产融合发展道路,提升了麻竹产品的工艺附加值。农村特色产业文化与旅游融合发展是农村三产融合发展的重要方向。在旅游业自然景观同类化、同质性比较严重的今天,农业特色产业与地区休闲旅游相结合,呈现出强大的生命力。

(4)D村:位于上杭县珊瑚乡,村集体因地制宜,大力发展百香果种植,市场前景广阔。村集体成立百香果合作社,以果业为主导,有机生产为核心,建设集"果苗繁育、果品生产、休闲创意、乡村旅游"于一体的百香果产业园。村里引进"肥水一体化"等灌溉技术,围绕果树种植、果品加工、物流运输、林下经济、乡村旅游等方面开展创新创业活动,配置有机肥加工车间、果苗培育大棚、果品加工车间等设施,拥有果苗培育、果树种植、果品加工、质量监管等技术指导。已建成网络电商交易平台,拓展了成果展示平台和产品交易市场。

(5)E村:位于南平市邵武县水北镇的南武夷药博园,有着悠久的中草药发展历史,秉承着"中医药科普、中医药产品科研、中医药养生体验、中医药健康旅游"四位一体的发展模式,将"中药材标准化种植、中药材良种筛选与繁育、中药材养生产品开发、现代农业(中药材)五新技术"等农业技术成果与"中医药健康理疗、电子商务运营、中医药特色旅游、中医药文化传播"进行高度链接融合,促进福建邵武国家农业科技园区中药材产业链整合和价值链提升。建设有集特色旅游、运输、饮食、住宿为一体的中医药文化主题公园。南武夷药博园星创天地融合一产(中草药种植)、二产(中草药加工)、三产(中医药文化旅游)等产业为一体,农业、科技、文化、旅游相得益彰,共同推进,促进了三产融合发展。

(6)F村:位于建宁县溪源乡,主导产业为莲子产业,建宁县作为中国建莲之乡,其莲子产业很好地实现了第一、第二、第三产业的融合,第一产业为生产机械化、标准化及初深加工,第二产业为莲子生产机械化、标准化及初深加工,第三产业为莲子文化旅游、展示馆、电子商务、文化创意及配套运输系统,莲子这一农特产品将第一、第二、第三产业紧密联结。建宁县莲子种植面积 7474 亩,莲子的机械化使用率 76%,推广建选 17 号、建选 31 号、35号新品种。建宁作为中国建莲之乡,通过"莲业+旅游",充分挖掘建莲的观赏和用莲子作"鸡莲肚"为乾隆治病、《红楼梦》中的"建莲红枣汤"良药佳肴、毛泽东与农民在建宁县留下"百口莲塘吐清香"、美国里根总统访问我国时国宴上的"冰糖建莲"等文化内涵进行开发。

(7)G村:坐落于古田县凤都镇,位于古田至凤都 916 县道沿线,距离古田城关 10 公里,人口 575 户共 2025 人,是古田县"美丽乡村"建设示范区。村民主要从事桃、李等水果种植,水蜜桃种植面积达 3600 亩,有"白凤""朝霞"等品种。该村立足农业产业优势,启动千亩现代农业示范园区建设,积极培育"五华园"水蜜桃、"凤谷"绞股蓝等农民专业合作社和"大野山"银耳等农产品生产加工企业。G村拥有天然的地理优势,水蜜桃种植面积突破2600 亩,同时充分发挥自身特色,着重打造千亩现代农业示范区。村里建设有集"水蜜桃种植、农业观光、采摘体验、旅游购物"为一体的"农业观光型"旅游景点,通过举办"桃花节""采摘节"等活动,带动农业增效和农民增收。凤都镇的万亩桃林能够实现 2 亿多元的年综合产值。

（8）H村：该村位于武夷山市星村镇，村里的主导产业为茶产业和旅游产业，武夷山茶叶全国闻名，特色鲜明的茶产业联结了当地第一、第二、第三产业，使融合有了很好的联结基础。H村的第一产业为茶叶种植培育，第二产业为茶叶标准化工厂化生产及深加工，第三产业为茶生态旅游、茶展览、"印象·大红袍"茶文化演出、电子商务、文化创意及配套运输系统，三次产业都围绕产业公地茶进行运作。H村拥有茶树品种32种、茶叶类证明商标2件、茶科研机构1家、涉茶发明专利2项，推动了茶产业的技术创新。H村采用科技特派员团队开发的茶场套种大豆和油菜技术有效保护了土壤，提升了茶叶品质；同时针对茶树假眼小绿叶蝉等病虫害开展绿色防控技术试验及综合技术的集成，进一步充实、完善生态调控、物理诱避、生物防治等绿色防控技术体系，减少了化学农药的使用量，推进茶叶绿色栽培，保护茶园生态环境。

（9）I村：该村位于漳浦县官浔镇，是漳浦国家农村产业融合示范园的构成部分之一，形成了以花卉产业为主导的产业融合。I村第一产业为花卉种植培育，主要有蝴蝶兰、食用菌、绿化苗木、小盆栽花卉、仙人掌及多肉植物、果蔬种苗、台湾九品香水莲花的种植等。第二产业为花卉标准化生产、工厂化生产及深加工，并建成花卉苗木出口检疫检测中心。第三产业主要有花卉会展、电子商务、文化创意、农业生态休闲旅游产业及配套的物流运输系统，所在的官浔镇意在打造"花漾生活"意境的花木休闲小镇。I村所在的漳浦县是国家级农村电子商务示范县，以发展台湾花卉为主，特别是台湾蝴蝶兰生产企业集聚发展，形成了"百里花卉走廊、千家花卉企业、万亩花卉基地"的规模，成为福建省最具辐射力和影响力的花卉物流集散中心，被国家命名为"全国重点花卉市场"，是全国知名花木博览胜地。

（10）J村：位于连江县苔菉镇，村里的主导产业是连江鲍鱼。连江鲍鱼味道鲜美独特，营养丰富，是国家地理标志保护产品。连江鲍鱼养殖始于1989年，经过三十几年的实践探索，连江鲍鱼养殖解决了人工育苗以及养殖技术中的多项关键问题,养殖规模不断扩大,目前湾内海域已经满足不了逐渐扩大的养殖容量,机械化深海养殖逐渐盛行。规模化、集约化、标准化养殖解决了食品安全可追溯问题,也降低了劳动强度,风力发电满足了整个平台的运行。目前连江鲍鱼已经形成鲍鱼海上筏式和陆上工厂机械化两种养殖方式互补的良好局面。近年来也有很多游客赴 J 村旅游,在海艇乘游、捕捞海产品体验的过程中感受海港特色。

5.2.3　案例选择的标准

对样本 10 个村的选择遵循"深入情景—提出问题—寻找案例—获取并分析数据—初构理论—比较文献—构建理论"的研究逻辑,是对福建省 80 个村的三产融合现实经验进行不断比较、思考、分析而精选出的,能一定程度多方位、多角度、多层面地反映农村三产融合现象,最大可能达到理论饱和。10 个村的主导产业涵盖了福建省的主要特色农产品,如茶产业、特色花卉、特色食用菌、特色林产品、特色海产品、特色水果。10 个村发展三产融合存在共性与差异性。

共性之处在于,10 个村充分地反映了福建省农村三产融合的典型,各村的主导产业也符合福建省的农产品产业特色,10 个村发展三产融合具有天然的优势:其一,较强的特色产业优势。如 A 村的藤铁工艺、B 村的食用菌、C 村的麻竹、D 村的百香果、E 村的中草药、F 村的莲子、G 村的水蜜桃、H 村的茶叶、I 村的花卉、J 村的鲍鱼,特色鲜明,都是福建省地理标志产品。鲜活的农产品及其加工品使得农村一二三产业的共同利益点有了聚焦基础。其二,10 个村有较强的地理优势和生态旅游资源优势。10 个村地理位置都很优越,毗邻县城,随着大量的城市居民流向农村,其对三产有巨大的刚需,且城市居民节假日回归乡村的愿望也较为强烈。10 个村有各种系列的地文景观、生态水域景观、旅游商品和人文活动,发展乡村旅游业潜力巨大。

差异性主要体现在,由于 10 个村面临的外界自然、经济、政治、社会环境以及内在的土地要素、人力资本、技术基础、文化资源、经济状况等资源禀赋不同,其三产融合探索过程表现出差异化的行为模式,但也有一定的路径可循。本着县域经济发展"扬长避短"的原则,本书的重点在于探讨 10 个村如何在特色产业基础上进行一二三产业的融合,下面将演绎 10 个村探索农村三产融合的过程。

5.2.4 资料收集

本研究的数据资料获取渠道多元化,即来源于一手资料和二手资料。一手资料采用半结构化访谈、现场观察、非正式访谈等方法获取,先后展开的田野调查次数为:A 村 3 次、B 村 2 次、C 村 2 次、D 村 3 次、E 村 3 次、F 村 1 村、G 村 2 次、H 村 1 次、I 村 2 次、J 村 2 次,村集体座谈会 11 次,每次至少有 3 名团队成员参与,全程录音,事后对录音文件转换成文字,提炼有效内容。此外,从 2019 年 1 月份开始,先后收集了 10 个村所在县市及镇级层面的 2013—2019 年政府工作报告,"十三五"规划,县志,统计年鉴,申请国家农村产业融合示范村、乡村振兴示范村等项目的申请材料,产业发展年度报告,旅游风景区建设协议等诸多二手资料。对相关主体的宣传资料、网络报道等也进行了研究与整理,剔除无效信息,形成 9.6 万字的数据资料库,为本研究提供了有力支撑,保证了研究的信度和效度。如 2019 年 8 月 8 日于 A 村开展的农村三产融合计划实施和项目分工会议,与会者有县相关负责人、镇政府代表、村书记、村主任、企业代表(农产品加工企业、合作社、旅游企业、电商企业)、农林院校相关专家、知名媒体等 20 余人,大家就三产融合具体发展思路、产业公地的挖掘与培育、形象定位、功能布局、重点项目策划等进行了相关讨论与安排。

5.3　资料分析

根据取向不同,扎根理论可分为经典扎根理论、程序化扎根、建构主义扎根。本书采用施特劳斯和科宾提出的程序化扎根理论研究方法,围绕开放编码、轴心编码、选择性编码对农村三产融合开发活动的相关资料进行梳理,将相似或相关概念提炼成主范畴,深度思考范畴间的类属关系,以期形成农村三产融合开发的完整的理论框架。

5.3.1　开放性编码(open cocing)

开放性编码拟将现象归纳为概念,即通过逐项编码的方式对资料片段进行编码,识别类属及其属性或维度。首先对个案资料收集的数据进行整理,共得到 138 条原始语句和相应的初始概念,然后对原始数据不断比较,寻找数据间的内部关系,提炼其三产融合发展过程中的共性,最后进一步归纳整理得到 14 个范畴,部分原始语句例证见表 5-2。

表 5-2　10 个村三产融合过程开放式编码结果

原始语句例证	范畴化
01.C 村负责人:"每个村都有一个特色,都有它的独特性,同时又要有一股无形的力量把他们凝聚在一起,我们的麻竹工艺可以把这些很好地串起来。" 02.F 村农户:"莲子是一个很好的东西,可以食用,可以药用,也可以制成莲子加工品;荷花又可以供游客休闲观光。我们的莲子种植有千年的历史,这里有很多故事,有很多文化,莲子可以联结很多东西。"	A1 产业公地挖掘(S1)

续表

原始语句例证	范畴化
03. E 村中草药合作社负责人:"中草药可以联结很多东西,可以作为我们的一个主题,比如中草药种植与加工、中医药健康理疗、电子商务运营、中医药特色旅游、中医药文化传播。"	A2:产业公地主题定位(S2)
04. A 村某酒店王总:"我们酒店、民宿布置都可以用藤铁工艺产品,比如灯光设计、广告牌、床、茶几、桌子,甚至垃圾桶等,房间里所有用品不只用于展示也可以出售,形成一个酒店式商场。客人别的可能没记住,但记住了我们这里的藤铁工艺品非常好。我们计划打造藤铁手工艺一条街,游客们走进去就相当于走进一个藤铁工艺的展示馆、体验馆,这就是产业的附加价值。"	
05. A 村电商企业陈总:"我们有农业合作社和家庭农场 15 户、旅游企业 2 家,附近 5 个村藤铁工艺加工企业大大小小有 300 多家,整个产业链企业有 500 多家,全国淘宝村 1 个。"	A3:特色产业资源(R1)
06. I 村某花卉合作社梁总:"我们这几年花卉产业得到了大力发展,主要种植有棕榈科、洋兰、榕树、观叶植物、仙人掌与多肉植物、绿化苗木等六大类花卉,科研、栽培、市场、基地一条龙。"	
07. G 村村书记:"我们村水蜜桃种植面积有 2600 亩,有'白凤''朝霞'等品种。"	
08. J 村鲍鱼行业协会会员:"我们这里除了鲍鱼养殖外,很重要的还有海带养殖,海带是鲍鱼最基本的粮食。历史上我们是野生鲍鱼的主要产区,整个水质、盐度、海藻都非常适合鲍鱼养殖。"	
09. A 村农户:"这里离县城很近,才十几分钟车程,山上到处是香蕉、柿子、猴子,各种野生动物出没,有地文景观 1 处,生态水域景观 2 处,旅游商品 8 种,林业种植面积约 10100 亩。"	A4:生态旅游资源(R2)
10. H 村某岩茶厂负责人:"我们现在都在采用科技特派员廖红教授团队研究的茶场套种大豆和油菜技术,这样可以补充土壤所需的氮磷钾,这样我们的茶叶品质提升了,产量也很稳定。"	
11. G 村村书记:"2019 年桃花节一天将近有十万人来看,漫山遍野的桃花非常漂亮,我们离福州又很近,想结合桃产业、桃文化节把这个乡村旅游做起来,想设计一些有桃意象的景观艺术。"	
12. A 村休闲农业负责人:"藤铁工艺是国家级非物质文化遗产,我们的创始人陈清河带领大家开创了这个产业,这里面蕴藏的工匠精神也是一种宝贵的精神文化。"	A5:文化资源(R3)

续表

原始语句例证	范畴化
13. A村书记:"村里很多人都在全国各地做生意,也赚了不少钱,也很想回馈家乡,我们计划在村部初心公园旁建立一座三十层的动力大厦,乡贤们老了还可以回来一边养老一边办公,成为一个产业基地。大家共同筹资,资金很快就会到位。闽南人很爱家。把家里做美了,大家很爱家了,就都回来了,人回来了,什么就都回来了。" 14. C村书记:"我们组建了企业家和农业专家7人的导师团队,为创业者提供专业咨询。"	A6:人才资源(R4) A7:资金资源(R5)
15. E村某合作社负责人:"我们可以提供中草药企业的工商注册、财务法务咨询、企业培训、创业辅导、检验检测、研发设计、成果转化、知识产权、科技金融等服务。"	A8:技术资源(R6)
16. A村农户:"村里林木种植以纺织业、木材加工、竹、藤、棕、草制品、造纸业为主要顾客群。" 17. B村陈总:"2020年一场突如其来的疫情,我们食用菌出口和旅游业都受到了一些影响,我们也在探索一条转型发展的路子。" 18. F村某合作社负责人:"我们有很多种稻田种养模式,可以稻(莲)—鱼、稻(莲)—虾、稻(莲)—甲鱼、稻(莲)—蟹等种养,比如我们的莲—荷蟹试养,面积大概有110亩,莲亩产约80公斤左右。" 19. J村鲍鱼行业协会会员:"赤潮、台风对鲍鱼养殖造成了巨大的影响,颗粒无收都有可能,所以海上筏式和陆上工厂化养殖是互补的。" 20. D村某家庭农场负责人:"我们的'黄金果'一斤差不多可以卖15块左右,'紫香果'大果一斤差不多十块钱。现在成本还是比较高的,包括人工管理成本、农用机械成本、采摘成本、运输成本,主要是人工成本越来越高,我们也跟顺丰达成协议,以最优的物流价格给我们。"	A9:特色产业市场分析(M1)

续表

原始语句例证	范畴化
21. A村旅游企业彭总："县城有四十万人口,很多人一到周末就没地方去,安溪人除了茶产业对其他农业产业接触较少,很多小孩子对水稻、水果采摘这些都觉得很新鲜。其实这种城郊的乡村更有机会,比如说哪怕周末过去半天吃个饭回来,小孩子就只有半天时间,很远的地方去不了。"	A10：旅游市场分析(M2)
22. E村合作社负责人："目前我们累计接待游客大概有15万人次,餐饮收入一年也有几十万,单卖佛手养生盆栽就赚了七十几万,中草药种植和旅游结合起来,目前还是做得比较轻松。"	
23. I村花卉企业王总："单单2017年11月花博会、农博会期间,我们就吸引游客50万人次,收入3000万元,因为花太美了,很吸引游客。"	
24. H村某民宿店家："我们武夷山'印象·大红袍'从2010年公演到现在,共接待观众400多万,演出3000多场,销售收入将近6个亿,以往每年游客量都很多,今年受疫情影响还是比较大。"	
25. A村旅游企业陈总："我们的旅游产业目前还是以闽南周边地区的游客为主,如果用藤铁工艺做旅游产品,可面向全国市场,很多家居装饰、民宿也都可以用。"	A11 市场定位(M3)
26. A村某藤铁工艺企业许总："受贸易战和2020年疫情影响,目前藤铁工艺市场由海外为主转向国内家居市场,2020年国内市场约占六七成,海外主要是欧美、中西亚、南北美洲市场。"	
27. D村村书记："我们这个地方的水土比较适合种植百香果,果很甜,百香果饮品也是一种很健康的饮品,家里制作也很方便,不需要添加剂。"	
28. B村主任："结合我们的耕读文化、古村古厝古井,以及我们的银耳基地,和山水田桃花源,我们村形象定位为'云上回堂,古韵罗峰'。"	A12：形象定位(W1)
29. E村中草药负责人："通过'合作社＋基地＋科研＋社员与农户'模式,我们设立了'科研区、示范区、生产区、接待区、展示区'五大区域,并建设了中医药文化主题园。"	A13：功能分区(W23)
30. F村某旅游企业负责人："我们县的旅游发展布局为：'一城、三区、三轴',这个'三区'是闽源福地山水养生度假、花乡田园农耕风情体验区、古韵山乡福寿文化休闲区。"	

续表

原始语句例证	范畴化
31.B村某合作社负责人:"现在就想共同把食用菌这个产业链做好、做大、做强,围绕这个主打产业我们有一个基本的功能分工,主要有菌种培育、栽培分析、采摘保险、加工处理、生产包装、销售、食用菌文化观光等。"	A14:主体功能分工(W3)

5.3.2　主轴性编码(axial coding)

为寻找各范畴间的相互关系,将开放性编码结果进行主轴性编码,这些范畴相互关联,在此基础上通过分析范畴间的相互关系整合这些连接,形成更具概括性的范畴。再基于"因果条件—现象—脉络—中介条件—行动/策略—结果"这一典型的扎根分析范式,对样本资料进行反复比较、分析、凝练,识别各范畴之间的相互关系,在开放性编码中的 14 个范畴基础上进行归类,建立范畴之间的类属关系,最终确定 4 个主范畴,如表 5-3 所示。

表 5-3　主轴绢码形成的主范畴

主范畴	副范畴
AA1 产业公地分析	A1 产业公地挖掘(S1)、A2 产业公地主题定位(S2)
AA2 资源 R 性分析	A3 特色产业资源(R1)、A4 生态旅游资源(R2)、A5 文化资源(R3)、A6 人才资源(R4)、A7 资金资源(R5)、A8 技术资源(R6)
AA3 市场 M 性分析	A9 特色产业市场分析(M1)、A10 旅游市场分析(M2)、A11 市场定位(M3)
AA4 工作分工 W 分析	A12 总体形象定位(W1)、A13 功能分区(W2)、A14 主体功能分工(W3)

资料来源:作者依据相关文献资料及调查访谈整理。

5.3.3　选择性编码——SRM-W 分析模式的提出

选择性编码是将主轴编码所得到的主范畴进行聚合找到核心范畴,选择核心或中心类属,将所有类属与核心类属进行概念化的连接,使核心类属与其他类属联系起来并形成完整的解释框架,进而提炼出研究的关系结构模型。因此,选择性编码需要研究者厘清资料中隐含的故事线,然后对主次范畴进行详细描述和细节填补,再次确定研究的核心范畴并对其进行系统化分析,最后建立核心范畴和其他范畴之间的关联及其具体框架体系。

通过对主范畴的持续对比与反复验证,笔者提出"农村三产融合演进过程"这一核心范畴,其故事线为:农村三产融合的实现首先要进行产业公地 S 性分析(shared analysis),即要有可共享的技术、产业或服务,并以此为基础进行产业资源 R 性分析(resources analysis)和农村三产融合市场 M 性分析(market analysis)。最终对利益相关者主体进行工作分工 W 分析(division of work),使农村三产融合工作得以落地实施。融合过程的 SRM-W 分析模式如图 5-1 所示。

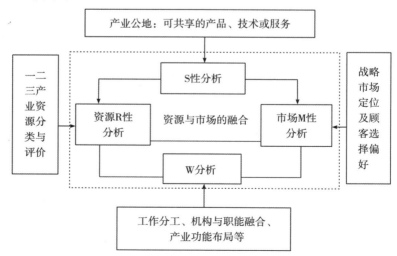

图 5-1　农村三产融合过程的 SRM-W 分析模式

5.4　SRM-W 分析模式各维度的逻辑关系

农村三产融合的 SRM-W 模式中的 S 性分析主要考察是否有可共享的产品、技术或服务,而资源 R 性分析指一二三产业中的特色产业资源和旅游资源分析,其中旅游资源依据《旅游资源分类、调查与评价》(GB/T 18972—2003)国标为参考依据;市场 M 性分析则以一二三产业市场的顾客消费需求为主要分析对象,工作分工 W 分析则考察不同利益相关主体的发展定位、功能分区及工作分工,下面解析农村三产融合在不同阶段的演进过程,具体实现路径如图 5-2 所示。

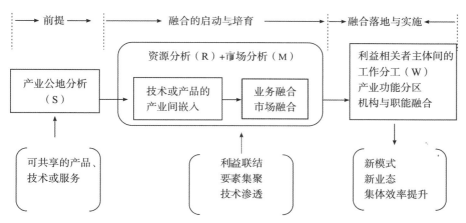

图 5-2　基于 SRM-W 的农村三产融合演进过程

(1)农村三产融合的前提——产业公地(S 性)分析

关于产业融合条件的一般描述是技术进步、放松管制、管理创新,但是以多种因素共同构成的某种合力来笼统地解释某一经济现象的条件,重点不够突出。技术革新是产业融合的内在原因,但这种技术革新是嵌入在某种或某系列产品或服务中的,并在相关产业领域可共享。产业公地可能在不同产业的融合中发挥中介作用,成为融合的催化剂。产业公地可一定程度上撬动彼此的利益捆绑,多方主体都意愿围绕"产业公地"找到一个共同获利点,使三产融合更具黏性,在产业公地挖掘(S1)基础上提炼主题定位(S2)。如案例中C区的莲子,一是莲子种植和栽培技术研发,二是开发莲子蛋白粉、荷叶降脂保健茶、膳食纤维精粉等系列保健品。此外,作为中国建莲之乡,可通过"莲业+旅游",充分挖掘建莲的观赏和用莲子作"鸡莲肚"为乾隆治病、《红楼梦》中"建莲红枣汤"的药用价值。一个莲子即可串联起多个产业,这样,产业融合就有了聚焦基础,产业公地就是一种可共享的技术、产品或服务。又如湖北潜江小龙虾产业,其串联了"水产养殖+食品加工+生物医药+餐饮+电商+旅游"多个行业,实现了高新技术的渗透型融合。再如厦门古龙酱文化园的酱产品,融合了农业种植、酱产品加工、文化创意、电子商务和旅游业,实现了产业链的交叉、延伸与渗透。因此,农村三产融合首先要进行产业公地的分析(shared analysis)。关于产业公地的分析,可通过设置"村里是否有进行比较理想的乡村规划(主要是产业规划和旅游规划)?""村里是否有明确的主题定位?""未来发展方向是否清晰?"等问题来考察。

(2)农村三产融合的开发与培育——产业资源(R性)与市场(M性)分析

产业资源(R性)分析:在一定产业公地基础上,要进行资源分析,即通过对现有资源进行整理归类与评价,形成准确的战略发展方向与市场定位。尤其是一产中的农业产业、二产的农产品加工业以及三产中的休闲旅游产业资源分析,所以R性分析可以从第一第二第三产业如特色产业资源、旅游资源、文化资源、人才资源等方面进行分析。通过政府、村集体、企业、农户等不同相关利益主体间的利益联结,集聚各种优势特色产业资源(R1)、旅游资源(R2)和文化资源(R3),并借助人力资源(R4)、土地、资金(R5)等要素,将某种共享的技术(R6)或产品服务渗透到其他相关产业中,形成产业间嵌入,进一步实现技术、业务和市场的融合。

特色产业资源可从特色产业资源规模与丰度、品牌差异性和消费者认知度来分析,生态旅游资源可参考《旅游景区质量等级的划分与评定》国家标准(GB/T17775—2003),分析生态旅游资源的观赏游憩价值、历史文化科学价值、珍惜或奇特程度、规模、知名度、美誉度等,对乡村人力资源方面,可分析乡村人力资源的科技能力、创新创业能力、体力等人口的适度流动是否有益于农村三产融合的发展,乡村产业融合发展的需求将吸引更多人"归巢"或者返乡创业。资金资源可进一步了解村集体的经济收入情况。技术资源可考察农村农业科技研发的投入情况和技术转化情况。文化资源分析可判断资源的品相、价值、效用、发展预期和传承能力等方面。

农村三产融合市场(M)性分析:生产发展过程中,如果不重视农产品及其服务与市场需求的有效衔接,将很有可能导致无效供给,或供给的低效率,造成资源的浪费,降低供给体系质量。无论是一产、二产还是三产,在农村三产融合开发过程中都必须考虑到产品的弹性以及顾客的选择偏好,在对自身特色产业资源进行精准判断以及定位前提上,有的放矢地根据顾客不同的选择偏好进行进一步的加工设计,设计出独具风格的农村三产融合产品。M 分析可以从特色产业市场分析(M1)、旅游市场分析(M2)以及市场定位分析(M3)三方面展开。其中,农产品市场分析包括对当前农产品和乡村旅游产品价格、供给量、需求量、营销策略等的分析;旅游市场调查指对乡村旅游资源的分类、调查、评价与开发的分析;市场定位则是对农产品和旅游产品顾客群、目标市场选择、市场定位策略和市场区域定位进行分析。市场预测主要是对农产品和旅游市场的未来需求总量、供给量、价格等的变化情况进行预测。

(3)农村三产融合的落地与实施——工作分工(W 分析)

面对高新技术的不断迭代,科学知识信息直接进入生产经营,产业融合在日常经济系统中广泛应用,融合与分工并存。"融合"是一二三产业结构的优化与升级,"分工"是产业融合后以"人"为中心的各职能部门、利益相关主体的分工迂回,新经济时代分工依然在不断深化中。产业与产业的分工达到一定程度后出现了农村三产融合,而农村三产融合的集体行动属性决定了必须要有产业功能分区以及利益相关者角色分工,分工使得各主体间减少了交易费用。农村三产融合成效评价也是一种集政府效率、经营主体(含企业和农户)绩效为一体的集体效率考量,分工与协作有助于调整组织结构、管理行为。因此,工作分工可以从总体形象定位(W1)、功能分区(W2)、职能分工(W3)三方面进行分析。功能分区可以分析乡村产业和旅游等功能区域划分与形象定位,工作分工可以分析农村各新型农业经营主体、村集体组织对农村产业融合工作的分工程度。

根据这一融合逻辑,农村三产融合需经历融合探索期、融合启动期、融合发展期、融合成熟期,当形成新业态、新模式,产生经济效应、生态效应和社会效应后,启动下一轮融合循环,如图5-3所示。在融合探索期阶段需首

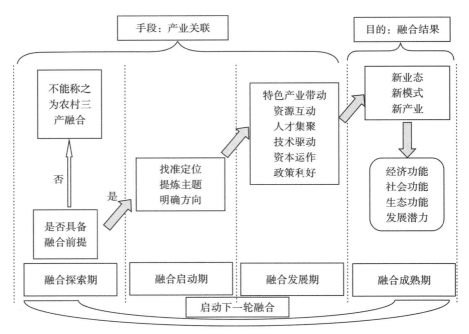

图 5-3 农村三产融合路径图

先分析其是否具备一二三产业的融合基础,是否拥有产业公地,即可联结、可共享的技术、产品或服务,如果有,即进入融合启动期;若没有,则不可称之为农村三产融合。农村三产融合不是第一、第二、第三产业的简单拼凑。融合启动期的主要任务是找准融合定位、提炼融合主题、明确融合方向,做好相关规划和设计。在满足这一条件的基础上,还需要各种要素的支撑,依托特色产业带动、资源互动、人才集聚、技术驱动、借助资本运作和利好的政策,实现产业间交叉渗透与融合,形成新业态、新模式,最终实现产业优、生态美、百姓富的社会主义新农村。

5.5　本章小结

本章基于产业集群理论、分工理论等,探索性构建了农村三产融合过程的理论分析模式,分析了农村三产融合发展从无到有的演进路径和内在逻辑。并采用扎根理论研究方法以福建省 10 个村为例演绎了其三产融合过程,循着"前提→开发与培育→落地与实施"的逻辑思路提出可参考的农村三产融合的 SRM-W 融合过程框架,即农村三产融合开发需经历产业公地分析(shared analysis)、资源分析(resources analysis)、市场分析(market analysis)以及工作分工(division of work)四阶段得以实现。其中,农村三产融合的前提是需进行产业公地分析(shared analysis),通过一种跨产业间可共享的技术、产品或服务来启动农村三产融合实践。其次,需进行三产融合资源分析(resources analysis),在具备融资共同联结点的基础上,分析现有资源,是否可支撑起下一步的融合工作,或为下一步的融合提供资源保障,资源分析了包含全盘的特色产业资源、技术资源、人才资源、资金资源、生态旅游资源的判断与梳理,对数量与质量的把脉,将为进一步的融合方向和主题定调。再次,市场是检验资源有效性的重要窗口,通过对市场的分析

（market analysis），明确现有农村特色产业市场和乡村旅游市场现状、市场定位，并进行一定的市场预测，以做出较精准的资源配对和工作分工的对接。最后，工作分工（division of work）是融合活动得以有效实施的重要环节，工作分工包含了对村总体形象定位、功能分区、职能分工等的责任细分和相关布局。

农村三产融合的实现首先要提炼融合基础，避免盲目融合。找准产业间可共享可联结的点，促成有机融合。将乡村现有的特色产业优势和生态旅游资源优势相衔接，乡村景观改造中融合乡村农业主导产业的外形意象，实现产业、生态、旅游、文化创意包括互联网的相融。其次要厘清融合路径，把握发展方向。无论是农业内部融合、产业链延伸融合、功能拓展融合，还是新技术渗透、多业态复合以及产城融合等，融合过程都分析是否有融合基础和条件，再进一步开展各种资源的匹配分析，以及市场的对接，最后进行工作的分工以实现融合的有效落地。融合前提的探索有利于明确农业产业链延伸的基本定位。产业公地挖掘有利于培养农产品发展集中度和规模效应，完善产业布局和配套组织协作水平。融合的开发与培育有利于发挥农业的多重功能，无论是技术的创新，还是乡村旅游产品和服务的开发，农村一二三产业的延伸、交叉和融合有利于拓展农业的社会、生态、文化传承功能，提升农业的附加值。融合落地分工有助于提升融合动力，分工可以提高融合过程的连续性、计划性、规划性和劳动强度，创造协作劳动。协作劳动可以追求高效率和低成本，提升融合成效和收益。因此，构建融合过程图谱是开启福建省农村三产融合发展之路的基础。笔者采用扎根理论的田野调查研究表明，农村三产融合并非对所有地区都具有普适性，本章旨在对这种"现实存在"揭露一些管理洞见，为农村产业融合发展提供启迪与借鉴。当然，融合过程的有效性依赖于科学的三产融合成效检验，构建农村三产融合成效测度指标体系，来以此推断相关融合过程的设计及路径设计的合理性。协作劳动的稳定性依赖于良好的利益联结机制的建立，尤其是合理的收益分配。这将是本书后续的研究话题。

6 农村三产融合过程 SRM-W 分析量表的开发与检验

6.1 农村三产融合动态演进量表开发

6.1.1 问卷的设计

本章重点介绍农村三产融合过程分析量表,通过收集农村三产融合演进调查问卷进行资料采集。问卷主要包括五方面内容:一是关于产业公地分析的调查,主要包括产业公地挖掘与分析以及融合主题定位方面的问题;二是资源分析的调查,主要包含特色产业资源、生态旅游资源、文化资源、人才资源、资金资源、技术资源的数量与质量、资源丰富与奇特度方面的问题以及资源分析程度的问题;三是市场分析的调查:主要包括特色产业市场分析、旅游市场分析、市场定位以及市场预测方面的问题;四是工作分工问卷调查,主要包括功能分区、工作分析、工作分工方面的问题;五是融合成效的调查,主要包括对区域三产融合经济功能、生态功能、社会功能以及发展潜力的考察。

6.1.2　农村三产融合动态演进量表设计

表 6-1　农村三产融合演进量表

相关维度	测量内容
产业公地挖掘	我们在现有特色资源的基础上,选准优势产业,形成我们村的品牌
	村里有进行比较理想的乡村规划(主要是产业规划和旅游规划)
	村里有明确的主题定位,未来发展方向很清晰
特色产业分析	对特色产业资源规模与丰度、品牌差异性和消费者认知度的分析
生态旅游资源	对生态旅游资源的观赏游憩价值、历史文化科学价值、珍惜或奇特程度、规模与丰度、知名度、美誉度的分析程度
人才资源	对乡村人力资源科技能力、创新创业能力、体力等的分析程度
资金资源	村集体的经济收入情况
技术资源	进行农业科技研发的投入情况和技术转化情况
文化资源	对资源的品相、价值、效用、发展预期和传承能力的分析程度
农产品市场分析	包括对当前农产品和乡村旅游产品价格、供给量、需求量、营销策略等的分析
旅游市场调查	对乡村旅游资源的分类、调查、评价与开发的分析程度
市场定位	对农产品和旅游产品顾客群、目标市场选择、市场定位策略和市场区域定位的分析
市场预测	主要是对农产品和旅游市场的未来需求总量、供给量、价格等的变化情况进行预测
功能分区	对乡村产业和旅游等功能区域划分与形象定位的分析程度
工作分工	乡村各利益主体、村集体领导班子对农村产业融合工作的分工程度
产业链延伸分析	对农产品加工转化率、农业组织化程度的分析
农业多功能分析	对休闲农业、农业电子商务等三产融合多种功能的融合行为分析程度
服务业融合	对融合经费投入、农技人员、农业服务业占比的分析程度
增收与就业	对农民人均收入、农业就业与非农就业人数比例的融合效果分析
农业增效	对第一产业增加值、土地产出率等的农业增效效果分析
城乡一体化	对城乡居民收入比、消费比等的融合效果分析

6.2 数据收集与样本特征

调查研究于 2017 年 12 月至 2020 年 11 月底,总共历时 3 年。3 年中笔者团队对 50 个样本村的农村三产融合情况进行了大规模的调查,调查方式包括现场实地调研、访谈、问卷调查、电话访谈、微信 QQ 沟通、资料研究等多种方式。问卷发放同时采用纸质问卷发放和网络调查等多种形式。其中,借助农民企业家培训的机会,以及县产业融合工作会议及村集体会议,共收集有效问卷 105 份,共计展开 235 人次的调查和访谈,根据整理,获得有效访谈资料共计 216 份。访谈对象主要有乡镇级及县级层面相关领导、村书记、村主任、农业企业家、农业合作社家庭农场负责人、农户、投资人、农业相关领域专家等。样本基本情况表现为以下三方面。

(1)行为主体地区分布

在 50 个案例中,三产融合主体分别有村集体 16 个、家庭农场 7 个、农业企业 16 个、合作社 9 个、农户 2 户,在福建省 9 地市中,福州市 5 家、泉州市 10 家、漳州市 7 家、莆田市 1 家、宁德市 9 家、龙岩市 8 家、南平市 4 家、三明市 5 家、厦门市 1 家,各自占总体样本的比例如表 6-2 所示。

表 6-2 调研样本主体地区分布情况

行为主体	数量/家	占比/%	地区	数量/家	占比/%	地区	数量/家	占比/%
村集体	16	32	福州	5	10	龙岩	8	16
家庭农场	7	14	泉州	10	20	南平	4	8
农业企业	16	32	漳州	7	14	三明	5	10
合作社	9	18	莆田	1	2	厦门	1	2
农户	2	4	宁德	9	18	平潭	/	/

（2）主导产业类型

由表 6-3 可知,本次调查企业中尤以制造业和信息传输、计算机和软件业为主,其次是交通运输业和金融业,其余的分布较为平均,总体来说,相对于餐饮、房地产、电力、采矿等传统产业而言,样本更偏向于代表现代产业中的企业现象。

表 6-3 调研样本主导产业类型

编号	主导产业	区域及编号	频次	占比/%
1	食用菌	GT02	2	4
2	茶	0DT6、TN10、31	3	6
3	蔬菜	ZZ8、LC20、FD26、YX27、JN29、FD30、LC38、ZN44、AX47	9	18
4	园林水果	LH3、YD5、YD11、AX13、YC15、NA16、JQ18、FQ19、ZZ23、GT24、FD26、YX27、ZZ33、SH36、FQ41、ZA45、PT46、FA49、LJ50	19	38
5	花卉	ZP9、LC37、YT39	3	6
6	中草药	PC14、LC35、ZR40	3	6
7	林业	AX1、YC4、YC34	3	6
8	牧业	GZ7、NA12、MX21、YC22、DH28、GT43	6	12
9	渔业	XP32、LJ42	2	4
10	酒（酱）产品加工业	XM17、PN48	2	4
总计			50	100

在 50 个行为主体的主导产业中,主导产业为食用菌的有一家,茶产业有 3 家,花卉的有 3 家(占比 6%),中草药的有 3 家(占比 6%),园林水果的有 19 家(占比 38%),占据较高比例,其中园林水果主要有百香果、荔枝、杨梅、梨、香蕉、枇杷等,园林水果易于将水果种植、加工、休闲采摘、观光及文化创意和文化活动等联结在一起,从事农村三产融合的进入壁垒相对较低,从某种角度凸显出休闲农业的大好前景。

（3）受访者类型

受访者总人数 215 人，含当面访谈 135 人，电话访谈 47 人，微信、QQ 等网络访谈 33 人，人员分布情况如表 6-4 所示。

表 6-4　调研对象现任职位

现任职位	调查人数	占总人数比例／％
镇及以上领导人	21	9
村书记	13	6
村主任	23	10.7
农民企业家	43	2
合作社负责人	23	10.7
家庭农场主	19	8.8
农户	18	8.4
投资人	9	4.2
科技特派员	12	5.6
农业专家学者	15	7.0
大学生返乡创业者	19	8.8
合计	215	81.2

由表 6-4 可知，现任职位中，接受调查者中以村书记和村主任为主，在职位上基本呈现正态分布，符合一般乡村的现状，保证了较好的内容效度。

6.3 量表的有效性检验

6.3.1 信度和效度检验

(1)农村三产融合动态演进过程调查问卷的信效度检验

本书在研究过程中主要应用 SPSS 分析软件来对问卷调查的结果进行综合和整理,首先对问卷整体做信度的分析,并以内部一致性信度来作为信度指标。随着信度指数的不断增大,本次调查具有较强可信度。按照经验判断方法,测度变量的 Cronbach's Alpha 值应该大于 0.70(Nunnally et al.,1994)。

学者 DeVellis(1991)在其研究中指出,信度的最低线应该在 0.65～0.70 之间,当信度值在 0.70～0.80 之间意味着信度比较好,而当信度值在 0.80～0.90 之间则意味着具有较高信度。由此可知,只有当信度值在 0.80 以上的时候,才意味着该问卷或量表的信度比较好;如果信度值在 0.70～0.80 之间,则意味着该量表或问卷的信度水平比较好,如果信度值在 0.60～0.70 之间,则意味着该量表或问卷的信度水平尚可。

如表 6-5 所示,对本次调查问卷来说,其内部一致性的系数为 0.859,本书正式调查问卷中各因子所代表的分量表及整体量表的 Cronbach's Alpha 系数均在 0.75 以上,可见本调查问卷在信度表现方面比较理想,可以通过信度检验标准。

表 6-5　调查问卷的可靠性统计

维度	Cronbach's Alpha	项数
产业公地	0.820	3
资源分析	0.910	6
市场分析	0.843	4
工作分工	0.798	2
融合成效	0.883	6
总问卷	0.859	21

接着,检验问卷的效度。通过上文所述可以发现,本问卷在内容效度表现方面比较理想,可以从各指标之间的相关性以及各指标与总体间的相关性来检验问卷的结构效度。学者 Turker 在其研究当中发现,如果问卷的指标和测验总体具有着 0.3~0.8 之间的相关系数,则意味着该问卷具有较好的结构,同时该问卷的各个指标之间也应当存在 0.1~0.6 之间的相关系数。从检验结果当中可以发现,除了有少部分的相关系数在 0.1 以下之外,大部分数据的表现都在 0.5 左右,各个指标和总体的相关系数介于 0.6~0.9 之间,由此表明该量表的结构效度良好。此外,各维度 AVE＞0.5,CR＞0.6,收敛效度、组合信度良好。表 6-7 表明,各维度的相关系数均小于 AVE 平方根,由此表明,该量表具有较好的区分效度,说明该问卷通过了信效检验标准。

表 6-6　指标—总体因子载荷系数

路径			因子载荷	AVE	CR
S3	←	产业公地	0.899		
S2	←	产业公地	0.699	0.6163	0.8264
S1	←	产业公地	0.743		

续表

路径			因子载荷	AVE	CR
R9	←	资源分析	0.786		
R8	←	资源分析	0.825		
R7	←	资源分析	0.768	0.6328	0.9117
R6	←	资源分析	0.743		
R5	←	资源分析	0.812		
R4	←	资源分析	0.835		
M13	←	市场分析	0.813		
M12	←	市场分析	0.626	0.5841	0.8475
M11	←	市场分析	0.788		
M10	←	市场分析	0.814		
W15	←	工作分工	0.751	0.6816	0.8095
W14	←	工作分工	0.894		
V21	←	融合成效	0.763		
V20	←	融合成效	0.732		
V19	←	融合成效	0.792	0.5609	0.8842
V18	←	融合成效	0.755		
V17	←	融合成效	0.654		
V16	←	融合成效	0.789		

表 6-7　各维度相关系数

	产业公地	资源分析	市场分析	工作分工	融合成效
产业公地	0.785				
资源分析	0.289	0.795			
市场分析	0.201	0.248	0.764		
工作分工	0.276	0.291	0.174	0.826	
融合成效	0.260	0.230	0.084	0.202	0.749

6.3.2 探索性因子分析

在对因素进行分析之前,还需要进行 KMO 及 Bartlett 球形检验,吴明隆(2000)在其研究当中提到 Kaiser(1974)观点,即如果 KMO 值低于 0.5,则不适宜进行因素分析,如果 Bartlet 球形检验所获得的卡方值符合显著指标,则适合进行因子分析。借助于经验判断法,如果 KMO 值在 0.7 以上,且各题项载荷系数在 0.5 以上,则可以借助于因子分析来把同一变量的各测试题进行合并,然后开展后续分析(马庆国,2002)。而根据 Kaiser 的建议,只要取特征值大于 1,各个题项的因素负荷量在 0.4 以上,且解释度在 40% 以上,因子分析的结果就相当可取。

如表 6-8 所示,在对农村三产融合开发量表进行 KMO 分析时,可以发现该检验值为 0.840,这意味着可以对该样本进行因子分析。而在进行 Bartlett 球形检验的时候得到的检验值为 1080.506,且 F 值为 0.000,显著水平极高,表明该量表的数据来自正态总体分布。可见,各指标间有共享因素的可能性,做因子分析是合适的,我们能够将变量进行多个因素的划分。

表 6-8　KMO 和 Bartlett 检验

KMO 取样适切性量数		0.835
Bartlett 球形度检验	近似卡方	2361.590
	自由度	210
	显著性	0.000

当 KMO 检验统计量无限靠近 1 的时候,说明各个变量之间存在着较强的偏相关性,因子分析的效果越好;当 KMO 检验统计量大于 0.7 时,因子分析效果一般会比较好;如果在开展 KMO 检验的过程中获得的统计量低于 0.5,则通过开展 Bartlett 球形检验,能够了解相关矩阵是否属于单位矩阵。

本量表的 KMO 统计量等于 0.835，表明是比较适合开展因子分析活动的，而在进行 Bartlett 球形检验时，其结果拒绝原假设，意味着各变量具有较强的相关性。

表 6-9　总方差解释

成分	初始特征值			提取载荷平方和			旋转载荷平方和		
	总计	方差百分比	累积/%	总计	方差百分比	累积/%	总计	方差百分比	累积/%
1	5.714	27.208	27.208	5.714	27.208	27.208	4.218	20.085	20.085
2	3.244	15.447	42.655	3.244	15.447	42.655	3.820	18.192	38.276
3	2.485	11.835	54.490	2.485	11.835	54.490	2.766	13.172	51.449
4	1.818	8.658	63.148	1.818	8.658	63.148	2.223	10.586	62.035
5	1.510	7.189	70.337	1.510	7.189	70.337	1.743	8.302	70.337
6	0.844	4.021	74.358						
7	0.545	2.595	76.953						
8	0.510	2.428	79.381						
9	0.490	2.334	81.714						
10	0.457	2.174	83.888						
11	0.404	1.923	85.811						
12	0.392	1.865	87.676						
13	0.368	1.751	89.427						
14	0.363	1.730	91.157						
15	0.342	1.627	92.784						
16	0.299	1.424	94.208						
17	0.287	1.364	95.572						
18	0.277	1.319	96.891						
19	0.265	1.264	98.155						
20	0.214	1.017	99.172						
21	0.174	0.828	100.000						

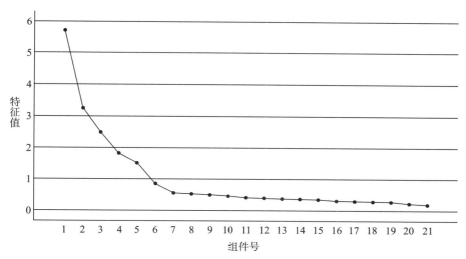

图 6-1　碎石图分析

通过指标间相关系数矩阵及相关系数检验的显著性水平分析,可看出各指标间中度相关,又由全部方差解释分析表(total variance explained)发现,经过正交旋转后,由方差贡献率表格可知:特征值在 1 以上的公因子共有 5 个,所以把前 5 个公因子提取出来。通过旋转的方式得到第 1 个公因子具有 20.085% 的方差贡献率,第 2 个则有 18.192% 的方差贡献率,第 3 个有 13.172% 的方差贡献率,第 4 个有 10.586% 的方差贡献率,第 5 个有 8.302% 的方差贡献率,这 5 个公因子的方差贡献率共计 70.337%,表明这 5 个公因子能够解释所有题项 70.337% 的变异,解释程度良好。

表 6-10　旋转后的成分矩阵

	成分				
	1	2	3	4	5
S1	0.246	0.100	0.150	0.774	0.035
S2	0.034	0.061	0.135	0.829	0.042
S3	0.118	0.144	0.012	0.877	0.150
R4	0.855	0.093	0.034	−0.007	0.143

续表

	成分				
	1	2	3	4	5
R5	0.824	0.067	0.076	0.075	0.140
R6	0.776	0.063	0.107	0.139	−0.037
R7	0.784	0.049	0.091	0.137	0.139
R8	0.844	0.101	0.066	0.139	−0.034
R9	0.821	0.117	0.093	0.003	0.038
M10	0.144	0.033	0.837	0.036	0.108
M11	0.059	0.035	0.832	0.073	0.103
M12	0.052	0.006	0.731	0.162	−0.049
M13	0.119	0.022	0.858	0.024	0.009
W14	0.164	0.127	0.044	0.076	0.882
W15	0.093	0.041	0.094	0.122	0.870
V16	0.142	0.800	0.013	0.094	0.131
V17	0.134	0.692	0.078	0.069	0.201
V18	0.069	0.797	0.013	0.132	−0.122
V19	0.054	0.830	0.044	0.060	−0.052
V20	0.086	0.790	0.025	−0.081	0.141
V21	−0.001	0.810	−0.045	0.100	−0.027

对提取的5个公因子进行因子旋转,得到旋转后的因子载荷表,其中R4~R9在第1个因子上具有较高载荷,该因子命名为资源分析;V16~V21在第2个因子上具有较高的载荷,该因子命名为融合成效;M10~M13在第3个因子具有较高的载荷,该因子命名为市场分析;S1~S3在第4个因子具有较高的载荷,该因子命名为产业公地;W14~W15在第5个因子具有较高的载荷,该因子命名为工作分工。探索性因子分析将作为下文验证性因子分析的基础。

6.3.3　验证性因子分析

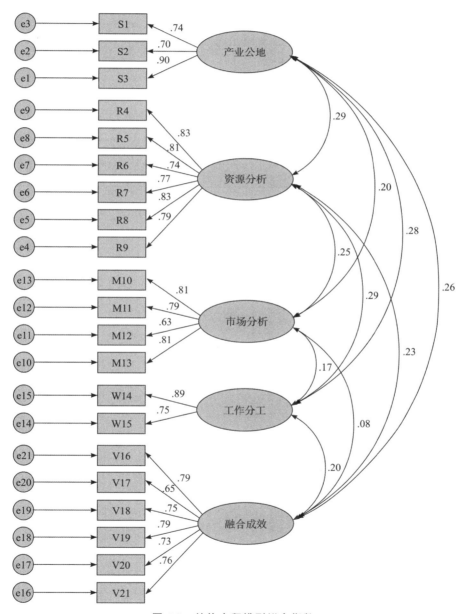

图 6-2　结构方程模型拟合指数

采用 AMOS 软件对模型进行验证性因子分析,结果如表 6-11 所示,模型的拟合指数 $\chi^2/df = 1.516 < 3$,RMR $= 0.059 < 0.08$,模型拟合优度指数 GFI、不规范的拟合指数 NFI、比较拟合指数 CFI 均大于 0.8,表明观测数据与模型很好拟合。同时模型近似均方根误差 RMSEA 为 0.049,小于 0.05,说明观测数据与模型较好拟合,省俭拟合优度指数 PGFI 接近 1,达到较好拟合水平,模型结构如图 6-2 所示。综合以上,农村三产融合演进问卷的拟合效果较好,通过有效性检验。

表 6-11 AMOS 软件模型拟合指数

χ^2/df	RMSEA	RMR	GFI	PGFI	NFI	CFI	TLI
1.516	0.049	0.059	0.881	0.847	0.889	0.959	0.952

7 农村三产融合过程 SRM-W 分析模式的现实应用

本章沿着"产业公地分析（S 性分析）→资源分析（R 性分析）→市场分析（M 性分析）→工作分析（W 分析）"的分析脉络，选取部分案例进行理论模式的现实检验，对其 SRM-W 分析的四项主范畴和 14 项次范畴细致分析、梳理、提炼，发现部分区落产业融合定位精准、融合方向和形态清晰、资源与条件分析到位、分工井然有序。首先进行产业公地 S 性分析。根据前文所述，产业公地是可共享的产品、技术或服务，产业公地主要从产业公地挖掘、主题定位、是否开展村庄规划等方面来分析。其次进行资源 R 性分析。资源分析主要从特色产业资源、生态旅游资源、文化资源、人力资源、资金资源和技术资源进行分析。然后是市场 M 性分析，市场分析主要从特色产业市场、旅游市场分析、市场调查、市场定位与市场预测几方面展开。最后是工作分工 W 分析，参考分工理论以及工作分析相关资料，主要从分工形式、工作分析方法、功能分区几方面来探讨。

7.1 基于 10 个案例的 SRM-W 分析

7.1.1 案例简介

案例 Q1：连城萱和谷本草园还原生态产业园，总建设规模 3300 余亩。园区集康养、观光养生、教学科研、教育保护、休闲旅游、餐饮、住宿为一体，将"中药材标准化种植、中药材良种筛选与繁育、中药材养生产品开发、现代农业（中药材）五新技术"等农业技术成果与"中医药健康理疗、电子商务运营、中医药特色旅游、中医药文化传播"进行高度链接融合，促进中药材产业链整合和价值链提升。中草药还原种植及药用菌林下种植 2300 余亩。萱和谷融合一产：（中草药种植）、二产（中草药加工）、三产（中医药文化旅游）等产业为一体，农业、科技、文化、旅游相得益彰共同推进，促进三产融合发展。

案例 Q2：福建省状元茗茶有限公司，其经营发展之路是走三产融合主体为"1+2+3=6、1×2×3=6"的路线。其中，1=现代农业产业；2=茶叶种植、加工与销售；3=旅游体验＋认养＋茶文化。构建如下产业链：（1）现代农业产业体系。茶香金湖与福建农林大、省茶科所、武夷山茶科所进行技术合作，对农业产业进行开发。以茶叶种植为主，辅以数百亩的锥栗、杨梅、桃子等各类果树进行生态种植。（2）茶叶种植、加工与销售。依托企业自有茶叶种植基地 1000 余亩，状元茗茶加工园区总面积 60 亩，其中厂房面积超过 3000 平方米，设备齐全，可实施标准化生产，目前拥有年加工 200 吨成品茶的产能。公司在福建泰宁设有总店，福州、武夷山设有分店；北京、上海、广州、香港等各地分别设有直销、分销等合作商。电商领域已经走出关键一步,同各电商平台均有合作。(3)旅游体验＋认养＋茶文化。旅游产业:结合泰宁风景硬件与种植基地景观优势,开发茶旅、茶民宿等特色游、生态游,使之达到 1＋1＞2 的效果。认养:茶园认养农业产业经营方式。茶文化:体验茶文化、茶叶制作工艺。

案例 Q3:龙岩永定坤雅农业生态观光园,占地面积 440 亩,坐落于永定区下洋镇上川区,距离世界文化遗产、国家 5A 级旅游景区——福建永定景区初溪土楼群 2 公里。园区建设有智能无土温室栽培、绿色火龙果和提子柠檬等水果自助采摘区、农产品购买区、水上多功能会议室、接待中心、餐饮区、住宿区等为一体的综合型休闲度假观光园。园区葡萄种植、葡萄酒加工、水果采摘和观光旅游项目吸引大量游客前往。

案例 Q4:古田县凤都镇际面村是古田县“美丽乡村”建设示范区,位于古田至凤都 916 县道沿线,距离古田城关 10 公里。全镇共有人口 575 户,2025 人。村民主要从事桃、李等水果种植,水蜜桃种植面积达 3600 亩,有“白凤”“朝霞”等品种。该村立足农业产业优势,实施乡村振兴战略,启动千亩现代农业示范园区建设,积极培育“五华园”水蜜桃、“凤谷”绞股蓝等农民专业合作社和“大野山”银耳等农产品生产加工企业。际面村拥有着天然的地理优势,水蜜桃种植面积突破 2600 亩。该村充分发挥自身特色,着重打造千亩现代农业示范区。在凤都镇的万亩桃林当中,能够实现 2 亿多元的年综合产值。村里建设有集“水蜜桃种植、农业观光、采摘体验、旅游购物”为一体的际面区“农业观光型”旅游景点,通过举办“桃花节”“采摘节”等活动,带动农业增效和农民增收。

案例 Q5:福建花博汇电商园,成立于 2015 年 1 月,位于素有“国家级台湾农民创业园”“国家海峡两岸科技产业示范基地”“大陆阿里山”“中国杜鹃花之乡”之美誉的漳平县永福镇,占地面积 2000 多平方米,其中创意现代化办公 1600 平方米,生态多媒体培训中心 200 平方米,农业新品种引进与推广中心 200 平方米。花博汇园区于 2016 年 2 月份推出了高山“黄樽金花茶”干花礼盒两款包装,实现了种植、加工、销售为一体化服务,在全球的花坛当中,金花茶是唯一一个具有金黄色花瓣的品种,素来就有茶族皇后的美誉。再加上这种产品是非常稀有的,所以又被誉为植物界的大熊猫,属于我国一级保护植物,国外称其为"东方魔茶""茶族皇后"。金花茶不仅观赏价值高,还有很高的经济药用价值。花博汇园区适应引领经济新常态,加快推进农村三产融合发展。

案例 Q6:古田县大桥镇牛峰区,位于环翠屏湖旅游圈和大东片区生态旅游区之间的衔接点。全区 160 户,总人口 930 人。区里利用北山自然区闲置的 200 亩农杂地,采用散养方式,建设千头肉牛养殖基地,杂地种植牧草,引进福建农林大学林占熺教授发明的多功能性菌草,牛粪用作果蔬堆肥,形成循环农业运作模式。同时,区里有"天子地""驿站公馆""红亭隘""牛峰古戏台""牛峰大厝""华侨博物馆"等旅游产品,开发设计了"牛"系列网红打卡点,形成了一条"牛养殖、牧草种植、牛文化旅游"的产业融合发展之路。

案例 Q7:古甜食品科技有限公司,建立无公害/有机食用菌工厂化栽培体系,组成无公害食用菌联盟,实现食用菌标准化栽培,并进行初级加工和精深加工,通过构建电商平台、进出口销售平台、全国菌物和中药材中心等,实现"农业＋互联网"的结合,并通过组建科技服务平台、融资平台等,助力推动"古甜星创天地"项目迅速顺利发展。

案例 Q8:汇甜蜂业星创天地,由福建省南安市都山生态农林专业合作社(国家级合作社示范社)为运营主体,并邀请福建农林大学蜜蜂研究所所长周冰峰教授(省级科技特派员教授)及其团队参与牵头创办及运营。合作社成立于 2016 年 1 月 1 日,合作社位于福建省南安市向阳乡向阳区,地处南安市北部山区乡镇,森林覆盖率高达 87.5％,四季如春,蜜源丰富,形成了一条集蜜蜂养殖、养蜂教学培训、技术研发、农业电商为一体的产业融合之路。

案例 Q9:稻香园农业科技创业基地,依托泉州农村信息化综合服务平台,整合农村信息化资源,搭建"互联网＋"农产品销售,疏通农业信息传递渠道,开拓农民眼界,拉近了农业生产与市场的距离,促进农村繁荣、农业增效、农民增收。基地推进三产融合发展情况:辅导企业与农户建立利益联结机制,让农户分享种养环节收益;拓展星创天地休闲观光功能,着力建设成为泉州市休闲农业示范点。

案例 Q10:位于厦门地区的古龙酱文化园,其出资方是厦门古龙食品有限公司,在 2013 年正式面向大众营业。该文化园区拥有将近 6 万口的传统酱缸,并以近 5 万平方米的总面积打破了上海大世界吉尼斯纪录。在古龙的经营理念当中,始终坚持着传统的古法制酱方式,并在罐头生产的过程当中也沿用了古法。有人为他的酱油古法酿造技艺申请了非遗,并被列入了福建省非物质文化遗产当中。园区经营融合酱食品加工、酱文化旅游等多重元素,不断提升农产品加工产业的发展速度,积极构建产业链条。

7.1.2 SRM-W 分析

表 7-1 10 个村的 SRM-W 分析

案例编号	产业公地 S 性分析	资源 R 性分析	资源差异化
Q1	林下作物	特色产业资源 1 处,生态旅游景观 10 处,文化场所 3 处,技术研发 1 处	一般
Q2	茶叶	特色产业资源 1 处,生态旅游景观 12 处,文化场所 1 处,技术研发 2 处	一般
Q3	葡萄	特色产业资源 1 处,生态旅游景观 8 处,文化场所 2 处,农产品检测 1 处	一般
Q4	水蜜桃	特色产业资源 1 处,生态旅游景观 8 处,文化场所 2 处,农产品检测 1 处	一般
Q5	花卉	特色产业资源 1 处,生态旅游景观 8 处,文化场所 2 处,技术研发 2 处	较高
Q6	黄牛	特色产业资源 1 处,生态旅游景观 8 处,文化场所 2 处,农产品检测 1 处	较高

续表

案例编号	产业公地S性分析	资源 R 性分析	资源差异化
Q7	食用菌	特色产业资源1处,生态旅游景观8处,文化场所2处,技术研发1处	较高
Q8	蜂蜜	特色产业资源1处,生态旅游景观8处,文化场所2处,技术研发1处	较高
Q9	水稻	特色产业资源1处,生态旅游景观8处,文化场所2处,农产品检测1处	一般
Q10	酱产品	特色产业资源1处,生态旅游景观8处,文化场所2处,农产品检测1处	较高

	M 性分析			
案例编号	市场现状分析	市场定位方法	特色产业发展年限	预测方法
Q1	较少,仅有部分参考县域中草药统计数据	功能定位	20 年	德尔菲法
Q2	较少,仅有部分参考县域茶产业和旅游统计数据	功能定位	20 年	经验估计法
Q3	较少,仅有部分参考县域水果产业和旅游统计数据	价格定位	2 年	趋势外推法
Q4	较少,仅有部分参考县域蜜桃产业和旅游统计数据	质量定位	28 年	趋势外推法
Q5	较少,仅有部分参考县域花卉产业和旅游统计数据	消费群体定位	18 年	德尔菲法
Q6	较少,仅有部分参考县域旅游统计数据	经营理念定位	2 年	经验估计法
Q7	较少,仅有部分参考县域食用菌和旅游统计数据	质量定位	22 年	时间序列法
Q8	较少,仅有部分参考市域和省域蜂蜜产业统计数据	消费群体定位	15 年	德尔菲法

续表

案例编号	M 性分析			
	市场现状分析	市场定位方法	特色产业发展年限	预测方法
Q9	较少,仅有部分参考县域旅游统计数据	个性定位	5 年	趋势外推法
Q10	较少,仅有部分参考厦门市旅游统计数据	文化定位	3 年	经验估计法

案例编号	工作分工 W 分析			
	分工形式	工作分工对象	工作分析方法	功能分区
Q1	职能分工	村集体、农户、科技特派员	访谈法	4 区
Q2	专业分工	村集体、农户、科技特派员	工作日志法	5 区
Q3	技术分工	企业、农户、科技特派员	资料分析法	4 区
Q4	职能分工	合作社、农户、科技特派员	访谈法	5 区
Q5	技术分工	合作社、农户、科技特派员	资料分析法	4 区
Q6	职能分工	村集体、农户、科技特派员	访谈法	3 区
Q7	专业分工	合作社、农户、科技特派员	访谈法	4 区
Q8	技术分工	合作社、农户、科技特派员	工作日志法	5 区
Q9	职能分工	合作社、农户、科技特派员	资料分析法	6 区
Q10	技术分工	家庭农场、科技特派员	访谈法	4 区

7.2 基于三个国家级农村产业融合示范园的 SRM-W 分析

以福建省首批三个国家级农村产业融合示范园为例,分析 SRM-W 分析模式在示范园中的应用。三个示范园分别为漳浦国家农村产业融合示范园（以下简称漳州示范园）、建宁县国家农村产业融合发展示范园（以下简称建宁示范园）、武夷山市国家农村产业融合发展示范园（以下简称武夷山示范园）。本书第4章已对福建省国家级产业融合示范园进行了一些介绍，需要特别说明的是，漳州示范园的主导产业有：第一产业，主要有蝴蝶兰、食用菌、绿化苗木、小盆栽花卉、仙人掌及多肉植物、果蔬种苗、台湾九品香水莲花的种植等；第二产业，主要是花卉的标准化、工厂化生产及深加工等。第三产业，主要有花卉会展、电子商务、文化创意、农业生态休闲旅游产业及配套的物流运输系统。示范园以发展台湾花卉为主，特别是台湾蝴蝶兰生产企业集聚发展，形成了"百里花卉走廊、千家花卉企业、万亩花卉基地"之规模，成为福建省最具辐射力和影响力的花卉物流集散中心，被国家命名为"全国重点花卉市场"。建宁县作为中国建莲之乡，其莲子产业很好地融合建宁示范园的第一、第二、第三产业。武夷山茶叶全国闻名，特色鲜明的茶产业联结了当地第一、第二、第三产业，融合有了很好的联结基础，以下着重进行三个示范园农村三产融合SRM-W分析。

由表7-1可见，基于对建宁县产业融合示范园、漳浦产业融合示范园、武夷山产业融合示范园产业公地挖掘、主题定位，探索出三个示范区的产业公地分别为漳浦的"花卉"、建宁的"莲子"、武夷山的"茶叶"，这些第一、第二、第三产业中可实现共享的产品或技术，如建宁示范区的第一产业为生产机械化、标准化及初深加工，第二产业为莲子生产机械化、标准化及初深加工，第三产业为莲子文化旅游、展示馆、电子商务、文化创意及配套运输系统，产业公地莲子将第一、第二、第三产业紧密联结；武夷山示范区的第一产业为茶叶种植培育，第二产业为茶业标准化工厂化生产及深加工，第三产业为茶生态旅游、茶展览、印象大红袍茶文化演出、电子商务、文化创意及配套运输系统，三次产业都是围绕产业公地茶进行运作；漳浦示范区的第一产业为花卉种植培育，第二产业为花卉标准化生产、工厂化生产及深加工，第三产业为花卉会展、电子商务、文化创意,及配套运输系统,产业公地花卉连接起了各产业。产业公地使得农村一二三产业有了联结基础。

表 7-2 基于三个国家级农村产业融合示范园的 SRM-W 分析

示范区	产业公地 S 性分析				
	产业公地	第一产业	第二产业	第三产业	形象定位
漳浦示范园	花卉	花卉种植培育	花卉标准化生产、工厂化生产及深加工	花卉会展、电子商务、文化创意、及配套运输系统	花漾生活、闽南花卉大世界
武夷山示范区	茶叶	茶叶种植培育	茶业标准化工厂化生产及深加工	茶生态旅游、茶展览、印象大红袍茶文化演出、电子商务、文化创意及配套运输系统	碧水丹山九曲溪,大红袍中品武夷
建宁示范区	莲子	建莲种植培育	莲子生产机械化、标准化及初深加工	莲子文化旅游、展示馆、电子商务、文化创意及配套运输系统	清新花香、福源建宁

示范园	示范园的资源 R 性分析				
	特色产业资源 R1	生态旅游资源 R2	人力资源 R3	技术资源 R4	资金资源 R5	文化资源 R6
漳浦示范园	年产蝴蝶兰种苗 5000 万株以上,年产值 3 亿元	全国知名花木博览胜地、国际花木休闲度假天堂	5 万农户参与花木产业、现代物流、花木休闲旅游	建成花卉苗木出口检疫检测中心	自筹及取得项目支持	"花漾生活"意境、花木休闲小镇

续表

	示范园的资源 R 性分析					
示范园	特色产业资源 R1	生态旅游资源 R2	人力资源 R3	技术资源 R4	资金资源 R5	文化资源 R6
武夷山示范园	拥有茶树品种 280 种	山场复绿 8696 亩，4A 级旅游景区 1 处	从事产业种植、加工、销售 10.7 万人	茶叶类证明商标 9 件，茶科研机构 10 家，涉茶发明专利 26 项	自筹及取得项目支持	武夷山文化创意产业园、体验馆、印象大红袍文化演出
建宁示范园	莲子种植面积 7474 亩	森林覆盖率 79%，国家级自然保护区 9.11 万亩	农村人口 1.33 万，建莲产业从业人员 3000 多人。	机械化使用率 76%，推广建选 17 号、建选 31 号、35 号新品种	自筹及取得项目支持	建宁莲子文化产业园

	示范园的市场 M 性分析				
示范园	特色产业市场分析 M1	旅游市场分析 M2	市场定位 M3	特色产业发展年限 M4	市场预测方法 M5
漳浦示范园	2017 年电商交易额 22.4 亿元	2017 年花博会吸引游客 50 万人次，收入 3000 万元	功能定位、质量定位	20 年	趋势外推法
武夷山示范园	每天约 1 万 3 千件茶叶发往全国各地，2017 茶叶产值 20.23 亿	截至 2018 年 6 月，印象大红袍演出接待观众 471.4 万人，共计创收 6 亿元	价格定位、文化定位、质量定位	1000 年	德尔菲法

续表

示范园的市场 M 性分析				
示范园	特色产业市场分析 M1	旅游市场分析 M2	市场定位 M3	特色产业发展年限 M4	市场预测方法 M5
建宁示范园	农村淘宝店 6 家,京东合作点 1 家,合作社 60 家,家庭农场 23 家	旅游收入 2.2 亿元,年接待游客 15 万人次	质量定位、消费群体定位	1000 年	趋势外推法

示范园工作分工 W 分析				
示范园	分工形式 W1	工作分工对象 W2	工作分析方法 W3	功能分区 W4	利益联结 W5
漳浦示范园	职能分工	产业融合领导小组	访谈法、资料分析法	一心一带三片区	保底收益+按股分红、龙头企业和合作社双向入股
武夷山示范园	专业分工	产业融合领导小组	工作日志法、观察法	两核、两园、一体、一走廊	龙头企业带动,"党支部+合作社+茶农+互联网"
建宁示范园	职能分工	产业融合领导小组	资料分析法、访谈法	一带一区一心一轴	股份合作、农商联盟、折股量化、产业协会

7.3　安溪县城厢镇 5 个村三产融合的 SRM-W 分析

　　将农村三产融合的 SRM-W 分析模式应用于福建省安溪县城厢镇五个村构成的一个产业融合片区的建设(以下简称五个村)。福建省安溪县五个村地理位置优越,具有较强的经济和特色产业基础,优渥的林地、溪流、生态农业资源,丰富的人文底蕴,藤铁工艺品兼具经济功能和鉴赏价值,易于形成三产融合发展格局。兼具文化性、手工性、创新型、国际性的藤铁工艺产业历经千年传承,注重保护、传承创新,沿着海上丝绸之路走向世界,也在探索一条文化创意、休闲旅游、传统工艺与商业模式结合的产业发展模式,本章拟采用 SRM-W 的分析模式进行说明。

7.3.1　案例简介

案例应用的是福建省安溪县城厢镇城西片区,其涵盖范围为 5 个村(团结村、雅兴村、冬青村、码头村、霞保村)。5 个村均为城郊型乡村,毗邻安溪县二环路,距县中心仅 15 分钟左右的车程,交通便利。2016 年安溪县获评"中国藤铁工艺之都""中国家居工艺产业基地"等荣誉称号,家居工艺文化产业全年实现行业总产值 108 亿元,是我国最大的工艺品出口基地。安溪藤铁工艺集实用性、艺术性、手工性、创新型为一体,兼具经济价值和鉴赏价值,以林木为部分原材料的藤铁工艺加工产品,出口至全球六十几个国家,全产业链年产值 150 亿元,GDP 等产业发展走势见图 5-4。藤铁工艺产品出口海内外 40 余个国家。城厢镇作为藤铁工艺品的生产大镇,主要承担着藤铁工艺的生产和创意设计,相较于传统的藤铁工艺,现代的藤铁工艺在外观设计上融入了更多的文化与创意的内容,未来将在藤铁工艺发展的生产工艺、科技研发以及服务平台的搭建等方面做出转型。城厢镇连续 3 年入选"中国淘宝镇",全镇有淘宝村 8 个,拟探索采取"互联网＋家居工艺＋农业＋旅游",在雅兴村内建设成"藤铁工艺展览馆",提升家居工艺文化产业美誉度和软实力。

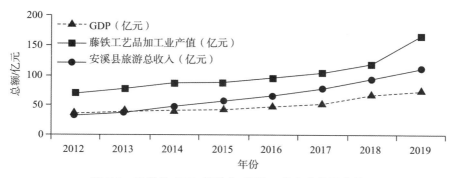

图 7-1 安溪县 GDP、旅游业、藤铁工艺产业发展走势

7.3.2 5个村三产融合发展条件分析

（1）区位优势分析

5个村位于中国福建省泉州市安溪县。安溪不仅是世界名茶铁观音的发源地、中国乌龙茶之乡，也是世界藤铁工艺之都。2019年7月，安溪县被世界手工艺理事会认定为"世界手工艺理事会手工艺城市——藤铁工艺之都"，安溪还是中国首批沿海对外开放县之一、中国最美丽县、全国综合实力百强县。安溪自然资源条件优渥，人文资源丰富。2012年全县 GDP 351.98亿元，2019年增加至 731.49 亿元（见表 7-3）。

5个村有一个共同的主导产业，即藤铁工艺产业，同时含有藤铁工艺所衍生出的电子商务、藤铁加工、文化创意、乡村旅游产业，5个村有较强的产业基础、良好的生态景观和人文环境，发展三产融合具有天然的优势，尤其是借助区域特色资源，如藤铁工艺产业、茶产业等优势产业与乡村旅游的融合，能够打造以自然旅游资源为主、人文旅游资源与产业资源为辅、绿色生态为外延、地方文化为内涵的旅游区域品牌，提升市场竞争力。

表 7-3　2012—2019 年安溪县 GDP 及产业增加值

年度	GDP /亿元	GDP 增长率 /%	第一产业		第二产业		第三产业		三次产业 贡献率
			增加值 /亿元	增长率 /%	增加值 /亿元	增长率 /%	增加值 /亿元	增长率 /%	
2019	731.49	7.9	52.58	4.1	377.38	8.3	301.53	8.0	4.0:56.2:39.8
2018	574.38	8.9	44.41	2.2	286.29	9.1	243.68	10.1	7.73:49.84:42.42
2017	515.33	8.9	41.75	4.3	268.2	7.9	205.38	11.4	8.1:52.0:39.9
2016	466.37	8	41.28	3.2	245.68	7.9	179.41	9.1	8.8:52.7:38.5
2015	424.03	8	36.73	1.6	226	8.4	161.3	8.3	8.7:53.3:38
2014	410.19	10.6	35.41	3.7	226.55	12.9	148.23	7.5	8.6:55.2:36.1
2013	381.22	12.1	33.81	5.3	212.05	15.1	135.37	8.1	8.9:55.6:35.5
2012	351.98	12.7	30.97	3.9	197.1	16.3	123.91	8.4	8.8:56.0:35.2

数据来源：安溪统计年鉴。

（2）藤铁工艺特色产业优势分析

中国自古就是具有工匠精神的国度，藤铁工艺品以其巧夺天工的工艺、独具匠心的智慧，展现着中华民族的创造才能。作为藤铁工艺的摇篮，安溪竹藤编具有千年历史，历经"竹编—藤编—藤铁工艺—家居工艺"四个阶段，被誉为"指尖上的魔幻艺术"，有"中国竹藤编看福建，福建竹藤编看安溪"之说。独特的文化特色和精湛的手工技艺，安溪竹编逐步演变成如今铁与木材结合混搭制造出的系列家居工艺品。手工业与自然的完美结合迎合了现代人的审美情趣，温润的木头与冰冷的铁艺结合，蕴含"自由奔放""自然和谐"的文化内涵，刚柔并济、巧妙结合的藤铁工艺品也折射出藤铁工艺人身上的工匠精神和闽南人"爱拼才会赢"的艰苦奋斗精神。安溪全县拥有各类藤铁家居工艺企业 400 多家、加工点 3000 多个、从业人员 12 万人，产业出口至欧、美、亚及德国 60 多个国家和地区。2019 年，安溪藤铁工艺全产业链产值达 170 亿元，全年电商交易额 52.73 亿元，居泉州传统制造业之首。2012至 2018 年，安溪茶产业和藤铁工艺产业产值发展趋势如图 7-2 所示。

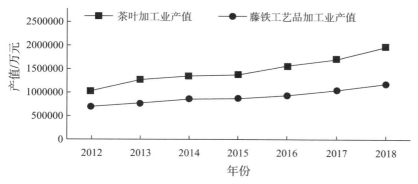

图 7-2 安溪茶产业和藤铁工艺产业产值发展趋势

（3）乡村旅游市场分析

藤铁工艺产品集实用性、手工性、艺术性、创新性为一体，非常适合嵌入旅游产业中。从全国来看，2019 年全国国内游客突破 60.1 亿人次，国内旅游收入 57251 亿元。随着旅游消费的个性化和时尚化，中国民宿产业面临重要的发展机遇，行业整体发展迅猛。2019 年，安溪县接待国内外游客 848.92 万次，旅游总收入 111.13 亿元，藤铁工艺品嵌入旅游融合发展具有广阔的市场前景。

（4）产业资源与工作分工分析

表 7-4　5 个村三产融合过程 SRM 分析的原始语句提炼

原始语句	类型
01. 藤铁工艺企业代表王总："藤铁工艺产品实用、耐用，又很有艺术性，适合用在国内的一些特色景区打造中，但是现在这个产业我们主要还是以出口国外为主，也有做一些国内家居市场。"	产业公地挖掘
02. 镇长："城厢是藤铁工艺生产大镇，雅兴又是铁观音苗种植大村，团结村的六君风景区目前游客量也很可观。"	特色产业资源
03. "我们有农业合作社和家庭农场 15 户，旅游企业 2 家，规模藤铁工艺企业 85 家，全国淘宝村 1 个。"	

续表

原始语句	类型
04. 知名媒体负责人:"每个村都要有一个魂,从点、线、面、体上去挖掘,这才是一个村的文化底蕴。要把乡村的记忆文化作为他们乡村旅游的一个重点,提取工匠精神、匠心精神,从传统到现代的结合,可以提及藤铁工艺大师,也可以与非遗相结合。"	文化资源
05. 村主任:"五个村大大小小的寺庙起码有二十多处,闽南人的传统习俗,我们离 4A 级景区清水岩景区也是非常近,香火非常旺,文化广场有 3 处。"	
06. 农户:"近年来安溪茶产业遇到了一些挫折,我们也想找一些新的机会做宣传。"	特色产业市场分析
07. 某藤铁工艺企业王总:"我们的藤铁工艺主要以出口为主,当前由于国际形势的变化我们也面临一些新的挑战,今后也想往国内一些其他市场探索。"	
08. 某旅游企业彭总:"我们的旅游产业目前还是以闽南周边地区的游客为主,如果用藤铁工艺做旅游产品,可面向全国市场,很多户外装饰、民宿都可以用。"	市场定位
09. 团结村主任:"我们五个村都有一个根据自己村情的基本形象定位,比如团结村是'精彩团结,休闲风情(闲)',霞保村是'生态宜居,大美霞保(居)',码头村是'军风茶韵,文化码头(文)',雅兴村是'双铁先行,活力雅兴(铁)',冬青村是'藤铁兴业,创新冬青(新)'。"	五个村形象定位
10. 镇人大主席:"根据三产融合发展的基本发展思路上,我们结合藤铁工艺这个共同点对五个村有一个基本的功能分区,团结村为休闲康养度假区,霞保村为茶产业体验区,码头村为国防教育区,雅兴和冬青致力于打造生态工艺旅游区。"	五个村功能分区
11. 高校专家:"所以,团结村要发展休闲农业,霞保村要发展茶产业体验、民宿,码头村要发展国防教育、保护宗教文化,雅兴和冬青二村要致力于藤铁工艺的技术创新、藤铁工艺品户外化景观化。"	主体功能分工

本章提出农村三产融合过程的 SRM-W 分析模式,其中 S 性分析(shared analysis)指产业公地分析,即相关利益主体间要有可共享的技术、产业或服务,以此为基础进行产业资源 R 性分析(resources analysis)和市场 M 性分析(market analysis),最终需对利益相关者主体进行工作分工 W 分析(division of work),使农村三产融合工作得以落地实施。其中,产业公地(S 性)分析是农村三产融合的前提,要想对农村三产融合进行进一步的开发与培育,需开展产业资源分析(如特色产业资源、旅游资源、文化资源等)与市场分析(如第一、第二特色产业市场分析、旅游市场分析以及市场定位),而工作分工是农村三产融合的落地与实施的保障,需考虑功能分区、职能分工等因素。5 个村三产融合 SRM-W 分析如表 7-5 和表 7-6 所示。

表 7-5 5 个村三产融合发展的 SRM 分析

SRM 分析	判断标准	城厢生态旅游示范区
S 性分析(产业公地分析)	是否有共享的技术、产品或服务	藤铁工艺产品(兼具经济价值和鉴赏价值)
R 性分析(资源分析)	特色产业资源	农业合作社和家庭农场 15 户; 旅游企业 2 家; 规模藤铁工艺企业 85 家; 全国淘宝村 1 个
	生态旅游资源	地文景观 1 处;生态水域景观 2 处;旅游商品 8 种
	宗教文化资源	寺庙 21 处;文化广场 3 处
M 性分析(市场分析)	发展战略定位	三产融合发展
	特色产业市场分析	藤铁工艺品消费群;茶产业消费群
	旅游市场分析	消费者弹性;顾客选择偏好
	市场定位	顾客群;顾客满意度

表 7-6　5 个村三产融合发展的 W 分析

城厢生态旅游融合示范区	W 分析		
	总体形象定位 W1	功能分区 W2	工作分工 W3
团结村	"精彩团结，休闲风情（闲）"	休闲康养度假区	发展休闲农业
霞保村	"生态宜居，大美霞保（居）"	茶产业体验区	发展茶产业体验，民宿
码头村	"军风茶韵，文化码头（文）"	国防教育区	发展国防教育，保护宗教文化
雅兴村	"双铁先行，活力雅兴（铁）"	生态工艺旅游区	藤铁工艺的技术创新，
冬青村	"藤铁兴业，创新冬青（新）"		藤铁工艺品户外化景观化

7.3.3　5 个村三产融合发展定位及功能分区

（1）总体定位

"三产融合发展"是城厢五个村三产融合发展的基本定位。一产是指 5 个村的农业和林业种植；二产主要指农产品加工，尤其是藤铁工艺品的加工，城厢的藤铁工艺产业具有悠久的历史、独特的文化特色和精湛的手工技艺，工艺品已畅销至全球 60 多个国家，雅兴冬青的藤铁工艺产业具备规模；三产指示范区发展乡村休闲旅游业，由于地理位置优越，随着大量的城市居民要走向农村，城西片区发展三产融合具有天然的优势。发展"特色产业文化旅游业"，将藤铁工艺产品、农业产品更好地嵌入休闲旅游，带动服务业、餐饮、民宿、文化创意产业的发展，旅游业的发展又能反哺农业、藤铁工艺产业、文创产业等的发展，建立区域品牌，以及藤铁工艺品公共品牌。

（2）形象定位

将 5 个村形象命名为："信步城西，美丽城厢"。"信步"一词出自伟大领袖毛主席的《水调歌头》一词当中的"胜似闲庭信步"一句，显示出胸有成竹、大气磅礴之后的一种休闲,将心灵安放在此处。"信步"一词与城厢特色产业文化旅游示范区的气质相吻合,来到这里走走看看,胜似闲庭信步,是一种愉快的心情。"美丽"指内在美和外在美的集合,也是富和美的融合,"富"象征的工业的发达,"美"象征着农业与生态的均衡,体现乡村振兴战略中产业兴旺、生态宜居、生活富裕的三方契合,兼具经济效应、社会效应和生态效应。"信步城西,美丽城厢"体现当代人对经济与生态,资源与环境,工作与生活等美好事物的追求,并对当地人的生活品质和生存环境的提升负责,体现了和谐的经济—生态—人文系统。

(3)功能布局

根据产业、文化、旅游资源的特点和分布状况,结合地形地势及土地利用状况,充分考虑 5 个村发展条件,兼顾经济文化的一致性、管理的统一性及线路安排的需求,将五个村产业功能空间布局确定为"一带串联、双核引领、四区联动"。"一带"为蓝溪支流——沿河生态景观带,串联 10 个村;"双核"为藤铁工艺产业文化示范区、六君岩风景区;"四区"为:休闲康养度假区、科普教育区、藤铁工艺产业文化示范区、传统文化保护区。通过沿河生态景观带串联,10 个村资源共享、优势互补形成一个农业产业带,生产、生活、生态、生意"四生融合"形成特色产业文化旅游生态圈。一是可以打造以藤铁工艺为主的藤铁文化旅游区,如手工艺一条街,藤铁工艺品展示中心、藤铁工艺作坊。可参考日本长崎水果巴士、来自 Fantasy Wire 的仙女精灵,结合九州采摘果园,以藤铁产品为原材料设计水果造型的巴士站以吸引游客。打造藤铁艺术品品牌,设计藤铁公共品牌形象,如"铁精灵"。二是打造以团结水果合作社为主的休闲农业观光区,结合果蔬采摘、休闲垂钓项目,如雅兴村草莓百香果采摘基地。三是打造文化旅游区。规划铁观音茶文化体验旅游区(中远期)、宗教文化保护区、有特色的藤铁民宿、以党建为主题的观光公园、文化教育科普园,如为游客提供"传统闽南民居＋藤铁工艺"的特色民居住宿体验,并为当地村民创造就业机会。民宿内提供当地特色农家菜,铁观音茶、当地特产果蔬,带动村民增收致富。

7.3.4 5个村三产融合发展建议

(1)藤铁产业"旅游化",建设藤铁工艺文化产业园

充分利用现有的旅游资源发展以藤铁工艺产业为主的特色文化旅游项目,打造集研发设计、原辅材料、生产加工、物流贸易、电子商务、展示宣传为一体的特色产业文化示范园区(见图7-3)。同时致力于藤铁工艺的技术创新,提升藤铁文化属性,解决企业长远发展之需。如将现有质量较好的传统民居改造为民宿,民宿内家具(床、茶几、桌子等)、装饰品采用藤铁工艺制造,全面展示藤铁工艺品的魅力,为游客提供"传统闽南民居+藤铁工艺"的特色民居住宿体验,并为当地村民创造就业机会,打造出藤铁特色,走进景区、民宿、酒店等大街小巷,犹如藤铁工艺的展示馆、博物馆,游客可自行购买喜爱的藤铁工艺产品。

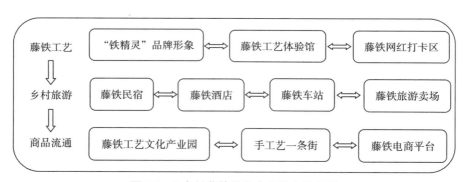

图7-3 5个村藤铁特色产业融合构想图

(2)夯实产业基础,做精特色文章

创新是产业发展的生命力,创意是工艺产业的灵魂。在后期的建设发展过程中应该首先致力于藤铁工艺产品的技术创新,着力建设乡村休闲旅游其中融入藤铁工艺元素,设计出更多有新意、有故事、有文化,兼具经济价

值和极度鉴赏功能的藤铁工艺产品,让安溪游客记住安溪的藤铁特色。同时将藤铁工艺产品与文化嵌入农业产品,尤其是旅游服务业中,结合"双铁特色",满足游客多元化、差异化、特色化的旅游消费需求,利用区域内休闲旅游的宣传功能,也能反向促进藤铁工艺品的销售与发展,提高品牌知名度,进一步带动区域藤铁工艺品的发展,资源反哺,推进藤铁工艺品牌战略,加强品牌宣传,创新品牌管理,提升品牌价值,最终实现打造旅游目的地强势藤铁品牌形象,增强地区整体竞争实力。

(3)培育多元化融合主体,分工明确

产业融合发展业态创新活跃,产业边界模糊,经营主体多元化,若没有明确的分工协作,缺乏机构和职能保障,产业融合将变成一句空话,即所谓的"热情高、经验少、效益低"。分工协作包含了政府、村集体、企业、合作社、家庭农场与农户之间,包含了各村落与村落之间。要加快培育各方人才,定期召开研讨会加强多元化融合主体间的沟通与互动,加强融合的过程跟踪,建立差异化的融合考评机制,细化融合任务,责任到人。对新型经营主体进行培训,以专业大户、家庭农场和家庭林场主、农民合作社骨干等为重点,加大农村实用人才和新型职业农民的培育力度,增强新型经营主体"农业强、农村美、农民富"的辐射带动能力。

7.4 古田县际面村桃产业融合的 SRM-W 分析

党的二十大报告指出,要坚持以文塑旅、以旅彰文,推进文化和旅游深度融合发展。习近平总书记就文化和旅游工作发表的一系列重要论述,科学回答了事关文化建设和旅游发展的方向性、根本性、全局性问题。2023 年中央一号文件指出,要建设宜居宜业和美乡村,发展乡村旅游休闲等生活服务。福建省作为全国 GDP 排名第 7 的东南沿海大省,居民购买力强、旅游意愿强。由图 7-4 可知,福建省旅游人次逐年上涨,2019 年已超过 5 亿人次。受疫情影响,2020—2022 年有所下降。2023 年初,随着疫情逐渐得到控制,旅游业也会呈现回暖趋势,甚至有些地区在疫情结束后出现"报复性旅游"的局面,2023 年城市周边的乡村旅游也将迎来春天。

图 7-4 2016—2021 年福建省国内旅游人数及旅游收入

"桃之夭夭,灼灼其华",乡村桃文化旅游既带给人赏心悦目的五感体验,又有美好的人文寓意,不仅能满足城市居民度假旅游的美好愿望,而且可以促进乡村产业结构升级和业态拓展。笔者以福建省古田县际面村为例,分析了桃文化旅游示范区发展条件和痛点,并基于 SRM-W 分析模式提出一套可在福建省范围内推广复制的乡村桃文化旅游策划理念和模式。通过提炼桃产品文化意向、重塑桃产品美学形象、汲取人文精粹、筑造桃产品文化软实力,打造乡村桃文化旅游新模式,以为相关桃文化旅游建设区提供参考。

7.4.1 案例简介

福建省乡村有丰富的桃产业资源,对桃文化旅游有着较强烈的现实需求,但现有乡村桃文化旅游策划方案同质性较强,"从众"问题突出,系统性不足。笔者基于福建省内 30 个桃景点旅游村调研发现,乡村桃文化旅游的策划与设计具有较大的市场前景。基于此,提出一套可在福建省范围内推广复制的乡村桃文化旅游策划理念和模式,并与国家 AA 级旅游景区宁德市古田县凤都镇际面桃园风景区开展实质性合作,进行桃文化旅游示范区的现实打造。同时提供桃文化旅游景区创意策划套餐,以为其他地区的桃文化旅游景区创意策划提供参考。

项目团队以古田县际面桃园风景区为媒介,打造样板村"桃之夭夭——桃文化旅游示范区"。古田县凤都镇际面村桃园风景区位于凤都镇东南,满山翠绿、桃李芬芳,倚靠五华山,景区群山环抱;拥有千亩桃园、桃园种植基地、桃花观赏道、桃园主题一条街、江作宇故居、古厝等旅游景点。水蜜桃是际面村的主导产业,种植面积达 2600 多亩,年综合产值 2 亿多元。

福建省桃花种植面积超过 10 万亩,有大大小小近 60 个桃树景点,但桃景观规划设计过于盲目,随意性大,自发性强,缺乏引导与企业合作,"从众"问题突出,系统性不足,难以体现当地特色。在调查省内 30 个桃旅游村的基础上,项目团队选取了较有代表性的省内桃花点进行概况介绍。

7.4.2 桃产业融合发展基础

7.4.2.1 前景分析

福建省乡村有丰富的桃产业资源,对桃文化旅游有着较强烈的现实需求,但现有乡村桃文化旅游策划方案同质性较强,"从众"问题突出,系统性不足。基于福建省内 30 个桃景点旅游村调研,笔者发现乡村桃文化旅游的策划与设计具有较大的市场前景。

近年来福建积极推动乡村文化旅游融合发展,依托休闲农业等建设了一批乡村旅游示范基地,为际面村的旅游业发展带来了机遇。同时,福建省休闲观光度假游客数量稳步上升,乡村旅游市场需求也逐步形成,虽受疫情影响产生波动,但整体发展势头仍较为强劲。

际面村桃文化旅游发展仍处于初级阶段,其所属的凤都镇正不断加强环境保护和生态建设,坚定走生产发展、生活富裕、生态良好的文明发展道路,推行绿色循环低碳生产方式,倡导节约健康环保文明生活方式,不断提高生态文明水平,努力实现经济、社会和生态效益有机统一。

7.4.2.2　古田县际面桃文化旅游发展条件分析

福建省古田县凤都镇际面村具有良好的桃产业文化旅游融合发展的基础:其一,较强的产业优势。村民主要从事桃、李等水果种植,水蜜桃种植面积达 3600 亩,有"白凤""朝霞"等品种。该村立足农业产业优势,实施乡村振兴战略,启动千亩现代农业示范园区建设,积极培育"五华园"水蜜桃、"凤谷"绞股蓝等农民专业合作社和"大野山"银耳等农产品生产加工企业。际面村充分发挥自身特色,着重打造现代农业示范区,建设有集"水蜜桃种植、农业观光、采摘体验、旅游购物"为一体的"农业观光型"旅游景点,通过举办"桃花节""采摘节"等活动,带动农业增效和农民增收。其二,较强的地理位置和生态旅游资源优势。际面村毗邻县城,福州市区驾车至际面村 1 小时车程,是古田县"美丽乡村"建设示范区,城市居民节假日回归乡村的渴望较为强烈,对三产有巨大的刚需。同时,际面村有各种系列的地文景观、生态水域景观、旅游商品和人文活动,是发展乡村旅游业的优良之选。古田县桃种植和旅游发展数据如表 7-7 所示。

表 7-7　古田县桃种植和旅游发展数据

年份	2012	2013	2014	2015	2016	2017	2018	2019	2020	2021
桃种植年末实有面积/亩	27185	29065	28888	29308	29419	28850	29367	34583	34388	31549

续表

年份	2012	2013	2014	2015	2016	2017	2018	2019	2020	2021
桃产量/吨	23134	26475	19842	25368	25547	26345	27502	27813	29368	30639
桃采摘面积/亩	24791	25944	24457	25974	26274	25362	28896	34542	33803	30847
当年桃新种植面积/亩	395	1903	1112	300	/	80	197	192	689	861
国内旅游人数/万人次	/	/	/	88.55	106.72	129.93	166.15	205.83	158.28	401.89
国内旅游收入/亿元	/	/	/	5.69	7.36	10.11	13.97	19.13	14.51	33.39

数据来源:古田县统计年鉴。

7.4.2.3 桃产业公地分析

笔者团队将际面村特色桃产业文化与乡村旅游充分结合,在际面村已有的万亩桃林、群山、古村古厝、红色基地、娱乐性观光采摘条件等基础上设计了一系列桃文化旅游产品和特色项目,涵盖美食、民宿、DIY 体验馆、拍照写真、传统服饰体验、文化体验、交友、祈福文化等,以此融合一二三产业,更好地带动当地经济,打造具有观赏、娱乐、生活与文化熏陶游学等体验功能的"世外桃源"。乡村以桃为形、花为心、山为轴、路为线、屋为情、湖为面、厝为点营造桃色浪漫、桃色彩虹、桃色童话、桃色哲思等旅游意境。通过万亩桃林、群山环抱、古村古厝、红色基地、娱乐观光采摘等际面现有实景,集娱乐、观光、采摘、度假、修身养性为一本,打造流水落花、古韵悠悠、桃色浪漫等景区新概念,旨在为市民提供一个修身养性和爱情体验浓厚桃文化的度假之地。游客通过观光体验、桃加工产品 DIY、桃采摘、桃下祈福、华夏服饰体验馆、桃园相会等系列旅游商品和活动,充分感受桃文化风景、生态景观等际面特色产业文化与旅游融合。

桃花是原产于我国的传统名花名树之一,桃在植物学上属于蔷薇科李属桃亚属落叶小乔木,分为果桃(简称"桃")和花桃(亦称"桃花")。目前桃花不仅美化了我国城市景观,改善了生态环境,提高了人民生活质量,且在风景名胜区建设、发展旅游经济中发挥着很大的作用。随着我国经济的发展,继承和发扬祖国优秀的园林艺术文化遗产,充分发挥我国特色的观赏植物资源,创建有中国特色的园林已势在必行。

7.4.2.4 桃产业融合竞争市场分析

福建省桃花种植面积超过10万亩,有大大小小近60个桃树景点,但桃景观规划设计过于盲目,随意性大,自发性强,缺乏引导与企业合作,"从众"问题突出,系统性不足,难以体现当地特色。笔者团队在调查了省内30个桃旅游村的基础上,选取了较有代表性的省内桃花点进行概况介绍,如表7-8所示。

表7-8 福建省内部分桃花景点考察概况表

序号	福建桃产业村	桃产业运营主体	桃产业融合基本情况
1	三明永安市龙共村	村集体+农户	礼品桃种植、加工,缺少企业引导,销售渠道少,主要为果农自产自销
2	宁德福安穆阳虎头村	村集体+农户+企业	桃产业开发程度较高,水密桃鲜食加工为主,加工设施较为完善,但产业链较短,产品附加值不高
3	福州永泰埕头村	村集体+农户	农户种植采摘水蜜桃,种植面积小,种植点分散,且种植技术较为落后,导致效率较低
4	连江县东湖镇六福村	村集体+农户	桃品质较好,政策大力支持其种植,但桃产品还处于鲜食桃售卖,加工程度低
5	宁德蕉城区桃花溪村	村集体+企业	大力发展红色旅游,建设展陈馆,文化氛围浓厚,但对桃树利用程度低,经济效益较低
6	厦门灌口镇长春谷	村集体+企业+农户	观赏性树种丰富,不局限于桃树,且种植面积大,观赏价值极高,但忽视桃产品开发,还有较大发展空间
7	福州闽侯县大湖乡	农户	农户自发性种植桃树,种植面积不大,由于缺乏引导,经济效益不高

续表

序号	福建桃产业村	桃产业运营主体	桃产业融合基本情况
8	泉州永春县北溪村	村集体＋农户	桃树种类多,注重提高桃树的观赏价值,引进新型品种,水蜜桃加工程度低
9	泉州德化县南埕镇	村集体＋农户	交通相对便利,美食丰富,三百亩桃树呈八卦阵,景观良好,基础设施较为完善,但整体开发程度低
10	漳州长泰县山重村	村集体＋农户	四季皆有观赏性花朵,不仅仅依赖于桃花,游客数量较多,桃产品处于初级开发阶段
11	三明沙县小洋村	农户	品黄鳝与赏桃花为当地特色,主要开发黄鳝相关食品,对桃树利用程度不高
12	南平延平溪源峡谷	村集体＋农户＋企业	已被开发为景点盈利,百亩桃花作为观赏性植被,桃产品加工涉及少
13	宁德古田县际面村	村集体＋农户	桃树近三千亩,水蜜桃品质好,销量高,但仍停留在初级加工阶段,产品附加值低

7.4.3 旅游消费预测分析

际面桃园风景区于 2022 年 11 月被认定为国家 AA 级旅游景区。从旅游消费来看,消费项目主要为彩虹滑道、农家乐和土特产购买等。从游客类型来看,景区的基础受众为福州市和古田周边县域的客源,福州市区自驾至景区仅 1 小时车程,存在大量的潜在需求。凤都镇目前人口约 3 万,一般公共预算总收入居全县前茅,经济稳步增长。人民生活水平的提高和经济发展给际面村的旅游业提供了良好发展机遇。表 7-9 为笔者团队结合际面村实际情况做出的游客数量预测。由预测数据来看,际面村游客基数较大,虽在疫情防控期间受到一定影响,但仍有广阔的发展空间。

表 7-9 际面村游客预测量表

阶段	近期			中期			远期
年度	2023	2024	2025	2026	2027	2028	2033—
凤都镇游客预测量（单位:万人）	10.9	11.3	11.9	12.6	13.4	14.3	20

7.4.4 桃产业融合发展定位及功能分区

本项目立足已有的资源优势和辅助条件优势,主动融入际面村发展规划和格局,并整合其他行政村的各种自然生态、文化资源和有利条件,开发了系列桃文化旅游产品和活动。

(1)桃之夭夭——密室区

①充分发挥桃树的经济价值,把容易被忽略的部分例如桃树树脂和桃花等加工成健康食品,迎合当代人的养生需求,如养生桃胶、桃花茶、桃花膏、桃花酒、桃罐头、桃干等绿色生态食品。可采取线上与线下相结合的销售方式,打造当地品牌,建设公共产品。

②目前景区的纪念品同质化严重,缺乏有颜值有内涵的纪念品,独特并具有特色的纪念品更容易吸引游客注意,提高游客的购买欲望。可将已逝的桃花永远封存,做成桃花香囊和精美纪念品滴胶、永生花、桃花符等,延伸其美学价值。

③开发桃花发簪、桃花扇、桃花杯、桃木剑、桃摆件和桃花钥匙扣等衍生品,纪念品的外形由团队结合当地桃文化进行设计,让桃花的价值延伸到装饰品、日用品,在展示古田县际面桃园景区文化的同时对景区内商品进行完善和丰富。

（2）桃之夭夭——体验区

①户外体验——水蜜桃采摘

际面村水蜜桃闻名遐迩，具有技术、规模、品牌和品质优势，品种以白凤、大久保、甜桃、朝霞为主，可联合有关部门举办水蜜桃采摘节。对于景区内现有的果树，可对其进行适当改造，使其兼具观光休闲、采摘品尝、果品销售多重功能，让游客在领略水果采摘的乐趣、体验际面村淳朴民俗的同时，加强游客与景区的连接。具体建议如下：一是在果园内合理布设供游人休息的亭、廊、桌、凳等；二是疏除一些果树，换植部分观光园艺类植物，设立观赏区、休闲区、采摘品尝区等，提高参与性和趣味性；三是采用生态果园管理模式，尽量使用生物农药和有机肥料，生产出安全、营养、无污染的绿色食品，迎合游人对绿色食品的需求。

②桃下祈愿

桃花自古以外便有"桃花运""长寿""福"等含义，因此，在桃花盛开之际，可安排景区挑选长势良好的桃树来承载游客们的美好愿望，引导游客们购买祈福条并写下自己的心愿而后挂于树上完成祈愿。因桃花花期短暂，且易受自然环境影响，所以在非桃花花期时，可在景区放置仿真桃树用于替代真实桃树来满足游客祈愿的需求。

③华夏服饰体验馆——感受传统文化汉服之美

中国传统服饰是中华民族乃至人类社会创造的宝贵财富，被誉为中国国粹。可建设体验馆展示并提供汉服租赁和拍照服务，让游客得以于漫天桃花纷飞之际体验古人的浪漫，同时宣传中华传统文化，感受传统服饰之美。

④桃园相会

古往今来，桃花的象征之一就是爱情，春天既是桃花怒放之际也是青年男女爱情萌发之时，而由桃花构成的春光充满了无限的浪漫与生命力。可于桃园布置浪漫场景，举办"桃园相会"活动，给予年轻男女自由寻求爱情的体验,参加者填写报名表后即可参加活动寻找心仪的对象,助力游客邂逅缘分,丰富游客的体验感。

⑤DIY干花装饰画

手工制作可以启发孩子的创造性思维以及想象力与创造力,培养孩子认真观察、动手动脑以及耐心细致的好习惯;也可以让成人暂时远离喧嚣,静静沉浸于手中那一方小天地,感受难得的童趣。将桃花制成干花用于DIY,不论是作为亲子活动还是与亲朋好友或伴侣一起体验都很合适,比如将干花拼成与自己有关的形象,如自己名字的缩写、自己的生日、某些特殊纪念日等等,制作完的成品可以裱好作为纪念品。

⑥策划"桃花节""采摘节"系列主题活动

三月的际面村浸染在大自然的色彩之中,抬眼望去尽是粉白色的桃林和墨绿色的山体。每年的桃花节便是大自然在春回大地之时为人们准备的一场人与自然万物和谐相处的视觉盛宴。人们不仅可以沉醉在奇异自然风光的美色之中,更能体会到在自然景观的映衬下绚丽多姿的人文景观魅影。桃花节期间还有农家风味小吃品尝、摄影采风、舞台晚会等一系列活动。整个活动将自然风光与人文景观结合得恰到好处,成为旅游活动的亮点。以桃花节为契机,以政府主导、社会参与文化搭台、经贸唱戏的方式,通过开展一系列活动,不仅可以对外展示该村丰富的桃源资源、桃文化,还可以展示新农村建设的新面貌、新发展。

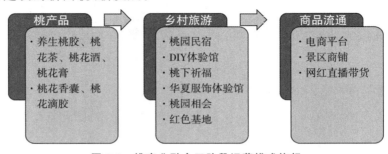

图 7-5　桃产业融合三阶段运营模式构想

7.5 农村三产融合发展的现实困境

第一,产业公地未充分挖掘与培育。部分农村地区三产融合总体发展战略模糊,基本条件和自身功能定位不清晰,可共享的产品、技术或服务即产业公地不易识别,导致关联度低,造成"拉郎配"式融合。如何结合自身的优势产业、文化、生态基础,挖掘与其他区落或者跨产业的企业间可共享的产品、技术或服务,以此将彼此关联,是建构农村三产融合关系纽带的重要突破口。有些农村地区特色产业发展相对独立,农业特色产业、文化创意、旅游服务业没有太多交集,没有有效地将特色产业及其特色文化嵌入其他产业中,做到产业间相融。

第二,资源碎片化,主题不聚焦。许多农村地区三产融合缺少规划,或者规划设计上资源碎片化,重点不突出,层次不分明,主题不明确。乡村景观设计上也缺乏对现有资源的盘点、聚焦与升华,特色产业文化元素提取不够,无法折射出乡村传统文化和特色产业文化的生产、生活、生态空间,缺乏集主题性、游憩性、本土性的空间物象。许多农村地区拥有强劲的产业基础,丰富的生态景观、旅游商品和人文活动,但资源分布零散,总体呈现出小、散、不均的特点。如"六君岩"休闲旅游项目、码头区"观音山风景区""团结水果合作社"的水果采摘项目、霞保区的特色民宿和茶文化体验区、雅兴和冬青区的工业文化,尤其是藤铁工艺文化,这些都可作为旅游产品进行开发和联结,使不同主体相融合,形成有效的利益共同体。

第三,推动跨产业的分工合作没有大规模发生。协作本身就是许多人的聚集以及"行动的同时性",不是融合决定了分工,而是分工与专业化促成了融合的发生。但农村三产融合中,分工的前提基于区域总体发展的基本定位、战略思路、功能分区,才能各司其职。有些规模大、实力强、理念新,尤其是拥有产业公地的农业新型经营主体只是"自扫门前雪,不管公家田",不愿发挥领军企业或组织协同的作用。另一方面,农业经营主体和农户有时候也会出现"一头热、一头凉"的局面,由于农户素质参差不齐,农业劳动力老龄化、低学历等特征明显,二者在合作上存在一定难度,若无有效组织或者合理的收益分配方案,实质性的合作难以开展。在工农旅产业融合发展未清晰定位的前提下,政府、农业企业、旅游企业、家庭农场、合作社、农户参与产业融合的主体角色不清晰,责任不明确,彼此间关于产业融合发展问题的交流沟通机会也较少,跨产业的分工合作也没有大规模地发生。要想实现产业与产业间的融合,最终还需落实到职能和机构的保障。运营主体间的分工与协作可以在一定程度上推进五区产业融合工作的落地与实施。

第四,缺乏一套完善的三产融合成效考核体系。农村三产融合的持续发展有赖于科学的评估体系的建立。目前福建省有开展对农村产业融合示范园的评估工作,但对于非示范区的农村三产融合成效则难以量化和评价,且现有的一些考核办法侧重对于农村三产融合结果的考核,而对过程的考核有所欠缺,即缺乏一个过程导向机制的建立。有学者研究了云南、新疆、湖南等省份的三产融合评价指标体系,但福建省农村三产融合测度尚缺乏相关理论研究。

第五,农村三产融合收益分配机制尚不健全。农村三产融合产业间利益联结不紧密,农民组织化程度低,农民与农业企业和合作社的订单缺少法律约束力,履约率不高,双方效益尤其是农民效益得不到有效保障。现有的理论研究和实践大多没有体现出农村三产融合的合作收益分配问题。部分有条件的企业、合作社同时实施第一、第二、第三产业,且分别交由不同人分管,但年终绩效中又没有体现出基于贡献或者基于最大满意度的合作收益分配。更为科学的三产融合合作收益分配方法有待提出,以促进三产融合演进的持续性和有序性。

以桃产业融合为例,福建省乡村旅游开发主要存在以下痛点:一是国内乡村旅游业过分依赖农业资源,受自然因素影响较大,开发模式单一,产品同质化现象普遍,缺少个性化、差异化的桃文创产品。二是乡村旅游在发展过程盲目追求城镇化、洋化、高档化,以"生态、绿色"为核心的吸引力逐渐弱化。三是桃文化旅游运营管理人才缺乏,研发服务能力弱。针对上述痛点,我们对症下药,不断深挖样板村际面桃园风景区现有优势,在注重生态绿色发展的同时,迎合市场需求,把生产性桃园打造成为集观赏、娱乐、生活与文化熏陶游学等体验于一身的"世外桃源"。

8 福建省农村三产融合成效分析

实践证明,农村三产融合是促进农业增效的长效机制,是拓宽农民增收渠道的有效途径。农村三产融合发展有效延长了农业产业链,提升了价值链。作为供给侧结构性改革的着力点,农村三产融合是我国应对农业经济资源禀赋变化的战略性调整。农村三产融合是三农发展的重要方向,是农民增收的重要支撑,是现代农业产业体系的重要举措,以及探索中国特色农业发展道路的必然要求。农村三产融合深度与广度的进一步加强,是扩大农村消费、增加农民收入的重要手段,它将农业第一产业的生产、第二产业的加工、第三产业的流通、服务以及互联网和文化创意产业融合一体化,能给农民带来更多附加值。

历经融合的各个过程,当摸索着走过融合的探索期,步入融合的启动期,迈入融合的发展期,实现融合的成熟期之后,农村三产融合的成效如何,达到了何种效果,这些都需要科学的测评,从而构建农村三产融合成效测度指标体系,并以此推断相关融合过程设计的合理性,进而引导农村三产融合健康持续发展。

8.1 农村三产融合成效及成效测评的内涵

农村三产融合实质上是农业进入既定的创新系统的新平衡,需要新的经济管理概念、工具、模式来应用和评价这个范畴,借助相对科学的评价指标体系,以此来检验农村三产融合发展的融合进程和成效,推动农村产业结构转型升级。农村三产融合的成效评价具有必要性、典型性和复杂性的特点,由于融合主体不一,各方政府、村集体乃至农业合作社、家庭农场都在从事农村三产融合活动,融合主体的不清晰导致农村三产融合的成效评价多样化。

在衡量产业融合方面有两大趋势(Geum et al.,2012;Xing et al.,2011)。一种是衡量产业间的相关性,作为理解产业多样化以及多种功能实现的一种表达(Fan et al.,2000;Gambardella et al.,1998),另一种是衡量知识/技术相关性(Breschi et al.,2003;Joo et al.,2010),如测量设计中采用 Herfindahl 指数、熵、同心度量等来测量(Xing et al.,2011),但这些侧重于研究产业融合中的进化模式,没有解释通过相互作用在各个产业之间发生的内部、结构关系。田聪华、韩笑(2019)构建了新疆农村三产融合发展综合评价指标体系,运用德尔菲法与层次分析法计算指标权重,结果表明,新疆已具备发展三产融合的基础,但其关键薄弱项在于公共基础设施的不完善,以及欠发达的经济水平制约了农民组织化程度的提升与农业科技的研发投入。如陈慈等农村产业融合的评价一级指标从农村产业融合行为、融合发展的经济社会效应两个方面来评价,二级指标从农业产业链延伸、农业多功能拓展、农业服务业融合、农业增收与就业促进、农业增效、城乡一体化六个方面评价,然而其评价对象以宏观对象为主,较少有研究以村为单位构建村级的三产融合评价指标。我国疆域辽阔,地区之间在地域特征、气候、经济水平、产业基础等显著差异也会制约评价指标体系应用的科学性及客观性。由于一般的村庄部分信息没有进行统计,数据分析也缺乏现成的统计年鉴,因此大都需要通过调查、访谈、数据登记报表等来获得,这对评价指标设计的细化、可测度性、准确性提出了更高的要求。福建省耕地资源稀缺,土地资源走精细化、集约化发展的道路,其保持农村经济稳步提升的主要举措之一就是加快三产融合的深度与广度,提升农业的多重功能,并取得了一定成效,对福建省以村为单位的三产融合成效测评研究具有重要的理论意义及实践意义，然而目前还鲜有围绕此方面的研究，有待日后进一步充实。

本书旨在构建一套以村为评价对象的农村三产融合成效测评指标体系，在前人研究的基础上筛选指标并适当增删，主要考虑了融合过程中的两个方面，一是"关联性融合"，表现为农业与二三产业之间的关联程度，具体表现为产业链延伸分析、农业多功能性分析、服务业融合三个指标层。二是"融合结果"，包含增收与就业、生态效应两个指标层。指标的选择遵循全面性、前瞻指导性、科学实用性、可操作性、系统性的原则。

8.2 融合成效测评指标体系的构建及评价方法

本章着重探讨融合成效的测度，旨在构建一套以村为评价对象的农村三产融合成效测评指标体系，在前人研究的基础上筛选指标并适当增删，考虑了融合过程中的两个主要方面，一是"关联性融合"，表现为农业与二三产业之间的关联程度，具体表现为产业链延伸分析、农业多功能性分析、服务业融合三个指标层。二是"融合结果"，包含增收与就业、生态效应两个指标层。

8.2.1 评价对象

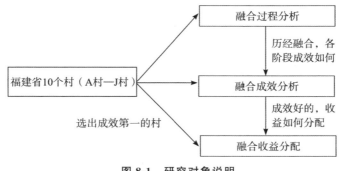

图 8-1　研究对象说明

本章所评价对象是上一章所阐述的 10 个村（A 村—J 村）。10 个村历经融合的各个过程，摸索着走过融合的初探期，步入融合的发展期，现如今融合的成效如何，达到了何种效果，需要有效的评价指标体系。

8.2.1　指标选取及体系构建

当前关于农村三产融合的发展水平测度相关研究中，学者们对评价指标体系的准则层设计并无统一范式，但在指标的选取有部分重合，为了更全面系统地评价福建省农村三产融合程度，本书在综合前人研究成果的基础上，以村为研究对象，选择从产业链延伸、农业多功能性发挥、农业服务业融合、增收与就业、生态效应五个维度来衡量各村的三产融合成效测评。在指标细化上，本书筛选了已有的高质量高水平文献中出现频率较高的指标，并在此基础上，结合笔者观点，做进一步扩展补充。福建省农村三产融合发展成效测度指标体系如表 8-1 所示。以下分别对各项指标进行分析。

表 8-1　福建省农村三产融合发展成效测度指标体系

目标层	准则层	指标层	指标含义	单位	属性
农村三产融合测度	农业与二三产业的关联互动（融合过程）　产业链延伸	农产品品牌化 $X1$	品牌化产品占农产品总产值比例	％	正向
		农业机械总动力 $X2$	农业机械总动力	千瓦	正向
		农业从业人数占劳动力总比重 $X3$	农业从业人数/劳动力总比重	％	正向
		土地适度规模经营 $X4$	土地流转等规模化经营占土地总面积的比例	％	正向
		农业新型经营主体数量 $X5$	专业大户、专业合作社、股份合作社、家庭农场、农业产业化经营企业的数量	个	正向
		农业企业实力 $X6$	规模以上（年产值百万以上）的农业经营主体数量	个	正向

续表

目标层	准则层	指标层	指标含义	单位	属性
农村三产融合测度	农业与二三产业的关联互动（融合过程）				
	农业多功能性发挥	休闲农业年营业收入 $X7$	乡村休闲农业年经营收入	万元	正向
		农村二三产业从业人数占比 $X8$	二三产业从业人数占总人口比例	%	正向
		农业文化旅游资源数量 $X9$	乡村拥有的自然景观、建筑景观、人物景观的数量	个	正向
		休闲农业年接待游客数 $X10$	乡村休闲农业场所年接待游客的数量	人次	正向
	农业服务业融合	农产品电子商务交易额 $X11$	农产品通过电子商务渠道的年销售总量	万元	正向
		农产品加工、培训、技术检测研发、物流配送 $X12$	拥有农产品加工、培训、技术检测研发设备、物流配送点的场所数量	个	正向
		农村居民宽带普及率 $X13$	农村住户宽带进入户数/农村住户总数	%	正向
		涉农贷款总额 $X14$	金融机构或龙头企业发放的涉农贷款总额	万元	正向
农村三产融合效应（融合结果）	增收与就业	农业新型经营组织带动农户数 $X15$	农业企业、合作社、家庭农场等带动的农户数	%	正向
		乡村新创企业数 $X16$	乡村新创农业企业、家庭农场、合作社的数量	个	正向
		农户资产性收益 $X17$	以土地、林地入股参与合作社农业企业经营的农户数量	个	正向
	生态效应	乡村公共环境满意度 $X18$	村民对公众环境满意的人数/不满意的人数	%	正向
		绿色农业、有机农业种植面积 $X19$	农业经营主体或农户进行生态行为的种植面积	公顷	正向
		化肥和农药使用强度 $X20$	（化肥使用量＋农药使用量）/耕地面积	%	正向
		农业废弃物资源化用 $X21$	农业废弃物（如畜禽粪污、稻秆等）资源化利用比例	%	正向

(1)农业产业链延伸:是指以农业为依托,向二三产业的延伸、交叉,将农业种养加、产供销、农资农机、科研服务有机联结为一体。当前,农业产业链延伸的重点是农产品品牌化、农业机械总动力、土地适度规模经营,农产品品牌化决定了乡村农产品的知名度、美誉度与市场效益情况,易于成为农村三产融合中的主导产业,农产品品牌化程度也是农业企业实力的表现,主导产业将为农村的产业间融合提供重要的前提支撑。农村主导产业的品牌化发挥需要通过土地的适度规模经营。农业机械总动力反映了农业机械化程度与农户现代农业装备采纳广度,是衡量农业现代化水平的一个重要指标,而农业的现代化水平提升以及产出能力增强是释放大量农村剩余劳动力的前提条件。农业从业人数占劳动力总比重也是衡量农业产业链延伸长度与宽度的一个标志,因此农村产业链延伸准则层用农产品品牌化、农业机械总动力、农业从业人数占劳动力总比重、土地适度规模经营比例、农业新型经营主体数量、农业新型经营主体数量 6 个指标来衡量,其中农产品品牌化指的是品牌化产品占农产品总产值比例,土地适度规模经营用土地流转等规模化经营占土地总面积的比例表征,农业新型经营主体数量用专业大户、专业合作社、股份合作社、家庭农场、农业产业化经营企业的数量表征,农业企业实力指规模以上(年产值百万以上)的农业经营主体数量。

(2)农业多功能性发挥:农业多功能性的发挥涵盖了经济功能、文化功能、生态功能、政治功能和社会可持续功能的考量,因为经济功能和生态功能在其他准则层有兼顾,因此本书重点将福建省农业多功能性的考察落在休闲农业和乡村文化旅游,因为休闲农业和乡村文化旅游力推了产业、文化、生态、休闲、旅游、娱乐和社会功能的发挥,因此农业多功能性发挥评价选取了休闲农业年营业收入、农村二三产业从业人数占比、农业文化旅游资源数量、休闲农业年接待游客数四个指标,其中农业文化旅游资源数量指的是乡村拥有的自然景观、建筑景观、人物景观的数量。

(3)农业服务业融合:农业服务业融合指为农业产前、产中、产后提供服务的部门,包括产前的生产资料、农资农机、农业科技信息服务以及农产品流通与销售服务、基础设施服务等。本书重点考虑了农产品电子商务交易额,农产品加工、培训、技术检测研发、物流配送,农村居民宽带普及率、涉农贷款总额这四个指标,其中农产品加工、培训、技术检测研发、物流配送用乡村拥有农产品加工、培训、技术检测研发设备、物流配送点的场所数量来表征,农村居民宽带普及率的计算方式为农村住户宽带进入户数/农村住户总数,涉农贷款总额为金融机构或龙头企业发放的涉农贷款总额。

(4)增收与就业,乡村振兴作为我国战略性举措,农村三产融合是其重要抓手,其最终效益必然造福人民的增收与就业的福祉,因此农村三产融合成效应着重考察增收与就业指标,如农业新型经营组织带动农户数、乡村新创企业数、农户资产性收益等,增收与就业测度选取这 3 项指标表示,其中农业新型经营组织带动农户数用农业企业、合作社、家庭农场等带动的农户数表征,乡村新创企业数用乡村新创农业企业、家庭农场、合作社的数量表征,农户资产性收益用以土地、林地入股参与合作社农业企业经营的农户数量表示。

(5)生态效应。2014 年 3 月,国务院印发《关于支持福建省深入实施生态省战略加快生态文明先行示范区建设的若干意见》(国发〔2014〕12 号),福建省获批建设全国首个生态文明先行示范区,将生态文明建设纳入各项工作的考核中。农村三产融合的产业发展必然与生态协调发展,在乡村旅游市场逐渐活跃的今天,农村生态环境应成为三产融合发展考察的重要指标。因此,与其他省份产业融合测评指标略有不同的是,本书着重考察了福建省农村三产融合的生态效应,将其纳为准则层,选取乡村公共环境满意度、乡村公共环境满意度、化肥和农药使用强度、农业废弃物资源化作为生态效应的指标层,其中乡村公共环境满意度用村民对公众环境满意的人数/不满意的人数表示,绿色农业、有机农业种植面积为农业经营主体或农户进行生态行为的种植面积,化肥和农药使用强度用(化肥使用量+农药使用量)/耕地面积计算,农业废弃物资源化指标采用农业废弃物(如畜禽粪污、稻秆等)资源化利用比例表示。

8.2.2   综合评价方法的选择

作为综合评价常用的多元统计分析方法之一,因子分析法得到了绝大多数学者的认可。因子分析模型以大量数据所反映的变量之间的相关关系作为依据,将庞杂的指标变量体系概括为几个少数几个综合因子,进而以其作为新的变量更好地解释现实问题。

本书同样将采用因子分析法作为研究方法。首先,在构建农村三产融合发展水平评价指标体系的基础上,根据细化指标,搜集相应的指标数据。其次,利用统计分析软件 SPSS 对数据进行无量纲化及负向指标正向化处理,随后将标准化的数据重新录入 SPSS,提取公共因子,得到公共因子的载荷矩阵并建立因子分析模型。最后,根据各公共因子得分系数矩阵构建因子得分线性表达式,将标准化之后的变量数值引入方程组,求取各个因子得分,在此基础上,结合公共因子方差贡献率,得出农村一二三产融合成效测评综合得分。据此,分析 10 个村得分成因,分析各村在各个指标上的具体表征,挖掘其弱势和不足,提出相应改进建议。

8.3   农村三产融合发展成效测评
——基于福建省 10 个村的测评

本章进一步对上一章的 10 个村开展农村三产融合成效评价,以此来反向检测融合路径的科学性和可行性。

8.3.1　数据来源与处理

此次测评的数据样本主要来源于 10 个村的实地调研、资料访谈等多种渠道，并对前文所示的政府工作报告，村委工作报告、村情、村志等进行了深入的分析。需要说明的是，个别乡村在个别指标的数据有缺失，在此我们以村情相近的取值替代。由于变量的原始数据的量纲和单位并不一致，并且评价指标体系的指标属性也具有差异性，因此，为了保证因子分析及最终结果的科学性，需要对标准化后的数据再进行负向属性的指标正向化处理，公示如式（8-1）、式（8-2）所示。

其中，正向指标计算公式为：

$$Z_{ij} = \frac{X_{ij} - \min x_{ij}}{\max x_{ij} - \min x_{ij}} \tag{8-1}$$

负向指标计算公式为：

$$Z_{ij} = \frac{\max x_{ij} - X_{ij}}{\max x_{ij} - \min x_{ij}} \tag{8-2}$$

式中，Z_{ij} 表示进行数据无量纲化后的指标数据，X_{ij} 表示第 i 个城市第 j 个指标的原始数据。$\max x_{ij} - \min x_{ij}$ 为 j 个指标序列的标准差。

8.3.2　因子提取与命名

在进行因子分析之前，对标准化数据进行 KMO 测度检验和 Bartlett 球形检验，KMO 检验主要是进行变量之间的偏相关系数判断，所得出的值越大则因子分析效果越佳。Bartlett 球度检验则是对相关系数矩阵进行判断，若为单位矩阵，则因子模型不可行。根据 SPSS 输出结果，本次数据样本的 KMO 检验值为 0.745，符合做因子分析的要求；同时，Bartlett 球度检验相

应的概率 P 接近于 0,在显著性水平为 0.05 的条件下,概率 P 小于显著性水平,因此可以充分拒绝原假设,得出相关系数矩阵不是单位矩阵的结论,指标变量的数据样本可以构建因子分析模型进行综合评价分析。

据此,以主成分分析法作为提取方法,遵循特征值 λ($\lambda > 1$)准则,即主成分的特征值必须大于等于 1,利用统计工具 SPSS 进行初始因子的提取,得到的碎石图如图 8-2 所示。

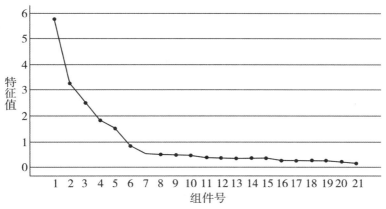

图 8-2　因子提取碎石图

关于公共因子个数的确定,以碎石检验准则作为原则,即最大公共因子个数为碎石图中曲线开始呈现扁平化趋势时的前一个点所代表的数字,根据得到的碎石图,将公共因子最大个数确定为 5,在此基础上,舍弃特征值小于 1 的主成分,结合总方差解释表(如表 8-2 所示),可知前五个因子的因子方差累计贡献率为 91.906%,符合因子方差累计贡献率大于 85% 的基准要求,说明这 5 个因子能够代表原始指标变量的大部分数据信息,故最终提取5 个公共因子。

在对福建省农村三产融合成效测评评价指标体系提取了 5 个公共因子后,进一步计算各因子在变量上的载荷,但是未经旋转的因子载荷矩阵在解释研究主题的实际意义可能会产生歧义,为了避免该问题,利用凯撒标准化方法对 5 个公共因子进行正交旋转,得到旋转后的因子载荷矩阵,如表 8-3 所示。

表 8-2　总解释方差表

成分	初始特征值			提取平方和载入			旋转平方和载入		
	合计	方差的%	累积%	合计	方差的%	累积%	合计	方差的%	累积%
1	6.573	41.080	41.080	6.573	41.080	41.080	6.241	39.009	39.009
2	3.269	20.430	61.509	3.269	20.430	61.509	2.408	15.048	54.057
3	2.193	13.705	75.214	2.193	13.705	75.214	2.391	14.945	69.002
4	1.549	9.681	84.895	1.549	9.681	84.895	2.006	12.537	81.539
5	1.122	7.010	91.906	1.122	7.010	91.906	1.659	10.366	91.906

表 8-3　旋转成分矩阵

变量	$F1$	$F2$	$F3$	$F4$	$F5$	变量	$F1$	$F2$	$F3$	$F4$	$F5$
$X1$	−0.368	−0.212	0.747	0.271	0.331	$X12$	−0.231	0.361	−0.503	0.308	−0.632
$X2$	0.769	−0.191	−0.459	0.109	0.112	$X13$	0.041	0.322	0.083	−0.229	0.857
$X3$	−0.231	0.789	0.213	−0.248	0.178	$X14$	−0.265	0.163	0.378	0.265	0.725
$X4$	−0.181	0.019	−0.519	−0.018	0.789	$X15$	−0.734	−0.056	0.154	−0.323	−0.046
$X5$	0.229	0.378	0.681	0.231	0.008	$X16$	0.628	0.138	−0.179	−0.012	0.136
$X6$	0.792	−0.162	0.209	−0.089	0.161	$X17$	0.765	−0.138	0.015	−0.168	0.145
$X7$	0.289	−0.051	−0.031	−0.571	0.181	$X18$	0.059	0.789	0.015	0.129	−0.121
$X8$	0.928	−0.181	−0.092	−0.152	−0.008	$X19$	0.038	0.748	0.029	0.038	−0.047
$X9$	0.581	−0.015	0.211	0.692	0.229	$X20$	0.081	0.786	0.024	−0.079	0.137
$X10$	0.281	0.127	−0.045	0.712	−0.056	$X21$	−0.008	0.723	−0.043	0.103	−0.025
$X11$	0.451	−0.131	0.019	−0.131	−0.681						

　　变量 $X2$、$X6$、$X8$、$X15$、$X16$、$X17$ 在第一主成分上具有较大的载荷值,说明第一主成分与农业机械总动力、农业企业实力、农村二三产业从业人数比例、农业新型经营组织带动农户数、乡村新创企业数、农户资产性收益 8 个指标显著相关,而且第一主成分的累积方差累积贡献率达到了 39.009%,

说明该成分是三产融合成效测评的主要影响因素,是核心因子。这 7 个指标代表了各地区的农业机械化应用水平、二三产业增值收益、二三产业就业带动能力,将其视作产业融合辐射能力与增值效益。

变量 $X3$、$X18$、$X19$、$X20$、$X21$ 在第二主成分上有较大的载荷值,说明第二主成分与乡村农业从业人员、公众环境满意度、绿色农业和有机农业种植面积、化肥和农药使用强度、农业废弃物资源化利用 5 个指标显著相关,这 5 个指标代表各地区的乡村劳动力生产要素供给力度,以及乡村生态宜居的建设成效,只有舒适干净的生活环境才能留得住更多的劳动力,二者具有必然的逻辑关系,故可将该因子视作劳动供给强度与生态文明成效因子。

变量 $X1$、$X4$、$X5$ 在第三主成分上具有较大的载荷值,说明第三主成分与农业品牌化、土地适度规模经营、农业新型经营主体数量三个指标显著相关,这三个指标代表各村的农业特色产业发展基础、规模与品牌化建设所产生的经济效益,故将其视作农业特色产业与规模经营。

变量 $X7$、$X9$、$X10$ 在第四主成分上具有较大的载荷值,说明第四主成分与休闲农业年营业收入、农业文化旅游资源数量、年接待游客数三个指标显著相关,休闲农业与乡村旅游作为承载农村三产融合的重要一环,拥有第三产业中餐饮住宿服务、文化创意等重要三产融合元素,这两个指标代表了各地区的粮食生产效率以及农村居民生活成本,故将其视作农业文化功能延伸因子。

变量 $X11$、$X12$、$X13$、$X14$ 在第五主成分上具有较大的载荷值,说明第五主成分与农产品电子商务交易额、农产品加工培训技术检测研发以及物流配送、农村居民宽带普及率、涉农贷款总额四个指标显著相关,这四个指标代表了各村为农业产前产后发展提供的农业服务能力,故将其视作农业生产流通服务因子。

8.3.3 因子得分计算

在进行公共因子提取与命名之后，运用回归分析计算成分得分系数矩阵，以 21 个原始变量在 5 个公共因子的系数为依据，可着手构建因子分析模型，5 个公共因子的得分线性回归方程表达式细化如式（8-3）至式（8-7）所示。

$$F1 = -0.038X1 + 0.088X2 + 0.021X3 - 0.112X4 + 0.021X5 +$$
$$0.056X6 + \cdots + 0.036X21 \tag{8-3}$$

$$F2 = -0.099X1 - 0.164X2 + 0.185X3 - 0.035X4 + 0.208X5 -$$
$$0.386X6 + \cdots + 0.425X21 \tag{8-4}$$

$$F3 = 0.298X1 - 0.257X2 + 0.082X3 - 0.211X4 + 0.180X5 -$$
$$0.067X6 + \cdots + 0.047X21 \tag{8-5}$$

$$F4 = 0.201X1 + 0.021X2 - 0.465X3 - 0.032X4 + 0.047X5 -$$
$$0.008X6 + \cdots - 0.098X21 \tag{8-6}$$

$$F5 = -0.062X1 + 0.156X2 + 0.134X3 + 0.546X4 - 0.048X5 +$$
$$0.095X6 + \cdots + 0.092X21 \tag{8-7}$$

在求得 5 个公共因子的具体得分之后，结合因子的方差贡献率以及 5 个因子的方差累积贡献率，可以进一步求得 10 个村三产融合成效测评综合得分的最终回归方程表达式为：

$$F = (F1 \times 0.38907 + F2 \times 0.15406 + F3 \times 0.14939 + F4 \times 0.12529 +$$
$$F5 \times 0.10358)/0.91905 \tag{8-8}$$

基于此式（8-8），分别求出 10 个村农村三产融合成效测评综合得分，整理之后如表 8-4 所示。

表 8-4 福建省 10 个村三产融合发展成效测评得分

村别	F1	F2	F3	F4	F5	F	综合排名
A 村	−0.02227	0.04716	−0.04967	−1.87540	−1.22418	−0.37059	6
B 村	−0.44138	−0.06719	1.58683	−0.15987	−0.51492	−0.01839	5
C 村	−1.37431	−0.61714	−1.01312	1.41528	−1.31647	−0.74017	9
D 村	−0.82692	0.16359	−0.05923	−0.06909	1.68653	−0.13934	8
E 村	−0.34628	0.82570	−0.38796	−0.89249	0.12330	−0.16453	7
F 村	1.09889	−1.88617	−1.05934	−0.40339	0.64420	−0.00511	4
G 村	−1.2376	−0.5834	−1.93245	1.63924	−1.43986	−0.80384	10
H 村	1.73114	1.50189	−0.59993	0.85444	−0.45369	0.87535	1
I 村	0.75819	−0.72219	1.67620	0.81121	0.04505	0.54044	2
J 村	−0.57706	0.75434	−0.09456	0.31941	1.01026	0.02223	3

由最终得分结果可知,10 个村三产融合发展水平综合得分前列的是 H 村,其次是 I 村,排名靠后的是 G 村,根据前文产业发展分析来看,可以看出前三个村的产业发展特色清晰,具有很好的农产品品牌效应。从地域布局与经济水平来看,10 个村的三产融合发展水平并无呈现明显的沿海城市与山区城市分门别类的地域集群特征,与各地区的经济水平也无必然联系。从各因子的独立视角来看,10 个村之间在综合得分以及单独因子得分表现具有明显差异,不同村在不同的因子得分上具有相对的比较优势,综合得分落后的村在个别因子的得分依然有较强能力,因此,有必要结合搜集的指标数据,对各村的优势劣势作深入分析,以探讨各因子的得分成因,以期寻求相应的提升路径。

8.3.4 10 个村三产融合水平得分成因

在排名靠前的 3 个村中,H 村特色产业鲜明,有很强的品牌效应,如武夷山茶全国闻名,印象大红袍实景演出也向全世界展示了武夷山的"山水茶"文化。作为世界文化与自然遗产地,武夷山的茶产业、产经济、产生态、产旅游和茶文化相融共生,无论是产业链延伸,还是农业多功能性发挥、服务业的融合、农业的增收与就业指标,都有不错的表现。改革开放以来,I村所在的漳浦县加快了对外合作的步伐,倚靠合理有效的宏观调控,在资源配置方面取得了强有力的政策支持,集聚了大量生产要素,尤其是随着近年来电子商务产业的迅猛发展,漳浦花卉产业发展日新月异,基础配套设施日臻完善,表现出较强的经济实力。排名第三的J村,依靠得天独厚的地理位置优势,加快了出口的步伐,表现出强劲的经济实力,但农业文化旅游资源有待进一步开发,海港旅游业有着广阔的市场前景。

三产融合成效居中的E、B、F、A村的因子得分特征较为相似。E村中草药特色鲜明,产业公地清晰,集康养、观光养生、教学科研、教育保护、休闲旅游、餐饮住宿为一体,有效延伸了农业产业链,拓宽了多种功能,有待进一步提高生态环境和公众的满意度。B村电子商务交易额等指标较高,然而公众环境满意度、废弃物资源利用率等指标得分较低,频繁的食用菌生产培育和市场交易活动为农村三产融合创造了源源不断的经济增长动力,但随之而来的是土地资源的恶化。F村有效延伸了产业链,有效带动了二三产业的发展,但在废弃物资源化利用方面有待进一步提升。A村的藤铁工艺及其加工、技术研发服务设施配套完备,藤铁工艺企业具有较强的实力,电子交易额、农民增收与就业等指标较高,但农业多功能、休闲农业、乡村旅游等得分较低,还有较大的提升空间。

三产融合成效靠后的是D村、C村、G村。D村的百香果产业在农业多功能发挥、生态效应等指标成效显著,但品牌化得分、农业机械化程度较低,仍较多依赖于人工,有待进一步开发以百香果为原材料的加工棚,进行研发投入,强化其在经济上的动力支持。C村注重麻竹工艺品的创意设计,在麻竹产业文化观光旅游上有很好的市场效应,永春作为农业大县,以及全国第四批"绿水青山就是金山银山"实践创新基地,农村产业融合成效显著,但农业机械总动力还比较低,反映出其农业现代化水平还有待提升,农业机械化程度不高会限制农户资产性收益、农业企业实力、农产品交易额、农产品品牌化等指标的得分。此外,农业劳动力过多依赖于人力也将使农村无法释放更多劳动力,二三产业的从业比例偏低,农村二三产业在农业中的渗透力度还需加强。G村的三产融合有待重新梳理产业公地、挖掘融合主体,进行农业产业与文化旅游等产业的交叉与渗透。随着乡村旅游带来逐渐升高的人口压力,游客与村民产生的垃圾数量成倍激增,与之相应的垃圾处理体系却没有及时加强,最终压力转嫁到生态环境,环境质量随之下降,整体的环保意识有待进一步加强,相应的环保措施亟须尽快出台。

8.4　福建省九地市农村三产融合成效测评

8.4.1　数据来源与处理

福建省九地市分别是福州市、厦门市、泉州市、莆田市、漳州市、宁德市、三明市、龙岩市、南平市。此次研究的数据样本主要来源于第三次全国农业普查公报、国民经济和社会发展统计公报、福建省及各地市统计局发布的统计年鉴以及福建农业农村厅、自然资源厅等相关部门发布的统计公报。需要说明的是,不同城市在个别指标的数据有缺失,在此以市情相近的几个城市的平均值替代。

由于变量的原始数据的量纲和单位并不一致,并且评价指标体系的指标属性也具有差异性,因此,为了保证因子分析及最终结果的科学性,需要对标准化后的数据再进行负向属性的指标正向化处理,公式见式(8-1)和式(8-2)。

8.4.2 指标的筛选与构建

相比村级层面的指标评价体系,地市级层面评价指标体系更为宏观。在表 8-1 的基础上,提炼出一套地市级层面农村三产融合的指标体系,如表 8-5 所示,相应指标的含义见 8.2 节。

表 8-5 福建省九地市农村一二三产业融合测度指标体系

准则层		指标层	单位	属性
农村一二三产业融合发展水平评价	产业基础与潜力	农林牧渔业总产值 $X1$	亿元	正向
		农业机械总动力 $X2$	kW	正向
		粮食单产产量 $X3$	公斤/亩	正向
		粮食产量占全省比重 $X4$	%	正向
		人均 GDP $X5$	元	正向
	产业延伸与增值	乡村从业人员 $X6$	人	正向
		农村二三产业从业人数占比 $X7$	%	正向
		农林牧渔服务业总产值 $X8$	万元	正向
		农村宽带普及率 $X9$	%	正向
		每年接待游客数 $X10$	人次	正向
	产业效益与分享	农村人均可支配收入增速 $X11$	%	正向
		二三产业产值经济贡献率 $X12$	%	正向
		农村居民恩格尔系数 $X13$	%	负向
		农林牧渔业总产值增速 $X14$	%	正向
		城镇居民与农村居民可支配收入之比 $X15$	无	负向
		公众环境满意度 $X16$	%	正向

8.4.3 因子提取与命名

在进行因子分析之前,需要对标准化数据进行 KMO 测度检验和

Bartlett 球形检验,KMO 检验主要是进行变量之间的偏相关系数判断,所得出的值越大代表因子分析效果越佳。Bartlett 球度检验则是对相关系数矩阵进行判断,若为单位矩阵,则因子模型不可行。根据 SPSS 输出结果,本次数据样本的 KMO 检验值为 0.745,符合做因子分析的要求;同时,Bartlett 球度检验相应的概率 P 接近 0,在显著性水平为 0.05 的条件下,概率 P 小于显著性水平,因此可以充分拒绝原假设,得出相关系数矩阵不是单位矩阵的结论,指标变量的数据样本可以构建因子分析模型进行综合评价分析。

据此,以主成分分析法作为提取方法,遵循特征值 $\lambda(\lambda>1)$ 准则,即主成分的特征值必须大于等于 1,利用统计分析软件 SPSS 进行初始因子的提取,得到碎石图如图 8-3 所示。

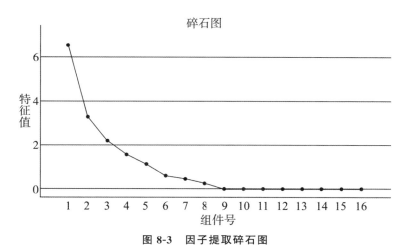

图 8-3　因子提取碎石图

关于公共因子个数的确定,以碎石检验准则作为原则,即最大公共因子个数为碎石图中曲线开始呈现扁平化趋势时的前一个点所代表的数字,根据得到的碎石图,将公共因子最大个数确定为 5,在此基础上,舍弃特征值小于 1 的主成分,结合总方差解释表(如表 8-6 所示),可知前 5 个因子的因子方差累计贡献率为 91.906%,符合因子方差累计贡献率大于 85% 的基准要求,说明这 5 个因子能够代表原始指标变量的大部分数据信息,故最终提取

5 个公共因子。

表 8-6 总解释方差表

成分	初始特征值			提取平方和载入			旋转平方和载入		
	合计	方差的%	累积%	合计	方差的%	累积%	合计	方差的%	累积%
1	8.883	42.301	42.301	8.883	42.301	42.301	8.883	42.301	42.301
2	3.886	18.505	60.806	3.886	18.505	60.806	3.886	18.505	60.806
3	2.429	11.568	72.374	2.429	11.568	72.374	2.429	11.568	72.374
4	2.247	10.701	83.075	2.247	10.701	83.075	2.247	10.701	83.075
5	1.444	6.874	89.949	1.444	6.874	89.949	1.444	6.874	89.949

在对福建省三产融合发展水平评价指标体系提取了 5 个公共因子后，进一步计算各因子在变量上的载荷，但是未经旋转的因子载荷矩阵在解释研究主题的实际意义可能会产生歧义，为了避免该问题，利用凯撒标准化方法对 5 个公共因子进行正交旋转，得到旋转后的因子载荷矩阵，如表 8-7 所示。

表 8-7 旋转成分矩阵

变量	$F1$	$F2$	$F3$	$F4$	$F5$
$X1$	−0.185	−0.098	0.506	0.046	−0.010
$X2$	0.825	0.189	−0.125	−0.225	0.383
$X3$	−0.180	0.065	0.332	0.592	0.311
$X4$	0.163	−0.241	0.271	0.158	−0.469
$X5$	0.548	0.221	−0.075	−0.144	−0.049
$X6$	0.181	−0.556	0.417	−0.246	0.239
$X7$	0.892	0.222	−0.221	0.102	−0.304
$X8$	−0.364	−0.005	−0.766	0.084	0.049
$X9$	0.242	−0.334	0.191	0.365	0.553
$X10$	0.692	0.222	−0.221	0.102	−0.304
$X11$	0.640	0.452	−0.083	−0.357	0.348

续表

变量	$F1$	$F2$	$F3$	$F4$	$F5$
$X12$	-0.165	-0.186	0.343	-0.323	-0.324
$X13$	-0.264	-0.005	-0.166	0.684	0.049
$X14$	0.380	-0.200	0.137	0.444	0.251
$X15$	0.863	-0.241	0.271	0.158	-0.269
$X16$	-0.040	0.733	0.220	0.000	0.334

变量 $X2$、$X5$、$X7$、$X10$、$X11$、$X14$、$X15$ 在第一主成分上具有较大的载荷值,说明第一主成分与农业机械总动力、人均 GDP、农村二三产业从业人数比例、每年接待游客数、二三产业产值经济贡献率、农林牧渔业总产值增速、城镇居民与农村居民可支配收入之比 7 个指标显著相关,而且第一主成分的累积方差累积贡献率达到了 39.009%,说明该成分是三产融合发展水平的主要影响因素,是核心因子。这 7 个指标代表了各地区的农业机械化应用水平、二三产业增值收益、二三产业就业带动能力以及城乡一体化发展进程,故将其视作产业融合辐射能力与增值效益因子。

变量 $X6$、$X16$ 在第二主成分上有较大的载荷值,说明第二主成分与乡村从业人员及公众环境满意度两个指标显著相关,这两个指标代表各地区的乡村劳动力生产要素供给力度,以及乡村生态宜居的建设成效,只有舒适干净的生活环境才能留得住更多的劳动力,二者具有必然的逻辑关系,故将该因子视作劳动供给强度与生态文明成效因子。

变量 $X1$、$X8$ 在第三主成分上具有较大的载荷值,说明第三主成分与农林牧渔业总产值及农林牧渔服务业总产值两个指标显著相关,这两个指标代表各地区的农林牧渔业的产业发展基础与产业链的上下段延伸所产生的经济效益,故将其视作农林牧渔业潜力与产业链延伸因子。

变量 $X3$、$X13$ 在第四主成分上具有较大的载荷值,说明第四主成分与粮食单产产量、农村居民恩格尔系数两个指标显著相关,这两个指标代表了各地区的粮食生产情况以及农村居民生活成本,故将其视作粮食生产效率及农村居民生活成本因子。

变量 $X4$、$X9$ 在第五主成分上具有较大的载荷值,说明第五主成分与粮食产量占全省比重、农村宽带普及率两个指标显著相关,粮食产量与粮食安全息息相关。农村宽带普及率关乎农村电商的发展,因此可视作粮食安全及农村电商发展渠道因子。

8.4.3 因子得分计算

在进行公共因子提取与命名之后,运用回归分析计算成分得分系数矩阵,以 16 个原始变量在 5 个公共因子的系数为依据,可着手构建因子分析模型,5 个公共因子的得分线性回归方程表达式细化如式(8-8)至式(8-12)所示。

$$F1 = -0.029X1 + 0.235X2 + 0.034X3 + 0.342X4 + 0.018X5 +$$
$$0.076X6 + \cdots + 0.027X16 \tag{8-8}$$

$$F2 = -0.069X1 - 0.135X2 + 0.145X3 - 0.023X4 + 0.187X5 -$$
$$0.287X6 + \cdots + 0.489X16 \tag{8-9}$$

$$F3 = 0.438X1 - 0.253X2 + 0.231X3 - 0.232X4 + 0.245X5 -$$
$$0.154X6 + \cdots + 0.052X16 \tag{8-10}$$

$$F4 = 0.563X1 + 0.016X2 - 0.432X3 - 0.023X4 + 0.165X5 -$$
$$0.008X6 + \cdots - 0.087X16 \tag{8-11}$$

$$F5 = -0.043X1 + 0.342X2 + 0.135X3 + 0.452X4 - 0.154X5 +$$
$$0.085X6 + \cdots + 0.085X16 \tag{8-12}$$

在求得五个公共因子的具体得分之后,结合因子的方差贡献率以及五个因子的方差累积贡献率,可以进一步求得各地市三产融合发展水平综合得分的最终回归方程表达式为:

$$F = (F1 \times 0.49009 + F2 \times 0.14608 + F3 \times 0.13945 + F4 \times 0.11537 +$$

$F5×0.11466)/0.89106$ (8-13)

基于此公式，分别求出福建省九地市农村三产融合发展水平综合得分，整理之后如表 8-8 所示。

表 8-8 福建省农村三产融合发展水平综合得分

城市	$F1$	$F2$	$F3$	$F4$	$F5$	F	综合排名
福州市	0.75819	−0.72219	1.6762	0.81121	0.04505	0.67177	2
厦门市	1.73114	1.50189	−0.59993	0.85444	−0.45377	1.15671	1
莆田市	−0.82692	0.16359	−0.05923	−0.06909	1.68653	−0.22919	7
三明市	1.09889	−1.88616	−1.05857	−0.40346	0.6442	0.16017	3
泉州市	−0.57706	0.75434	−0.09456	0.31941	1.01026	−0.03717	4
漳州市	−0.44138	−0.06719	1.58683	−0.15987	−0.51492	−0.09240	5
南平市	−0.02227	0.04716	−0.04967	−1.8754	−1.22418	−0.41263	8
龙岩市	−0.34628	0.8257	−0.38796	−0.89252	0.1233	−0.21550	6
宁德市	−1.37431	−0.61714	−1.01312	1.41528	−1.31647	−1.00176	9

由最终得分结果可知，福建省农村三产融合发展水平综合得分前列的城市是厦门市、福州市、三明市，居中的城市为泉州市、漳州市、龙岩市，处于下游位置的是莆田市、南平市、宁德市。从地域布局与经济水平来看，九地市的农村三产融合发展水平并无呈现明显的沿海城市与山区城市分门别类的地域集群特征，与各地区的经济水平也无必然联系。从各因子的独立视角来看，九地市之间在综合得分以及单独因子得分表现具有明显差异，不同的城市在不同的因子得分上具有相对的比较优势，综合得分落后的城市在个别因子的得分依然有较强能力，因此，有必要结合搜集的指标数据，对各地区的优势劣势作深入分析，以探讨各因子的得分成因，以期寻求相应的提升路径。

8.4.4　福建省九地市三产融合现状及得分成因

在排名靠前的三个城市中,厦门的农村三产融合程度最高,并远远领先于其他各市区,紧随其后的是福州市,但是综合得分也有一定差距。厦门市作为经济特区,在改革开放以来,依靠合理有效的宏观调控,在资源配置方面获得了强有力的政策倾斜,迅速集聚了大量的生产要素,城市发展建设日新月异,城镇化率快速增长,城乡一体化进程基本完成,基础设施日臻完善,公众环境满意度全省最高。但是,随着工业、服务业的日益壮大,农业在经济中地位逐渐弱化,粮食总产量在全省产量中的占比仅为 0.5%,农林牧渔总产值的经济贡献率也逐步缩减,而这正是造成其 F3、F5 得分偏低的主要原因。福州市是福建省会城市,在推进农村三产融合工作拥有天然的政策体系支持优势,除 F2 因子外,其余得分均为省内中上游水平。而 F2 因子得分的主要制约因素是公众环境满意度过低,数据显示 2018 年福州市的工作环境满意度为 86.2%,在省内处于下游位置。频繁的市场交易活动虽然为农村三产融合注入源源不断的经济增长动力,但随之而来的是逐渐升高的人口压力,游客与村民产生的垃圾数量成倍数激增,与之相应的垃圾处理体系却没有及时加强,最终压力转嫁至生态环境,环境质量随之下降,整体的环保意识有待进一步增强,相应环保措施亟须尽快出台。三明市作为福建省的农业大市,一直以来以山区特色优势农业见长,近年来,三明市立足于山区生态资源优势,不断夯实农业基础,农林牧渔总产值增速全省最快,但是农业机械总动力反映出其农业现代化水平还有待提升,农业机械化程度不高限制农林牧渔业总产值及农林牧渔业总产值体量的进一步扩大,此外,农业劳动过于依赖于人力也使得农村无限释放更多的劳动力,二三产业的从业人数比例偏低,农村二三产业在农业中的渗透力度还需要加强。

三产融合发展水平居中的泉州市、漳州市、龙岩市的因子得分特征较为相似。泉州市是福建省经济发达的沿海城市,其明显特点是民营经济活跃度较高,企业数目庞大且基本具备一定规模,被冠以"中国茶都""中国鞋都""中国伞都"等多个称号,因此当地农村劳动力基本实现转移就业,并主要集中于二三产业,乡村从业人员数省内最高,农村二三产业从业人数比例以及二三产业经济贡献率均居于省内第二位。漳州市作为福建省的农业大市、农业强市,创造了全省最庞大的农林牧渔业总产值以及农林牧渔服务业总产值体量,$F3$ 因子得分全省最高。相比之下,其他因子得分略显普通,均处于省内中游位置。但是,与活跃的经济形成鲜明对比的是环保力度不足。结合原始变量数据,可以发现两个城市的主要薄弱项均在于过低的公众环境满意度以及过高的农村居民恩格尔系数,$F4$ 因子得分能力均有待提升,未来的主要工作着力点在于生态环境的治理以及农村居民生活成本的降低。龙岩市作用丰富的自然资源,森林覆盖率全省最高,公众环境满意度在省内居于第二位,生态宜居的环境为农村留住了更多的劳动力资源,$F2$ 因子得分显著高于其他因子,但是与泉州市、漳州市相近的较高农村居民恩格尔系数也导致了其偏低的 $F4$ 因子得分。

　　三产融合发展水平处于下游的是莆田市、南平市、宁德市。莆田市是福建省沿海城市,相对于其他两个城市,其经济较为发达,但是全省最高的农村居民恩格尔系数也表明农村居民需要花费大部分收入用以维持基本的生活开销,这是导致其 $F4$ 因子低分的直接原因。此外,其粮食单产产量以及农村宽带普及率较低也造成 $F5$ 因子极不理想。南平市、宁德市均是福建经济较落后地区,人均 GDP 与其他城市相差甚远,并且农村基础设施的欠缺也制约了农村二三产业的发展,乡村从业人员大多为第一产业,农村二三产业从业人员比例偏低,二三产业经济贡献率均在处于省内末端,农村产业基础较为单薄,$F1$ 因子得分排在九地市中后两位。但是,相比之下,南平市农业基础扎实,粮食产量占全省比重的 24.1%,是省内名副其实的"粮仓",这也使得该市的 $F5$ 因子得分也跃居省内首位。而宁德市较低的农村居民恩格尔系数也表明,较低的生活成本可以在一定程度上缓解农村居民增收渠道单一的压力。

8.5 本章小结

本章从产业链延伸、农业多功能性发挥、农业服务业融合、增收与就业、生态效应五个维度构建农村三产融合成效测评评价指标体系,从而识别和检测产业关联下的产业融合结果和成效,运用因子分析对福建省九地市的农村三产融合成效以及福建省 10 个样本村的三产融合成效分别进行评价,并解析其得分成因。基于此,提出以下三点促进农业三产融合发展的建议。

第一,强化农村生态治理。农村一二三产业的融合应该是生态环境、人与产业三者的良性互动,农村二三产业的蓬勃发展不应该以牺牲农村生态环境为代价。农村一二三产业的壮大虽然给农村剩余劳动力提供了充足的就业机会,但同时也滋生了更多的环境污染问题。游客流量的膨胀势必会产生相较于之前成倍增长的垃圾体量,这对于农村的本就不完善垃圾处理体系更是一个严峻的考验。政府资源调控作用的发挥就显得尤为重要,环境规制力度有必要进一步加强,一是加大环境治理经费的财政倾斜,以财政拨款为主体、金融资金为辅助,引导民间资本流入,构建强有力的资金支持体系,全面推动农村垃圾、污水治理体系的升级改进。二是加快推进农村生态治理的立法工作,制定切实有效的法律法规,严格实施环保执法措施。对于产生严重污染的个人、商户或者企业,需支付额外的生态治理费用,用以弥补其外部性对村民造成的损失,打造美丽宜居的农村生态环境。

第二,加快二三产业渗透。在评价指标体系的建立中,无论是农业产业链延伸,还是农业服务业的融合,都蕴含了农业与二三产业的渗透,而且对总体的融合成效发挥着关键作用。可结合当地特色,在农产品中融入更多的特色文化元素,开发系列农产品加工品、设计系列农村特色产业文创产品,提炼农村特色产业文化,打造品牌效应。此外,提高农产品、文创产品和乡村旅游产品"价码",梳理现有资源,找准市场定位,植入美学理念,复苏美学形象,将人们的乡愁需求植入农产品品牌建设和农村旅游品牌塑造,助力将农产品的生产价值、生态景观、文化价值转换成市场价值,拓展附加值。农村经济应由倚靠自然资源和种养的经济向倚靠互联网资源、文化创意资源过渡,以往的生态景观、民俗风情、产业文化应不断地内化为农村三产融合的系统要素。

第三,发挥农业的多重功能。农业多功能渗透于农村三产融合各个产业链环节。农村"望得见山、看得见水、管得住温饱、记得住乡愁",农村的供给不能仅停留在朴素的物质层面,也是提供人们精神食粮的一道窗,除了本书提及的经济可持续功能、生态可持续功能、文化功能,农业还具有社会可持续功能以及政治功能。综合而言,农业多功能性的发挥应提供更多优质农产品供给,保持农村经济活动,为农民创造收入,改善生态环境,防治自然灾害,调节气候、水,分解消化二三产业的外部负效用,促进遗传物质的生产,有效促进碳循环、废物的处理,保护生物多样性。农业还应提供审美和休闲价值,维护国家稳定,确保国家战略物资的储备,确保人类基本的生存需要。未来可从村域视角对农业多功能性的评价,还有待增加更加多样化、差异化、精准化的衡量指标。

9 福建省农村三产融合合作收益分配

农村三产融合是各方力量的博弈,在各方力量博弈的过程中有一个根本性的问题可以解决整个三产融合长期有效的可持续性,即收益分配问题。由于收益分配不合理、不公平,降低了联盟成员之间的信任度和契约水平,进一步影响联盟的长远性、稳定性和可持续性。农村三产融合的收益分配既是农村三产融合的内容,也是保证农村三产融合得以长期有效可持续的必经之路。农村三产融合能够整合不同类型的资源要素,降低企业和各种新型农业经营主体、农户的成本和风险,使有效的利益联结机制对合作联盟稳定发展发挥关键作用。张来武(2016)提出农村三产融合的收益公式,认为生产函数应表示为:$Y = S[f(l,k), y, z]$。其中,S 可理解为收益函数;f 是反映技术的三产融合的函数,是一个三维向量函数;l、k 分别是劳动投入和资本投入;y 是生产性知识(或人力资本)投入,z 是互联网融合投入,农村的三产融合效应是种养加、文化创意、互联网等多种元素综合作用的结果。

利益联结贯穿于农村三产融合演进的全过程,收益分配是其中的难点和痛点,合理的收益分配机制和稳定的激励机制可以促进参与者的联盟活力。农村三产融合作为农业现代化的重要产业结构组织方式,能够促进产业间的优势互补,实现多方共赢。然而,融合后利益分配的公平性与合理性是影响三产融合能否顺利开展的重要因素。三产融合其实是一种交易成本的内部化,也可以理解为一个合作对策问题,产业融合的多方主体采取资源方式组成联盟，共同合作，实现收益最大化，合作对策强调的是局中人的集体理性，研究联盟的形成和收益分配的问题。公平合理的利益分配是保证农村三产融合参与者的战略联盟得以顺利开展的关键。部分农村地区初步实现了第一产业"接二连三"的成功，但随着农业生产成本的上升、资源要素的约束、经营模式粗放、商业模式雷同，产业融合收益增长不明显，产销不顺畅，卖不出、运不走、利润低等现象还普遍存在，农村三产融合发展的道路并不顺利。农业龙头企业、农产品加工企业、家庭农场、合作社、农户的合作意愿不够强烈，其中一个重要因素就是收益分配机制不够健全，难以实现互惠共赢、共同承担风险。

作为一个联盟形成的社会体系，农村三产融合的运行机制需要研究多方合作的博弈机制。农业与农业企业的利益联结大多通过契约来实现。然而，现实中因为外在环境复杂多变、农业的高风险性、个人的有限理性，以及信息不对称性与不完全性，农户与企业间的契约有时也是不完全契约，或称为一种模糊合作联盟。订单农业的发展还没有充分实现农业和农户之间的利益共享。市场、农业技术、知识、信息不断更新的情况下，合作企业按照一种"利益共享、风险共担、相互协作"的不完全契约下的合作形式。在市场带动下，利益联结或者利益捆绑是一二三产融合活动得以持续进行的重要前提，各利益相关主体在实现经济价值以及生态价值中获益，催生出产业融合的良性循环。现实的农村产业融合实践活动中，融合的企业或团队间不一定将所有人力、物力、财力资源都投入，即存在模糊性和不确定性因素，导致合作人只以一定程度参与产业融合，这就是一个模糊联盟问题。农村三产融合的合作收益分配分配问题具体体现在，农村三产融合运营主体投入在第一产业、第二产业、第三产业不同经营主体之间，当然同时也包含了一产、二产和三产之间的产业结构比例，以及三者之间的相关性和交叉性比例。作成员参与到农业产业链中最根本的目的是依靠合作创造更大的整体利益，同时追求自身利益的最大化。利益分配的不合理会导致产业链条的断裂。因此,合理的利益分配是农村三产融合长期可持续发展的重要保证,是提升融合成效的重要支撑。

合作博弈又叫联盟博弈,它是正和博弈,强调集体主义。在农村三产融合的实践中,我们关注合作与收益分配,因此需要借助合作博弈的思想。农村三产融合的本质是一种集体契约合作关系,主要目的在于通过合作获取较之单干时更多的收益。假设 A、B 两家企业生产两种不同的商品,成本分别为 $C[(A)]$、$C[(B)]$,收益分别为 $v[(A)]$、$v[(B)]$,而当联合生产时成本为 $C[(AB)]$,联合生产的收益为 $v[(AB)]$,那么有:$V[(AB)] > V[(A)] + V[(B)]$。在经济、社会、军事、管理等活动中,模糊理论可以解决很多不确定性问题,如合作主体在直接相互关系中产生合作剩余,合作博弈研究该情况下的合作收益分配问题。近年来国内外不少学者针对收益为区间值的合作博弈问题进行了研究,其遵循的分配原则也呈现出多样化特点,有些按照整体满意度最优,有些按贡献分配,有些则是按照风险最低分配原则。

根据上一章融合成效的测评结果,H、I、J 三个村的融合成效排名靠前,取得了较好的合作收益,那么,合作收益应该如何在各利益主体间进行合理分配?这里考虑两种不同情况下的合作收益分配策略:一种是基于局中人的整体满意度最优,一种是基于局中人对合作联盟的边际贡献度。分别采用区间值最小二乘预核仁解方法、修正区间 Shapley 值法、三角直觉模糊数合作博弈法来计算三个案例的合作收益分配值,可为农村三产融合合作收益分配实践提供借鉴。

9.1 基于区间值最小二乘预核仁解法的
农村三产融合合作收益分配

区间值最小二乘预核仁解法是基于最小化平方超量之和且满足有效

性、存在性、唯一性等重要性质的分配方案。研究合作联盟收益表现为区间数的合作对策问题,考虑基于局中人的整体满意度最优,采用区间值最小二乘预核仁解方法,借鉴最小二乘法思想,即联盟中局中人参加最大联盟后获得的收益值之和尽可能靠近局中人不参加大联盟而相互合作形成的小联盟所能获得的收益值,以此来研究农产品供应链中的合作收益分配问题。

9.1.1 预备知识

首先对本书中要用到的相关变量进行说明:

N:全体局中人参与合作的最大联盟,即 $N = \{1, 2, \cdots, n\}$, $i \in N$,表示第 i 个局中人,局中人为参与产业融合的主体。

S:S 为 N 的子集,表明局中人能够构成的所有的子联盟。s 表示联盟 S 中局中人的个数。

$\overline{x}_i$ 表示局中人 i 参与最大联盟 N 的收益,$\overline{x}_i = (x_{Li}, x_{Ri})$, $i \in N$ 。其中,x_{Li} 是 $\overline{x}_i$ 的下界,x_{Ri} 是 $\overline{x}_i$ 的上界。

$\overline{v}(S)$ 表示联盟 S 的收益,用区间 $\overline{v}(S) = [v_L(S), v_R(S)]$ 表示。当 S 为单个局中人时,则表示局中人单干的收益。

$\overline{x}(S)$ 表示联盟 S 中所有局中人参与最大联盟 N 获得的收益和,通常用区间数表示为:

$$\overline{x}(S) = [x_L(S), x_R(S)] = \Big[\sum_{i \in S} x_{Li}, \sum_{i \in S} x_{Ri} \Big]$$

其中,$x_L(S)$ 表示收益和下界,$x_R(S)$ 表示收益和上界。$e(S, \overline{x})$ 表示联盟 S 在向量 $\overline{x}$ 上的不满意度,度量的是联盟的平方超量额,$e(S, \overline{x}) = [v_L(S) - x_L(S)]^2 + [v_R(S) - x_R(S)]^2$ 。

9.1.2　区间值最小二乘预核仁解

(1)模型构建

根据平方超量额 $e(S,\overline{x})=[v_L(S)-x_L(S)]^2+[v_R(S)-x_R(S)]^2$ 的方差最小的可能支付,构建二次规划模型:

$$\min \cdot \sum_{S\subseteq N,S\neq\Phi}\left\{\left(v_L(S)-x_L(S)-\frac{1}{2^n-1}\sum_{S\subseteq N,S\neq\Phi}[v_L(S)-2^{n-1}v_L(N)]\right\}^2+$$

$$\sum_{S\subseteq N,S\neq\Phi}\left\{[v_R(S)-x_R(S)-\frac{1}{2^n-1}\sum_{S\subseteq N,S\neq\Phi}[v_R(S)-2^{n-1}v_R(N)\bar{]}\right\}^2,$$

$$s.t.\begin{cases}\sum_{i=1}^{n}x_{Li}=v_L(N)\\ \sum_{i=1}^{n}x_{Ri}=v_R(N)\end{cases}$$ 　　(9-1)

因为 $\frac{1}{2^n-1}\sum_{S\subseteq N,S\neq\Phi}[v_L(S)-2^{n-1}v_L(N)]$ 是常量,所以模型(6-1)的区间值最优解可用模型(6-2)求得:

$$\min\sum_{S\subseteq N,S\neq\Phi}\{[v_L(S)-x_L(S)]^2+[v_R(S)-x_R(S)]^2\},$$ 　　(9-2)

$$s.t.\begin{cases}\sum_{i=1}^{n}x_{Li}=v_L(N)\\ \sum_{i=1}^{n}x_{Ri}=v_R(N)\end{cases}$$

(2)求解过程

对式(2)根据拉格朗日乘子法求偏导得出每个局中人的分配超额解为 $\overline{x}_i=[x_{Li},x_{Ri}](i\in N)$,且

下界 $x_{Li}=\dfrac{v_L(N)}{n}+\dfrac{1}{n2^{n-2}}[na_{Li}(v)-\sum_{j\in N}a_{Lj}(v)](i\in N)$,其中

$$a_{Li}(v) = \sum_{S,i \in S} v_L(S) \qquad (9\text{-}3)$$

上界 $x_{Ri} = \dfrac{v_R(N)}{n} + \dfrac{1}{n2^{n-2}}\Big[na_{Ri}(v) - \sum_{j \in N} a_{Rj}(v)\Big](i \in N)$，其中

$$a_{Ri}(v) = \sum_{S,i \in S} v_R(S) \qquad (9\text{-}4)$$

其中 a_i 表示有 i 参与的所有可能联盟的收益之和。

9.1.3 案例应用

福建省永春县 I 村致力于麻竹产业的三产融合发展。村集体成立农业合作社，流转农户 300 亩地种植麻竹，并收购周边农户种植的麻竹进行麻竹笋和笋罐头等产品的初加工和深加工，建立了自己的线上线下销售平台。同时开发麻竹工艺品，进行麻竹产业文化旅游产品的艺术设计，探索以麻竹特色产业为主导的乡村旅游发展道路，打造麻竹产业文化园，提升文化内涵和品牌知名度。合作社所处地理位置优越，交通便利。该村具有深厚的资源禀赋优势，且城镇居民对回归乡村的渴望较为强烈，因此该村探索走上了一条集麻竹种植、麻竹食品加工、麻竹工艺品加工、商品流通、乡村休闲旅游为一体的三产融合发展道路。2019 年第一产业麻竹种植实现年利润 20 万元，第二产业麻竹食品加工和麻竹工艺品加工实现利润 20 万元，第三产业线上线下渠道、餐饮、休闲采摘等实现年利润 10 万元。

表 9-1　C 村麻竹产业融合项目成本分析

序号	支出项目	成本单价	解释
1	种植人工成本	120 元/天	种植、挖麻竹笋的人工成本
2	种苗	10 元/棵	麻竹种苗的价格
3	有机肥	800 元/吨	麻竹笋的农业有机肥价格
4	加工酱料	20 元/斤	指用于麻竹食品加工的老醋、蒜蓉、小米辣等的混合酱料价格

续表

序号	支出项目	成本单价	解释
5	麻竹食品加工人工成本	100 元/天	指用于麻竹食品加工的人工费用
6	麻竹工艺品加工人工成本	500～1000 元/天	麻竹工艺品制作成本
7	麻竹产品加工工具	1 万元/年	指用于麻竹工艺品制作的电钻、铁锤、美工刀、抛光机等设备
8	麻竹工艺品设计成本	500～10000 元/件	麻竹工艺品设计费用

随着第三产业的发展,麻竹品牌的文化内涵得以提升,促进了第一和第二产业的发展,麻竹食品和加工品的销量和价格都有所提升,产业融合创造了更高的收益。该合作社的产业融合是典型的产业延伸型融合,农业种植向下游的农产品加工、流通渠道延伸,同时也交叉了创意农业、休闲农业,产生了很好的融合效益,其产加销联结形态清晰。J 村村集体第一产业麻竹生产由局中人 1 负责,第二产业麻竹加工由局中人 2 负责,第三产业流通销售和休闲采摘餐饮等主要由局中人 3 负责,现要对三人进行年终收益分配。三个产业联盟后的合作收益分配问题可看成是一个区间值合作对策问题,表 9-1 列出主要项目支出,根据成本收益分析,可得合作联盟的收益为:

$$\bar{v}(1)=[20,25], \bar{v}(2)=[25,35], \bar{v}(3)=[10,15], \bar{v}(1,2)=[50,70],$$
$$\bar{v}(2,3)=[45,60], \bar{v}(1,3)=[40,50], \bar{v}(1,2,3)=[70,100]$$

当考虑局中人满意度最优时,根据区间值最小二乘预核仁解方法,由式 (9-3)可得:

$$x_{L1}=\frac{v_L(N)}{n}+\frac{1}{n2^{n-2}}\left[na_{L1}(v)-\sum_{j\in N}a_{Lj}(v)\right]$$

$$=\frac{70}{3}+\frac{1}{3\times 2^{3-2}}\left[3a_{L1}(v)-\sum_{j\in N}a_{Lj}(v)\right]$$

$$=\frac{70}{3}+\frac{1}{6}(3\times 180-535)=24.17$$

其中 $a_{L1}(v)=180, a_{L2}(v)=190, a_{L3}(v)=165, \sum_{j\in N}a_{Lj}(v)=180+190$

$+165=535$。

同理可得 $x_{L2}=29.17, x_{L3}=16.67$

可得 $x_L=(x_{L1}, x_{L2}, x_{L3})^T=(24.17, 29.17, 16.67)^T$

采用同样的方法根据式(4)，可得区间值模糊合作联盟的最小二乘法预核仁的上界，即

$$x_{R1}=\frac{v_R(N)}{3}+\frac{1}{6}\Big[3a_{R1}(v)-\sum_{j\in N}a_{Rj}(v)\Big]$$

$$=\frac{100}{3}+\frac{1}{6}(3\times245-735)=33.33$$

同理可得 $x_{R2}=43.33, x_{R3}=23.33$

$$x_R=(x_{R1}, x_{R2}, x_{R3})^T=(33.33, 43.33, 23.33)^T$$

因此，两位主体参与产业联盟的分配收益，即区间值合作对策 $\bar{v}$ 的区间值最小二乘法核仁为 $\bar{x}=[x_L, x_R]=([24.17, 33.33], [29.17, 43.33], [16.67, 23.33])^T$，三位局中人的区间值收益分别为

$\bar{x}_1=[24.17, 33.33], \bar{x}_2=[29.17, 43.33], \bar{x}_3=[16.67, 23.33]$。

本例中，通过区间值最小二乘预核仁解方法，种植业、畜牧业与乡村旅游产业融合，局中人1能获得最低为24.17，最高为33.33的收益，局中人2可以获得最低29.17，最高43.33的收益，局中人最低可获得收益16.67，最高23.33，均大于其单干时的收益。本书方法较好解决了农产品供应链中模糊性和不确定性的复杂合作联盟收益分配问题，考虑不满意度最小原则，使得收益分配更加合理，可信服度更高。本书采用 Lingo 软件对上述实例求解。根据式(9-2)，在 Lingo 软件编码窗口输入如下语句：

$$\min=(x_{L1}-20)^2+(x_{R1}-25)^2+(x_{L2}-25)^2+(x_{R2}-35)^2+$$

$$(x_{L3}-10)^2+(x_{R3}-15)^2+(x_{L1}+x_{L2}-50)^2+(x_{R1}+x_{R2}-70)^2+$$

$$(x_{L2}+x_{L3}-45)^2+(x_{R2}+x_{R3}-60)^2+(x_{L1}+x_{L3}-40)^2+(x_{R1}+$$

$$x_{R3}-50)^2+(x_{L1}+x_{L2}+x_{L3}-70)^2+(x_{R1}+x_{R2}+x_{R3}-100)^2;$$

$$x_{L1} + x_{L2} + x_{L3} = 70;$$

$$x_{R1} + x_{R2} + x_{R3} = 100;$$

根据 Lingo 软件运行可得与本书计算同样的结果。

本书的区间值最小二乘预核仁解方法避免了减法运算,减少了不确定性,该方法以实现整体满意度最优为出发点,客观上实现了联盟收益的整体满意度最大化。为农业产业链参与成员之间的利益分配提供了一个理论上可行且对实践也有重要指导意义的收益分配方案。减少了收益分配中的不合理因素,为合作的稳定和持续发展打下坚实的基础。通过合理的供应链收益分配能够促进上下游企业提高总体的经济效益。本书的收益分配研究希望能为供应链的生产、销售上下游间的合作提供理论依据。

9.2 基于修正区间 Shapley 值法的农村三产融合收益分配

当考虑局中人对合作联盟的贡献度时,采用区间 Shapley 值法,本书同时基于对技术创新的考量,对区间 Shapley 值进行了修正,考虑引进技术创新的收益变量 $\overline{g_i}$,凸显出技术创新对合作收益的变化及其贡献度。

9.2.1 修正区间 shapley 值的收益分配方法

Shapley L. S.在 1953 年给出 Shapley 值法用于解决 n 个人合作对策问题。当 n 个人从事某项经济活动时,对于他们之中若干人无论组成哪一种合作形式,都会得到一定的收益,当人们之间的利益活动非对抗性时,合作中人数的增加不会引起收益的减少,反而会带来收益最大化。可以采用 Shapley 值法来分配这一最大收益。

设集合 $N=\{1,2,\cdots,n\}$，如果对于 I 的任一子集（表示 n 个人集合中的任一组合）都对应着一个实值函数 $v(S)$，满足 $v(S_1 \bigcup S_2) \geq v(S_1) + v(S_2)$，则称 $[I,v]$ 为 n 人合作对策，v 称为对策的特征函数。可得合作 N 下的各个伙伴所得利益分配的 Shapley 值的下界、上界分别为：

$$x_{Li} = \sum_{s \in S_i} w(|S|)[v_L(S) - v_R(S/i)], i \in \{1,2,\cdots,n\} \qquad (9\text{-}5)$$

$$x_{Ri} = \sum_{s \in S_i} w(|S|)[v_R(S) - v_L(S/i)], i \in \{1,2,\cdots,n\} \qquad (9\text{-}6)$$

其中 $w(|S|) = \dfrac{(n-|s|)!\ (|s|-1)!}{n!}$

9.2.2　案例应用

福建武夷山市 H 村，探索了一条茶叶种植、茶苗培育、茶标准化加工、茶文化旅游、农业物流、电子商务的三产融合发展道路。村集体通过农户土地流转，以武夷岩茶为主导进行产业链延伸、产业范围拓展和产业功能转型，以产业发展方式转变和带动周边农副产品的提升为结果，通过形成电商新渠道技术、产业新业态、新商业模式，带动资源、要素、技术、市场需求在农村的整合集成和优化重组，延伸茶产业链或发展茶品农业循环经济，推动茶农→茶业合作社→茶企→茶品电商创业者→茶企→茶农（茶业合作社）的循环经济。让第一、第二、第三产业的相关产业组织进行空间集聚，形成产业集群化、产品网络化发展格局。村集体依托创业联盟开发、拓展和提升茶产品的多种功能，赋予茶产业的科技、文化和环境价值，提升农业或乡村的生态休闲、旅游观光、文化传承等功能，发展休闲观光特色茶园。

现考虑该村的三产融合是由局中人 1（茶叶种植户）、局中人 2（茶标准化加工方）、局中人 3（茶叶电商、茶文化旅游运营方）三位局中人构成的合作联盟。三位局中人独立和参与各种联盟的收益值分别为：

$\bar{v}(1)=[10,15],\bar{v}(2)=[20,30],\bar{v}(3)=[5,15],\bar{v}(1,2)=[35,50],$

$\bar{v}(2,3)=[30,50],\bar{v}(1,3)=[20,35],\bar{v}(1,2,3)=[50,80]$。

假设融合收益综合是各个产业创造的利润和,根据区间 Shapley 值法,如局中人 1 的收益分配下界 x_{L1} 的计算如表 9-1。当考虑到局中人对合作联盟的贡献度时,假设案例中合作社收益总和是第一第二第三产业创造的利润和,根据区间 Shapley 值法,局中人 1 的收益分配上下界的计算如表 9-2 所示。

根据式(5)、(6),可得局中人 1 的收益上下界为:

$$x_{L1}=\sum_{s\in S_,}w(\mid S\mid)[v_L(S)-v_R(S\backslash 1)]=\frac{20}{3}+\frac{15}{6}+\frac{25}{6}+\frac{10}{3}=\frac{100}{6}\approx$$

16.67

$$x_{R1}=\sum_{s\in S_,}w(\mid S\mid)[v_R(S)-v_L(S\backslash 1)]=\frac{25}{3}+\frac{45}{6}+\frac{40}{6}+\frac{55}{3}=\frac{245}{6}\approx$$

40.83

可得 $\overline{x}_1=[16.67,40.83]$,同理可得 $\overline{x}_2=[23.33,48.33],\overline{x}_3=[7.5,32.5]$

表 9-2　局中人 1 的收益分配上下界 $x_{L1}(v)$、$x_{R1}(v)$ 计算

S	1	1∪2	1∪3	1∪2∪3
$\mid S\mid$	1	2	2	3
$w(\mid S\mid)$	1/3	1/6	1/6	1/3
$v_L(S)$	20	50	40	70
$v_L(S\backslash 1)$	0	25	10	45
$v_R(S)$	25	70	50	100
$v_R(S\backslash 1)$	0	35	15	60
$v_L(S)-v_R(S\backslash 1)$	20	15	25	10
$v_R(S)-v_L(S\backslash 1)$	25	45	40	55
$w(\mid S\mid)[v_L(S)-v_R(S\backslash 1)]$	20/3	15/6	25/6	10/3
$w(\mid S\mid)[v_R(S)-v_L(S\backslash 1)]$	25/3	45/6	40/6	55/3

采用区间 Shapley 值法，计算出局中人 1 能获得最低 16.67、最高为 40.83 的收益，局中人 2 可以获得最低 23.33、最高 48.33 的收益，局中人 3 最低可获得收益 7.5，最高 32.5，三人相比单干时，都能获得更多的收益。本书的区间 Shapley 值，下界将左端点减去右端点（见式 9-5），上界将右端点减去左端点（见式 9-6），有效地规避了区间值的右端点小于左端点的不合理现象。

农业科技的注入在三产融合增收中发挥了重要作用，通过流程优化技术升级降低了风险。下面对上述算法进行一些修正，以达到鼓励技术升级的目的。设局中人 i 通过技术升级创造的收益为 $\overline{g_i}$，则 $\sum \overline{g_i}$ 为三产融合中所有成员通过技术升级创造的收益和。根据不同融合主体对技术升级的要求不同，设定一个各局中人可以接受的激励指数 j。各主体技术升级所创造收益在总的技术升级收益中所占的比重也是一个区间数，用 $[g_{Li}/\sum g_{Ri}, g_{Ri}/\sum g_{Li}]$ 表示，局中人收益调整为：

$$x'_{Li} = x_{Li} + j \times \sum g_{Li}(g_{Li}/\sum g_{Li} - 1/n) \tag{9-7}$$

$$x'_{Ri} = x_{Ri} + j \times \sum g_{Ri}(g_{Ri}/\sum g_{Ri} - 1/n) \tag{9-8}$$

假设三位融合主体通过技术升级创造的收益 $\overline{g_1}、\overline{g_2}、\overline{g_3}$ 分别为 $[3,6]$、$[3,6]$、$[4,8]$，那么 $\sum \overline{g_i}$ 为 $[10,20]$，假设商定激励指数 $j=25\%$，根据式（9-7）、式（9-8），则调整后局中人 1、2、3 的收益分别为 $[16.58,40.66]$、$[23.25,48.17]$、$[7.67,32.83]$。

由此可以看出，技术升级能创造出更多收益。区间 Shapley 值上下界左右端点的设置，与最小二乘预核仁解法相比加大了区间跨度，但二者都可以看出，该案例中第二产业的经营主体能获得相对较多的收益。

9.3 基于三角直觉模糊数合作博弈的 农村三产融合收益分配

在模糊集解概念中,常出现的情况是或者属于或者不属于。然而,现实经济社会生产过程中,常出现的情况是对"属于"还是"不属于"存在一定的不确定性和犹豫性,我们将其视为犹豫度。三角直觉模糊数方法基于隶属度、非隶属度、犹豫度等的综合考虑。借鉴最小二乘法思想,使每个可能联盟中局中人参与最大联盟合作后所得的收益之和尽可能接近局中人不参加大联盟而相互协作形成小联盟所得的收益值。基于三产融合中各节点单位的整体满意度最优原则,构建数学优化模型,以获得三产融合在资源联盟和信息共享、利益联结后得到的三角直觉模糊数的收益分配值。如此可以更好地反映农村三产融合过程中各合作企业在信息共享、资源联盟时出现的不确定性和模糊性,避免信息失真和不确定性放大。

本章考虑支付值为三角直觉模糊数的合作对策方法,并将其运用于食用菌产业融合的合作收益分配中。研究结果表明,三角模糊数算法是一种较合理的农村三产融合合作收益分配方法,该方法考虑了不满意度最小原则,降低了模糊性和不确定性,提升了农产品供应链中各参与方的积极性。

9.3.1 预备知识

首先对本节所要用到的相关变量进行说明:

$\widetilde{G}$:某个模糊概念或现象;

$u(x)$:衡量 x 属于 $\widetilde{G}$ 的程度。

$v(x)$:衡量 x 不属于 $\tilde{G}$ 的程度。

$\pi(x)$:既不支持也不反对 x 属于 $\tilde{G}$ 的程度,即犹豫度,记为 $\pi(x)=1-\mu(x)-\nu(x)$ 。

$\tilde{a}=\langle(\underline{a},a,\overline{a});g_{\tilde{a}},u_{\tilde{a}}\rangle$:定义在实数集 R 上的一个直觉模糊集。

$\mu_{\tilde{a}}(x)$:表示隶属度函数,$v_{\tilde{a}}(x)$ 表示非隶属度函数。

9.3.2 三角直觉模糊数方法

(1)模型构建

现实经济管理中,有时对某个数 x 属于或不属于某一概念 $\tilde{G}$ 存在不确定性,即犹豫度,假设犹豫度用 $\pi(x)$ 表示,其中 $\pi(x)=1-\mu(x)-\nu(x)$,$\mu(x)$ 表示隶属度,$v(x)$ 表示非隶属度,且满足 $\mu(x)+\nu(x)\leqslant 1$ 。假设 $\tilde{a}=[(\underline{a},a,\overline{a});g_{\tilde{a}},u_{\tilde{a}}]$ 是定义在实数集 R 上的一个直觉模糊集,$\mu_{\tilde{a}}(x)$ 和 $v_{\tilde{a}}(x)$ 分别表示其隶属度函数和非隶属度函数,

$$\mu_{\tilde{a}}(x)=\begin{cases}(x-\underline{a})w_{\tilde{a}}/(a-\underline{a})(\underline{a}\leqslant x<a)\\ g_{\tilde{a}}(x=a)\\ (\overline{a}-x)g_{\tilde{a}}/(\overline{a}-a)(a<x\leqslant\overline{a})\\ 0(x<a,x>\overline{a})\end{cases}; \qquad (9\text{-}9)$$

$$v_{\tilde{a}}(x)=\begin{cases}[a-x+u_{\tilde{a}}(x-\underline{a})]/(a-\underline{a})(\underline{a}\leqslant x<a)\\ u_{\tilde{a}}(x=a)\\ [x-a+u_{\tilde{a}}(\overline{a}-x)]/(\overline{a}-a)(a<x\leqslant\overline{a})\\ 1(x<a,x>\overline{a})\end{cases}。 \qquad (9\text{-}10)$$

三角形直觉模糊数收益值表示为 $\tilde{v}(S)=\{[v^{l}(S),v^{m}(S),v^{r}(S)];g_{\tilde{v}(S)},u_{\tilde{v}(S)}\}$,每个局中人参与合作后所获得的收益也是一个三角形直觉模糊数,表示为 $\tilde{x}_{i}=[(x_{i}^{l},x_{i}^{m},x_{i}^{r});g_{x_{i}},u_{x_{i}}]$ 。

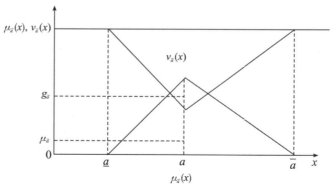

三角形直觉模糊数 $\tilde{a}$

图 9-1   三角直觉模糊图

（2）求解方法

借鉴最小二乘法思想，在农村三产融合收益分配过程中，每个可能联盟中局中人参与最大联盟合作后所得的收益之和尽可能接近局中人不参加大联盟而相互协作形成小联盟所得的收益值。基于三产融合中各节点单位的整体满意度最优原则，构建数学优化模型：

$$\min \sum_{S \subseteq N} \{ [\sum_{i \in S} x_i^l - v^l(S)^2] + [\sum_{i \in S} x_i^m - v^m(S)^2] + [\sum_{i \in S} x_i^r - v^r(S)^2] \} 。$$

$$s.t. \begin{cases} \sum_{i=1}^n x_i^l = v^l(N)； \\ \sum_{i=1}^n x_i^m = v^m(N)； \\ \sum_{i=1}^n x_i^r = v^r(N)。 \end{cases} \tag{9-11}$$

采用拉格朗日法求偏导，可得三角形直觉模糊数最优分配解的下限值 x_i^{l*} 为

$$x_i^{l*} = \frac{v^l(N)}{n} + \frac{1}{n 2^{n-2}} [n \sum_{S, i \in S} v^l(S) - \sum_{S \subseteq N(S \neq \varphi)} s v^l(S)] ； \tag{9-12}$$

同理可得中间值 x_i^{m*} 和上限值 x_i^{r*} 为

$$x_i^{m\,*} = \frac{v^m(N)}{n} + \frac{1}{n\,2^{n-2}}\Big[n\sum_{S,\,i\in S}v^m(S) - \sum_{S\subseteq N(S\neq\varphi)}sv^m(S)\Big]；\quad (9\text{-}13)$$

$$x_i^{r\,*} = \frac{v^r(N)}{n} + \frac{1}{n\,2^{n-2}}\Big[n\sum_{S,\,i\in S}v^r(S) - \sum_{S\subseteq N(S\neq\varphi)}sv^r(S)\Big]。\quad (9\text{-}14)$$

另考虑三产融合合作收益分配中，根据整体满意度最优原则，每个局中人所得收益的隶属度和非隶属度都尽量接近单干时所得收益隶属度和非隶属，以实现在自我比较中达到的相对平衡。因此构建数学模型：

$$\min\sum_{i\in N}\big[(g_{x_i} - g_{v(i)})^2 + (u_{x_i} - u_{v(i)})^2\big]$$

$$s.t.\begin{array}{l}\displaystyle\sum_{i\in N}x_i^{m\,*}\cdot g_{x_i} = v^m(N)\cdot g_{v(N)}；\\[2mm]\displaystyle\sum_{i\in N}x_i^{m\,*}\cdot u_{x_i} = v^m(N)\cdot u_{v(N)}。\end{array}\quad (9\text{-}15)$$

这样三角模糊数的取值综合考虑了其隶属度和非隶属度，而不是直接取其最大或最小值，从而降低了不确定性，实现了相对均衡。

9.3.3　案例应用

古田被誉为中国食用菌之都，2020 年 3 月古田县 J 村总投资 170 万，拟打造集银耳生产、加工、展示、销售于一体的银耳文化观光园。同时流转农户 100 亩菇棚，收购周边农户种植的银耳进行银耳产品的初加工和深加工，打造"产、加、运、销"的农业产业链，主要生产海鲜菇、草菇、蘑菇、木耳、银耳、猴头等食用菌产品。游客既可直观银耳种植、参与银耳采摘、品尝银耳食品，还可以体验制作银耳手工皂之乐趣。

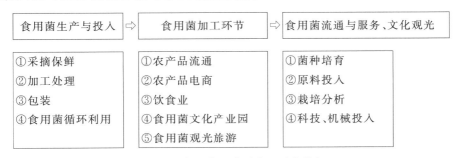

图 9-2　食用菌廷伸型产业融合分析

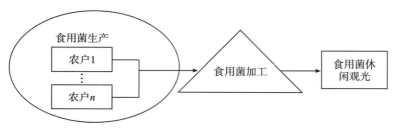

图 9-3 食用菌产业融合联盟主体

在食用菌三产融合的延伸型融合模式中,假设局中人 1 代表该村银耳栽培方(第一产业),局中人 2 代表银耳加工方(第二产业),局中人 3 代表该银耳销售和观光事业负责方(第三产业)。三次产业可能形成的联盟有{1,2}、{1,3}、{2,3}和{1,2,3},属于任意结盟情形。假设该合作社没有同时从事三次产业,而是只负责某一种(即每个产业选择单干),那么在投入既定的情况下,他们能够获得的三角直觉模糊数收益为:

$\tilde{v}(1)=[(8,10,15);0.6,0.3]$,$\tilde{v}(2)=[(12,15,17);0.5,0.3]$,$\tilde{v}(3)=[(15,18,21);0.6,0.2]$。随着合作社规模扩大,合作社选择产业融合发展,那么将获得比单干时更多的收益,具体为:

$\tilde{v}(1,2)=\langle(30,40,50);0.6,0.2\rangle$;

$\tilde{v}(1,3)=\langle(35,45,60);0.7,0.2\rangle$;

$\tilde{v}(2,3)=\langle(40,50,70);0.5,0.4\rangle$;

$\tilde{v}(1,2,3)=\langle(60,80,100);0.6,0.2\rangle$。

根据式(3),可得三位局中人收益的下限值、中间值和上限值分别为:

$$x_1^{l*}=\frac{v^l(N)}{n}+\frac{1}{n2^{n-2}}\Big[n\sum_{S,i\in S}v^l(S)-\sum_{S\subseteq N(S\neq\varphi)}sv^l(S)\Big]$$

$$=\frac{60}{3}+\frac{1}{3\times2}\times3\times(8+30+35+60)-$$

$$\frac{1}{3\times2}\times(1\times8+1\times12+1\times15+2\times30+2\times35+2\times40+3\times60)$$

$$=15.5;$$

$$x_1^{m*} = \frac{80}{3} + \frac{1}{3 \times 2} \times 3 \times (10 + 40 + 45 + 80) -$$

$$\frac{1}{3 \times 2} \times (1 \times 10 + 1 \times 15 + 1 \times 18 + 2 \times 40 + 2 \times 45 + 2 \times 50 +$$

$$3 \times 80)$$

$$= 22.5;$$

$$x_1^{r*} = \frac{100}{3} + \frac{1}{3 \times 2} \times 3 \times (15 + 50 + 60 + 100) -$$

$$\frac{1}{3 \times 2} \times (1 \times 15 + 1 \times 17 + 1 \times 21 + 2 \times 50 + 2 \times 60 + 2 \times 70 +$$

$$3 \times 100)$$

$$= 27 。$$

同理可得：$x_2^{l*} = 20.2, x_3^{l*} = 24.3, x_2^{m*} = 27, x_3^{m*} = 31, x_2^{r*} = 32.7, x_3^{r*} = 40$。

根据计算可得，各产业融合后所得的三角直觉模糊数联盟值的上下限值和中间值分别等于各局中人不参与联盟而选择单干时所得到的上下限值和中间值之和。比如 $x_1^{l*} + x_2^{l*} + x_3^{l*} = 15.5 + 20.2 + 24.3 = v^l(N) = 60$，说明该方法可以将三产融合所得收益全部分配到位，有利于维持合作的稳定性。

在 Lingo 软件中输入代码：

$$\min = (g_{x_1} - 0.6)^2 + (u_{x_1} - 0.3)^2 + (g_{x_2} - 0.5)^2 + (u_{x_2} - 0.3)^2 +$$

$$(g_{x_3} - 0.6)^2 + (u_{x_3} - 0.2)^2;$$

$$22.5 \times g1 + 27 \times g2 + 31 \times g3 = 80 \times 0.6$$

$$22.5 \times u1 + 27 \times u2 + 31 \times u3 = 80 \times 0.2$$

Lingo 软件运行得出：

$$g_{x_1}^* = 0.25, u_{x_1}^* = 0.35, g_{x_2}^* = 0.65, u_{x2}^* = 0.23, g_{x_3}^* = 0.46, u_{x3}^* = 0.39。$$

因此可得三位局中人参与产业融合后所得的三角直觉模糊数的最优分配分别为：

$$\widetilde{x}_1^* = [(x_1^{l*}, x_1^{m*}, x_1^{r*}); g_{x_1}^*, u_{x_1}^*] = [(15.5, 22.5, 27); 0.25, 0.35];$$

$$\widetilde{x}_2^* = [(x_2^{l*}, x_2^{m*}, x_2^{r*}); g_{x_2}^*, u_{x_2}^*] = [(20.2, 27, 32.7); 0.65, 0.23];$$

$$\widetilde{x}_3^* = [(x_3^{l*}, x_3^{m*}, x_3^{r*}); g_{x_3}^*, u_{x_3}^*] = [(24.3, 31, 40); 0.46, 0.39]。$$

9.3.4   结果与分析

因此通过三角形直觉模糊数方法，J村的银耳生产、加工、休闲观光三方参与者中，在融合收益中，银耳栽培方能获得最低为 18.33、最高为 25 的收益，银耳加工方可以获得最低 28.33、最高 40 的收益，销售和休闲观光事业可获得最低 13.33、最高 25 的收益，均大于其单干时的收益。三角模糊数方法既考虑了三角模糊数最优分配值，同时也考虑了隶属度和非隶属度，可以有效避免信息失真和模糊性放大的问题，较好地解决了农产品供应链中模糊性和不确定性的复杂合作联盟收益分配问题。

9.4   结论与讨论

农村三产融合合作收益分配是一种典型的模糊合作决策问题，作为一种资本增值的手段，增值收益如何在多元化的主体间分配是农村三产融合的关键。本章从经济学角度衡量农村三产融合参与的利益分配问题，采用三种方法衡量不同利益联结类型下的农村三产融合收益分配，即分别以农村三产融合的最常见模式"农产品种植＋农产品加工＋休闲旅游"的融合为例，介绍了区间值最小二乘核仁解法、修正的区间 Shapley 值法、三角形直觉模糊数三种方法在农村三产融合主体间的利益分配的应用,以期对三产融合主体建立更好的利益分配方案,完善利益联结机制。

采用区间值最小二乘预核仁法和区间 Shapley 值法,分别计算了基于局中人整体满意度最优和局中人对合作联盟贡献度的两种方法下的农村三产融合收益分配。由于用区间数平方距离代替了区间数的减法运算,两种方法都规避了合作收益右端点小于左端点的问题,使得结果更具合理性。采用直觉三角模糊数法综合考虑了隶属度和非隶属度,可以有效避免信息失真和模糊性放大问题。其中区间值最小二乘预核仁法避免了减法运算,减少了不确定性,该方法以实现整体满意度最优为出发点,客观上实现了联盟收益的整体满意度最大化,当要考虑联盟者整体满意度最优时,可以选用这种方法。区间 Shapley 值法是根据局中对联盟的边际贡献度来进行收益分配,当侧重考虑主体贡献度时,可以选用该方法。当合作联盟的效用函数只能表示为某个范围,且在该范围内具有一定的概率时,可以采用综合考虑隶属度和非隶属度的三角直觉模糊合作博弈方法。本章旨在为农村三产融合合作收益分配提供参考,未来可进一步通过神经网络等方法来估算各种合作联盟组合的可能收益,进一步估算出个体收益值。

10 福建省农村三产融合发展推进策略

本书基于 PED 分析框架研究了福建省农村三产融合过程、融合成效、融合收益分配三个问题。通过对福建省 10 个村的扎根理论分析,绘制了融合过程图谱,解决了融合的基础问题;构建了融合成效的测度指标体系,并对 10 个村开展了融合成效测评,解决了融合的标准问题;分析了农村三产融合收益分配问题。农村三产融合的研究集产业结构、产业组织与产业政策为一体,在分析福建省农村三产融合发展三个主要问题的基础上,本书明晰了三产融合的发展脉络和途径以及实施过程,测评体系的构建使得农村三产融合发展有了导向性的标准,收益分配贯穿于农村三产融合的全过程,利益联结应成为凝聚融合多方力量的黏合剂。基于此,从融合过程优化、成效提升、完善收益分配角度提出以下推进策略。

10.1 福建省农村三产融合过程优化策略

循着农村三产融合过程"产业公地分析—资源分析—市场分析—工作分工"的融合过程图谱,笔者提出以下几方面建议,以厘清融合脉络、优化融合过程。

10.1.1 培育产业公地,铸就有机融合

产业融合是一个凝聚多元要素的复杂系统,资源基础不同,融合模式也不同,要实现产业融合,首先要找准或培育"产业公地",明确产业间融合的共同点。

地区产业特色要在"产业公地"上挖掘,寻找一种持久的、有文化内涵、有产业效应、当地普遍认可、易于连接相关者利益的特色技术、产品或服务,即产业联结之魂,塑造"产业公地"品牌个性,再寻求融合链的延伸与拓展,以此形成点、线、面的产业融合生态圈。所谓有机融合,就是找准产业间可共享、可联结的点,即产业公地。避免"拉郎配"、牵强附会的融合,而是建立在一定联结基础上,拥有可共享的某种技术、产品或服务。"产业公地"具有转换成特色产业文化的优势资源禀赋,是一种持久的、有文化内涵、有产业效应、当地普遍认可、易于连接相关者利益的特色技术、产品或服务,即产业联结之魂。产业公地挖掘有利于培养农产品发展集中度和规模效应,完善产业布局和配套组织协作水平。应寻找一种持久的、有文化内涵、有产业效应、当地普遍认可、易于连接相关者利益的特色技术、产品或服务,即产业联结之魂"产业公地",塑造特色产业品牌个性,讲好品牌故事,提升文化韵味与价值。产业公地挖掘有利于提升农业农村产业集中度和规模效应,培育农业龙头企业,完善产业布局和配套组织协作水平。

10.1.2 找准主题定位,强化乡村产业特色

厘清基本定位,避免盲目融合。产业融合是一个长期的工程,资源基础不一样,基本发展规律也不一样,要实现产业融合,首先要有一个清晰准确的定位。城西片区基于藤铁工艺资源优势和良好的生态优势和地理位置优

势,基本发展定位是工农旅融合发展,在大方向引领下,五区各区落找准基本发展定位,形成各区特色,打造一区一品,定位可以从文化、农业产业、民风民俗、自然资源等多方面着手,挖掘本区域本区落最具潜力最具特色的发展方向。农村三产融合是一个长期的工程,不同区域各种资源禀赋不一,基本发展规律也不一样,要实现农村三产融合,首先就是要有一个清晰准确的定位,定位可以从文化、农业产业、民风民俗、自然资源等多方面着手,从本区域本区落最具潜力最具特色的产业入手,找准特色,突出个性和品牌化。产业融合在带动区域经济发展,形成产业融合品牌上也必须形成品牌个性,将自身已有产业基础做扎实,打造特色名片。产业兴旺,则乡村就业、养老、教育、康养、旅游也将被不断开发出来。在农村三产融合的开发中,每一件农产品将会被新的文化创意设计赋予新的内涵,找到新的市场价值,并兼具多种功能。

10.1.3　挖掘融合基础,打造融合品牌

福建省文化资源丰富,除了有红色文化、海丝文化、农耕文化、海洋文化、闽南文化、客家文化、妈祖文化、南音文化、朱子文化、船政文化、侯官文化外,还有各种类型的特色产业文化,如茶文化、梯田文化、竹木文化、香文化、木雕文化等。酸甜可口的余姚杨梅、柔绵甘甜的福鼎白茶等鲜翠欲滴的农产品带给人们美好的物质和精神享受,兼具实用性、经济性和艺术性,特色规模农业自带的物质和精神文化联同乡村旅游共同满足了城里人的乡愁需求。福建省以乡村特色产业为魂、以秀美田园为韵、以乡风乡貌为形、以技术创新为径,大力发展乡村特色产业文化旅游,催生出新的产业形态和消费业态,农业产业结构实现了从"量变"向"质变"的改革,助推了福建省巩固脱贫攻坚成果向乡村振兴的有效衔接。随着我省从"物质性消费"走向"服务型消费"的消费结构转型,消费的升级对农业农村的物质和精神需求也越

来越强烈,人们对农产品和服务的功能化、多样化、个性化、体验化、高端化的要求也在不断提升,乡村特色产业文化旅游发展面临更大的机遇。

10.1.4 农文旅互动,强化乡村品牌塑造

对于产业基础深厚和文化资源丰富的乡村地区,乡村特色产业文化旅游不仅满足了城市居民度假旅游的美好愿望,而且促进了乡村产业结构升级和业态拓展,带动了乡村地区的"文化复兴"与"产业再塑",强化了乡村形象塑造、文化认同、文化自信以及经济发展。随着社会大众对农产品的功能性、多样化、个性化、体验化的需求不断提升,在旅游业自然景观同类化、同质化比较严重的今天,乡村特色产业文化与旅游融合有着强烈的现实需求。城市居民渴望寻求一种恬静、舒适的田园式生存空间,享受田野乐趣和休闲舒适的生活,乡村旅游正迎合了人们的这样一种需求,"逆城市化"的人们开始节假日或者退休后重返乡村生活。乡村旅游的本质是在农村地区度假休息,居住在民宿、农户家里或小城镇,那里没有工业企业,没有多层住宅,旅游者得以充分享受亲近自然和农业劳动的乐趣。乡村旅游可以提供过去没有体验过或者许久未体验的崭新感觉.吸引游客的最大特点是洁净的空气、家庭的氛围、原始的自然、天然的食物、安静和悠闲的生活方式。如今越来越美的乡村风貌给城市居民带来了越来越大的吸引力。文旅互动的过程也逐步强化了乡村文化认同。如今"千姿百态、千秋万业"的乡村特色产业和文化元素不断彰显着地域文化、个性文化、特色文化,使乡村越来越有风味、风情和风貌。

10.1.5 提炼文化意向,推动农村三产融合

第一,要增强文化认同,强化乡村文化塑造。人们对乡村休闲旅游、文

化教育、生态涵养等的多层次需求决定了乡村的供给不仅能停留在朴素的物质层面，还可以满足人们的精神需求，甚至是对患有"城市病"的城市人的心理健康的治愈和调试。久居城市的居民，都渴望寻求一种恬静、舒适的田园式生存空间，享受田野乐趣和休闲舒适的生活。乡村旅游正迎合了人们的这样一种需求，"逆城市化"的人们开始在节假日或退休后重返乡村生活。当前我国乡村旅游还主要集中在精确的边缘地带和都市郊区等，旅游活动还是以观赏、采摘体验等居多，有很大的进步空间。仅有第一产业是不够的，乡村必须培育出有人文色彩、有本土气息、有艺术审美的农产品加工品和乡村旅游产品，以及配套的餐饮、民宿、电商、物流、创意设计。只有一二三产业配套发展，城里人来乡村才会流连忘返，在自我需求得以满足后多次返乡也才能成为可能。乡村旅游的本质是在农村地区度假休息，居住在民宿、农户家里或小城镇，那里没有工业企业，没有多层住宅，旅游者可以尽情享受亲近自然和农业劳动的乐趣。乡村旅游最吸引游客的是洁净的空气、家庭的氛围、原始的自然、天然的食物、安静和悠闲的生活方式，可以提供过去没有体验过或者很久之前体验过但许久未体验的崭新感觉。乡村"望得见山、看得见水、记得住乡愁"，乡村给人们带来的体验不仅是物质的，更是精神的、文化的。如今越来越美的乡村风貌对城市居民越来越有吸引力。它将人们的乡愁需求植入农产品品牌建设和乡村旅游品牌塑造，将农产品的生产价值和文化价值转换成市场价值，提升了产品和服务价格。乡村旅游应提升传统农业文化，发挥园艺手段，植入公共景观游憩互动装置艺术。

第二，要提炼文化意象，实现"城人魂"的融合。文化作为人类在实践中创造的各种思想观念、社会生活和行为规范的总和，是人们为了适应和改造自己的生存环境而进行的精神生产的产物。经济包含了文化，文化包含了经济，二者相互依赖，相辅相成。文化创意具有将人们的对乡村的精神需求转换成生产力的潜力。发达国家成功的农业发展经验表明，农业的发展决不能脱离其他产业的交叉共享而实现，知识经济、工厂化经验、文化创意给予了新农业更多的动力空间和更大的增长潜力。人们不是为了生产而生产,而是为了自己的需要而生产。人类物质和精神的双重需求决定了文化与农业经济的互动不应停留在潜在、朴素的层面,但有一个由弱及强、由浅入深的过程。

美丽乡村不应是"千篇一律、千村一貌、千疮百孔",而应是"千姿百态、千变万化、千秋万业",应提升乡村产业特色和文化元素,以彰显地域文化、提出个性文化、展示特色文化,乡村应有"乡村风味、乡村风貌和乡村风情",应有文化自信。美丽乡村建设的关键要素是解决"城、人、魂"的问题,城——进城是农村人的念想和梦想,因为其"购物的方便度、交通的便捷度、居住的舒适度、教育的优越度以及生活的幸福度",因此乡村需要解决的核心问题是"村镇复兴",如乡村超市、乡村影院、乡村公园、乡村公交的建立。人是乡村振兴的动力和活力,让更多的人留在乡村,让更多的人回到乡村。魂——乡村文化是乡村振兴的命脉和血脉,乡村应提炼文化意象。旅游是载体,文化是灵魂,注重大文化与小文化、固态文化、物质文化与精神文化与第一第二产业的协同,满足人们个性化、功能化、人性化的多元需求。在旅游业自然景观同类化、农产品发展同质化严重的今天,乡村特色产业文化与旅游融合具有持久的生命力。

第三,要聚焦文化主题,复苏乡村文化意象。我国乡村不缺少文化,而是缺少高水平的设计师复苏乡村文化意象,聚焦文化主题,使农村生产、生活、生态形成形、意、象的融合,应遵循天地人合一的设计理念,做好产业特色与旅游文化的融合,相融共生,使乡村产业具有文化色彩。文化产业和旅游产业以其创意性和较强的关联性,对经济发展起着重要的推动作用。乡村文化的打造应理脉聚气,穿针引线、聚焦核心、提炼主题、营造层次。应梳理现有资源、找准市场定位,植入美学理念、提炼文化意象,营造美学形象,将农产品生产价值和乡村生态景观转换成市场价值,提升附加值。农村产业的文化创意设计应将人们对乡村的精神需求转化为市场潜力提高,提高农产品、文创产品和乡村旅游产品"价码",将其衍变成一种社交文化的需求。以福建古田县际面村为例,其主导产业是桃产业和乡村旅游业,规划将桃文化元素和创意设计融入乡村景观打造中,融入"逃之夭夭、灼灼其华""桃花潭水深千尺,不及汪伦送我情"等的诗情画意,依托满山翠绿、桃李芬芳、花红柳绿设计"桃为形、花为心、山为轴、路为线、屋为情、湖为兔、厝为点"的景观设计,打造桃花浪漫/色、桃色彩虹/乐、桃色通话/梦幻、桃色哲思/禅的乡村景观和人文意象,塑造"为花而来,为桃而生"的乡村文化,实现桃生产、桃加工、桃文化旅游、品牌营销、文化创意的一体化。

第四,要提炼农产品美学形象,实现价值增值。在现有乡村文化旅游产品中植入农产品美学理念,实现价值增值。乡村景观艺术设计中应融入"产业、文化、旅游、乡村、标志、建筑、产品",借助生态艺术、色彩艺术、标识符号将文化创意融入其中。通过创意设计赋予农产品新的文化内涵,找到新的市场价值,发挥文化旅游的多重功能。如韩国清道郡的小柿子产业,曾引领了韩国六次产业的新浪潮,通过将柿子变成柿子茶、柿子醋、柿子酒、柿子冰激凌、柿子饮料等加工品,结合柿子酒的试饮、展销、聚会、文创为一体的柿子酒主题旅游景点,实现了柿子价值从 10 韩元/千克到 1690 韩元/千克的增值,创造了比普通柿子多 57 倍的收益。小柿子,大产业,既然柿子可以这么做,那我们是否也可以做桃子、橘子、香蕉、草莓,中国的乡村旅游需求市场已基本形成,接下来就应该考虑供应何种乡村产品来满足人们日益正增长的物质文化和精神文化的需求。乡村旅游应借助高水平的文化创意设计,提炼特色农产品文化意象和美学形象,实现价值增值。乡村生态景观和文化资源丰富,借助一山一水、一花一石、一桥一木等丰富乡村资源的营造,体现山水、花果、林木的故事,蕴含娱乐、常怀、浪漫、情感、哲思。比如桃花,可融入桃花文学诗歌、故事、典故、吉祥文字、短语故事等情感意象。只有把创意设计融入乡村景观改造,才能成为桃文化旅游,提升农产品和旅游附加值。而福建省南平市文化底蕴厚重,即可突出历史主题,而宁德市、龙岩市则拥有浓厚的红色基因,便可大力发展红色旅游。乡村旅游业的转型设计需要借助高水平的文化创意。设计团队应复苏真实文化意象,重塑农产品美学形象,汲取人文精粹、构筑农产品文化软实力,通过"形、象、意"的文创形态,和自然、生态、本真的设计理念,融入故事与情感、自然与快乐、生活与诗意。

10.2 福建省农村三产融合成效提升策略

融合成效测度指标体系是判断福建省农村三产融合发展过程是否合理、融合发展成果是否有效的重要标准。笔者依据前文提出的产业链延伸、农业多功能性发挥、农业服务业融合、增收与就业、生态效应五个指标层,总结出以下四方面融合成效提升策略。

10.2.1 加快农产品加工业,延伸农业产业链条

加快农产品加工业发展,对农产品初级加工、深度加工以及综合加工进行梯度式发展,加快建设园区工程,培育扶持更多加工企业发展,促使农产业在产前、产中和产后实现统一化发展,对产业链进行有效的延伸,强化供应链的建设,不断推动价值链的提升,推进农产品初级加工、深度加工以及综合加工的梯度式建设。同时提高农业规模化和标准化生产水平,科学种养,规范农产品种子引进和农业投入管理,使农产品的种植符合无公害绿色以及有机等相应的标准;做好采后处理、包装、贮藏工作,按成熟期分批采收,分级处理、分等包装,分别贮藏;按发展农产品加工业要求,改善农业生产条件、探索推广定制农业,建设农产品定向生产基地。推进标准化生产的意识与能力,确保产品质量。通过农业与农产品加工业的融合,建立稳定的

销售渠道和市场,给加工企业提供质量可靠的农产品,使产业链、价值链呈前延后伸融合发展态势,实现农业产前、产中、产后的一体化,强化供应链、延伸产业链、提升价值链。

10.2.2　推动技术创新,提升农业附加值

创新是产业发展的生命力。引入技术服务团队,强化科技支撑,推广科技特派员制度,通过对种植方法进行改良,使农机和农艺得到充分的融合,逐步构建完善的现代化农业技术体系。可围绕品种选育、新品种示范、设施装备、科技成果展示,吸引国内外科研院所、高等院校、龙头企业等共同参与农村的三产融合。同时搭建科技研发与示范推广平台,逐步建设产学研推全面化的发展机制,优化科技研发硬件条件,加速农业科技成果转化。可充分借助互联网的技术优势,促使现代农业得到加速发展,同时通过大数据和物联网等一系列技术手段的支持,推动农产品电子商务发展,加快特色农产品的专业化电子商务平台和农产品网络直销基地建设。此外,大力推动农业科技创新平台建设,加强农业龙头企业和相关院校以及科研机构的联合式发展。通过建立电子商务村级服务站,培育农村电子商务市场主体,鼓励电商、物流、商贸、金融、邮政、快递等各类资本参与农村电子商务发展,构建适应农村电子商务发展的物流配送体系。

技术创新依赖于对现有资源的分析与盘点。首先分析现有特色产业资源、资金资源、人才资源、生态旅游资源、技术资源,然后根据本书所提的十四项次范畴对资源进行盘点、归纳、梳理,发挥资源优势,弥补资源劣势。农村承载着丰富的特色产业资源、文化资源、生态旅游资源,随着近年来利好的政策倾向,农村人才资源和资金资源也在不断加码,对资源的利用与盘活有利于技术创新的推动,当然,也依赖于市场需求的诊断与对接,努力将农产品的文化价值注入第一产业和第二产业,将其转化为市场价值,提升农业

附加值。

10.2.3　加强组织领导,集聚工作合力

一切生产都是在人与人的关系中协调人与自然的关系的过程。农村三产融合发展是一项系统工程,要以机构融合、职能融合作为保障。需要多方齐心协力、协调联动、共同推进。建立良好的组织工作机制、利益联结和收益分配机制。在此基础上统筹各部门工作职责,合理分工。农村三产融合发展业态创新活跃,产业边界模糊,经营主体多元化,内涵丰富,若没有明确的分工协作,农村三产融合将出现"热情高、经验少、效益低"。改变传统农业经济主体的"386199"部队模式,通过农业企业、家庭农场、合作社、职业农民等新型农业经营主体,进行专业化经营,创造利润。设立农村三产融合领导小组,三产融合的规划、建设、协调与执行落实到人,完善考核与评价机制。引导企业投资三产融合项目,及时引导资金、技术、人才等要素向农村产业融合集聚。细化目标任务,制定"路线图",设定"时间表",建立工作台账,明确责任分工,逐项抓好落实,形成一级抓一级、层层抓落实的工作格局,确保各项工作目标任务落到实处。统筹协调职责、督促指导、建立台账等工作。各主体要各司其职,各负其责,加强沟通协调,主动配合协作,形成齐抓共管的工作合力,推动各项工作顺利开展。

10.2.4　发展行业协会,促进产业联盟

农村三产融合也将特定的个体融入一定的网络之中,个体与网络之间如何互动、个体与网络的关联程度如何,这种关联程度也将影响到产业间的合作模式。融合主体按照一定的社会认可的规范,通过不完全契约下的联盟形式,在信息不对称的环境中,通过彼此间的信任,建立起融合的生态网

络。在行业协会和产业联盟等社会网络中,个体与网络的互动,以及网络间个体与个体的互动将有助于降低交易成本,促进分工内部化。可发展行业协会,促进产业联盟,充分发挥行业协会在推进农村产业融合中的行业自律、协调管理、品牌营销、组织交流、信息发布、建立电子档案和网络销售渠道、引进加工企业等方面的作用。进一步推动其他行业如优势农产品种植、农产品加工等成立行业协会,支持符合条件的行业协会承接政府转移、委托、授权职能和购买服务,鼓励行业协会承担起质量监测和信用评估等相关责任。

10.3 福建省农村三产融合收益分配方案设计

10.3.1 完善收益分配,健全利益联结

利益联结贯穿于农村三产融合的整个过程,合理的收益分配是其首先要考虑的问题,不只是农户之间,也包括不同经营主体之间,如农业投入部门、农业生产部门、农产品加工与转化、食品流通与餐饮服务部门。只有公平合理的收益分配方案,才可维系融合的稳定性和长久性。传统的三产融合中,第一产业为立足点,第二产业为支撑点,第三产业为盈利点。然而,在利益分配中应在投入与产出间实现均衡,让各产业主体都能公平合理地分得一杯羹。选择联结主体,认清联结形式,评价联结效果。无论是农业与二三产业的外部融合还是农业内部种植业与养殖畜牧业的融合,都有利于促进通过劳动力周雇佣的形式,扩大与小农的利益联结。联结程度与行业特性、发展阶段、生产条件、农户的素质以及双方认知有很大关系。

建立何种利益分配机制、激励约束机制以及权益保护机制,是利益联结

中重点要考虑的问题。企业与农户包括地方政府间可以合作、可以买断、可以持股。农户可以通过出售自身销售行为、服务或场地等从中获利,利益联结可以是销售行为联结、服务型联结或租赁行为联结。培养各利益相关者主体的合作意识,建立良好的利益分配机制,合作评估等。基于产业公地识别与鉴定的基础上寻找各方利益的共同点、平衡点。政府应围绕促进农民增收的目的,不断对入园企业进行优化,充分的联系项目和农户之间的利益,逐步地向订单农业和股份合作制等模式进行探索。如此不仅能够使劳动力的就业问题得到解决,为农村三产融合发展带来有力地促进,同时还可以帮助农民群众实现增收致富的目标,确保特色产业能够给农产业带来增值,逐步提升农村地区的生活和居住水平。广泛推广"龙头企业+基地+农户""农民合作社+农户""农民合作社联合社+基层社+农户"等组织方式。横向看,利益相关者主体之间的关系可以是买断式、股份式、订单合同、长期雇佣或短期雇佣的合作方式。纵向看,利益相关者主体间将考虑如何在做好农业主导产业基础上,如何在做好农业第一产业,做强第二产业的加工业基础上,发展以旅游、电商、服务为主的第三产业,兼顾农业与文化、科技、教育、康养结合,以具有持久的生命力。

10.3.2　基于模糊合作博弈,计算收益分配

农村三产融合是一个多方合作博弈的过程,在这个过程当中,各方利益主体通过信息共享、资源共享等方式降低交易成本,实现分工内部化。利益联结的一个重要问题就是建立合理的收益分配机制,设计不完全契约下合作收益分享的公理化体系,从而实现共享经济中个体收益最大化。要促进三产融合良性推进,应将不同参与主体的利益联结放在首位。衡量农民增收的效果应是检验三产融合成果的重要标尺。由于现有三产融合利益分配机制不健全,三产融合缺乏成长的动力。收益分配除了按投入要素和契约

价格,还需考虑融合主体对三产融合的参与率和贡献率。只有分配公平、合理,融合主体(农户)的利益联结才会稳定,三产融合才会长久。本书提供了模糊合作博弈思想下的两种合作收益分配算法,分别采用区间值最小二乘预核仁法和修正的区间 Shapley 值法,一种是基于满意度最优原则,一种是基于局中人边际贡献度的考虑,两种方法都规避了合作收益右端点小于左端点的问题,使得结果更具合理性。当要考虑联盟者整体满意度最优时,可以选用区间值最小二乘预核仁法;当侧重考虑局中人的贡献度时,可以选用修正的区间 Shapley 值法,以达到鼓励技术升级的目的,从而实现收益分配的相对公平。合作博弈可以解决合作的收益分配问题,这也是 Shapley 创建合作博弈论的初衷。

10.4　福建省农村三产融合发展相关配套政策

福建省农村三产融合发展虽取得了一定成效,但还处于探索阶段,因此需要通过政策扶持,来引导农村三产融合水平的提升,优化农村三产融合环境。特色产业发展平台建设有利于打造农业现代产业体系,整合优势特色产业资源,打造农业重点项目。可依托农村三产融合示范园项目的建设,打造农村三产融合示范样本,引导各地区产业融合发展,促进产业结构优化升级,进行科学合理规划。如鼓励各地、市、县级层面依托村集体、农业企业、合作社、家庭农场等运营主体推进农村三产融合示范园建设。同时提升农村产业规划与乡村旅游规划设计水平,形成将产业特色与乡村生态景观融合为一体的设计理念,不要千篇一律,而应是千姿百态、千种风情,突出乡风、乡情、乡貌。进入新时代,乡村振兴体系中重要的不仅仅是土地、资本、劳动力要素的聚集,还有信息、人力资源、高科技的供给,是生态景观、人文环境、文化修养等社会资本的集体输入,是满足人们不断需要的物质和精神需要的供给,是创新体系的供给,因此,相关配套政策保障体系的建立势在必行。

10.4.1 保障农业基础地位

随着福建省工业经济的稳步发展,农业的地位及其作用在工业、服务业迅速扩张中有被弱化与挤压的迹象。农村二三产业的发展壮大对于产业链延伸与农产品的增值有明显的促进作用,但是农业的基础地位是不可动摇的,基本农田保护区不应该被侵占,耕地红线也不能逾越,耕地使用效率的提升对于农业综合实力的增强具有重要意义,也是加快促进福建省农村三产融合发展的必由之路。

10.4.2 加强环保管制力度

福建省农村一二三产业的融合是生态环境、人与产业三者的良性互动,因此环境规制力度有必要进一步加强,一是加大环境治理经费的财政倾斜,以财政拨款为主体,金融资金为辅助,引导民间资本流入,构建强有力的资金支持体系,全面推动农村垃圾、污水治理体系的升级改进。二是加快推进农村环境治理的立法工作,制定切实有效的法律法规,严格实施环保执法措施,对于产生严重污染的个人、商户或者企业,应支付额外的环境治理费用,以弥补其外部性对区民造成的损失,打造美丽宜居的乡村环境。

10.4.3 搭建投融资平台

可由政府出资成立农业发展投资公司,由公司承担融合使用财政支农资金和政府其他涉农资金,通过贷款贴息、委托贷款等多种方式,为产业融合发展搭建融资平台,引导大量金融资源投入农村产业。同时升级农村支付体系,进一步完善农村支付基础设施建设,加快落实银行机构和非银行金融机构对农村地区的资金支持,可以借助于网络支付和手机支付等模式,来对助农贷款服务的模式进行创新。鼓励相关机构在农村地区设置 POS 机,逐步构建完善的乡村银行网点网络。为农村地区提供灵活的金融服务,使其能够和人民银行的支付系统或清算系统进行有效的接入。加快落实商业银行对农村地区的支付结算业务代理,为农村地区的多元化发展打好基础。推广非现金支付工具的使用,强化农村支付风险管理。农村产业的融合发展是今后农村经济发展的一个趋势,是整合政府资源和农村资源,唤醒沉睡资源,开创农村新的产业集群,引领农民致富的重大举措。

10.4.4　完善土地使用制度

土地是农业发展赖以生存的重要保障。若土地制度不完善,将不利于农业的规模化发展,不利于大型农业技术、旅游设施设备、农旅资源等的投入与推广,从而导致与农业规模化经营、农民增收、旅游时尚化、市场化运营不相适应的问题愈加凸显。应积极开展土地流转,健全土地流转支持政策、农村土地流转服务体系,建立"土地流转信息发布平台",在遵守国家土地制度的前提下完善土地规划,充分发挥土地功能。

10.4.5　健全公共服务体系

农村一二三产业的融合发展依赖于完善的基础设施和公共服务体系的建立。农村产业融合发展须发挥政府牵引作用,政府牵头产生产业联动、产业捆绑,互相渗透,整合分散的优势工业、农业、旅游等一二三产业资源。新型城镇化公共服务平台和共享经济平台可以更好地为农村三产融合发展提供支撑。完善基础设施建设,优化城乡服务环境、公共服务体系,加快公共交通、通信网络、电网改造、垃圾与污水处理、公共厕所与停车场等基础设施的建设,建立社会化农村科技服务体系、公共科技创新平台、公共信息平台等的建设。同时对经营者自行建设的基础设施和公共服务项目给予一定程度的奖励和补助支持。

11　研究结论与未来研究展望

开源、分享、合作已成为全球经济形态的普遍共识,农村三产融合符合中国农村渐进式变革发展的要求,是我国乡村振兴的必然和可行路径(陈学云,2018)。农村三产融合是用系统经营的思想形成的一套有别于工业经济形态的理论体系,是创新时代、信息技术和知识不断迭代更新的产物,是在改革的实践中不断总结和反思的产物。本书综合借鉴了产业集群理论、分工理论、六次产业化理论、分工理论、螺旋创新理论等的思想和方法,在文献分析和乡村调研基础上,对农村三产融合的内涵进行了界定。笔者立足福建,探究了福建省农村三产融合的基本现状和主要问题,构建了本书的 PED 分析框架,并以此为指引,研究了融合的三个方面:融合过程、融合成效、融合收益分配,三者相互交融、一脉相承,其中融合过程是融合的基础,融合成效是融合的标准,融合收益分配是融合的保障。进而从优化融合过程、提升融合成效、健全收益分配三方面提出融合推进策略。本书拓宽了农村三产融合过程研究、成效研究、收益分配研究、政策体系研究的广度,丰富了农村三产融合的相关理论体系。

11.1　研究结论

11.1.1　中国情境下农村三产融合内涵

西方的产业融合聚焦于技术的推动和市场的牵引作用,在"发展农业全产业链,形成农业产业集群"作为中国三农领域重点工作的当前,如何融合、分工落地、集体效率提升、利益分配更应成为实践焦点。产业融合发展的本质是一种集体行动,其根本目的在于谋取成员的共同利益,提升集体效率。农村三产融合谋求主动性集体效率,一是强化跨产业合作的外部经济;二是增强农业企业、农产品加工业、旅游企业或农户的市场地位以应对外部竞争;三是改善生态环境。农村三产融合以成本节约、适度规模效应、生态资源共享、专业化组织职能机构的产生、知识和技术溢出等的方式提升了集体效率,扩大了新生成的融合产业内部的分工与协作,追求生态、经济与社会效应。

农村三产融合意味着传统产业边界的模糊化以及乡村特色产业、生态景观及文化等资源的经济化、信息化趋同的优势,产业间新型的竞争协同关系建立起更大的复合经济效应。农村产业融合重塑了农村产业结构的演进形态,逐步演化为一个多层面、多元化、相互交叠的复杂立体系统。随着产业融合,产业关联、产业结构、产业空间布局都发生了变化。农村三产融合促进产品功能从产品经济走向服务经济,纵向从链式经济走向循环经济,横向从竞争经济走向共生经济,区域耦合从厂区经济走向园区经济,社会复合从部门经济走向网络经济,从自然经济走向知识经济,从刚性生产走向柔性生产,从务工谋生走向生态乐生。农村三产融合,输入的是土地、劳动力、资本、科学技术、文化创意、输出的是将人们对乡村的精神需求转化为市场价值和附加值和途径,是一种"你中有我,我中有你"的有机交融,是一种对乡土文化和特色资源价值的创意开发,也是"协同效应"下催生的农业经济形态。农村三产融合绝非第一第二第三产业的简单拼凑,而是融合了科技与文化创意,农村三产融合需要在更长的产业链延伸、交叉、渗透过程中实现系统设计和二次经营。产业发展规律不以人的意志为转移,但农村三产融合发展必是我国未来乡村发展的出路。农村经济应由倚靠自然资源和种养的经济向倚靠互联网资源、文化创意资源过渡,以往的生态景观、民俗风情、乡村文化应不断地内化为农村三产融合的系统要素。

11.1.2 农村三产融合过程 SRM-W 分析模式的提出与现实应用

本章尝试建立一个能够引导并协助农村三产融合活动实施与落地的一般性框架和程序,重新解释"什么是农村三产融合?""三产融合的发生条件是什么""农村实施三产融合需要分析什么资源""三产融合如何得以实施保障"等问题,采用质性分析方法,通过开放性、主轴性、选择性编码分析,分析了福建省 10 个村三产融合演进过程,提出农村三产融合过程的 SRM-W 分析模式。农村三产融合需经历四阶段得以实现,首先要进行产业公地 S 性分析(shared analysis),要有可共享的技术、产业或服务,以此为基础进行产业资源 R 性分析(resources analysis)和农村三产融合市场 M 性分析(market analysis),最终需对利益相关者主体进行工作分工 W 分析(division of Work),使农村三产融合工作得以落地实施。其中,产业公地(S 性)分析是农村三产融合的前提,要想对农村三产融合进行进一步的开发与培育,需开展产业资源分析(如特色产业资源、旅游资源、文化资源等)与市场分析(如第一、第二特色产业市场分析、旅游市场分析以及市场定位),而工作分工是农村三产融合的落地与实施的保障。进而将 SRM-W 分析模式运用于福建省安溪县五个村形成的一个产业融合片区,厘清了五个村的融合基前提和条件,优化了其融合的过程。融合过程的分析旨在引导形成一种更有效率、更具成本优势的农业产业结构的组织方式,提升融合成效。

11.1.3　农村三产融合成效分析

本书遵循前瞻指导性、科学实用性、可操作性、系统性的原则,考虑了融合过程中的两个主要方面,一是"产业关联"的手段,二是"融合结果"的目的,构建了融合成效测评指标体系,包括"产业关联""融合结果"两个二级指标,以及细化的五个三级指标:产业链延伸分析、农业多功能性分析、服务业融合、增收与就业、生态效应。进而对前文进行融合过程分析的 10 个村进行融合成效的测评,分析其得分成因。构建融合成效的测度指标体系、开展融合成效测评,是判断福建省农村三产融合发展过程是否合理、融合发展成果是否有效的重要标准。

11.1.4　农村三产融合收益分配

利益联结贯穿于农村三产融合演进的全过程,公平合理的收益是其难点和痛点。本书研究了该话题,以期为农村三产融合的良性持久推进提供一定的收益分配制度保障。农村三产融合合作收益分配是一个模糊合作博弈问题。采用区间值最小二乘预核仁解法、修正的区间 Shapley 值两种方法应用于福建省农村三产融合主体间的收益分配,两种方法都规避了合作收益右端点小于左端点的问题,使得结果更具合理性,后一种方法有效避免信息失真和模糊性放大问题。两种方法都提升了合作收益分配的公平性与合理性,当要考虑联盟者整体满意度最优时,可以选用区间值最小二乘预核仁解法。当侧重考虑个体对主体的贡献度时,可采用本书修正的区间 Shapley

值法。公平合理的收益将激发融合动力,反向助推融合成效的提升,成为推进福建省农村三产融合发展的重要保障。

11.1.5 农村三产融合推进策略设计

本书以福建省农村三产融合为研究对象,在分析福建省农村三产融合发展现状的基础上,探索性提出农村三产融合演进过程分析模式,并在此基础上分别以运营主体对主导和以政策为主导提出农村三产融合的研究路径设计。农村三产融合应经历"融合探索期—融合启动期—融合发展期—融合成熟期"这一过程,探索期应进行融合条件的分析,融合启动期应找准定位,提炼主题,明确方向。融合发展期应集聚各种资源要素,借助人才集聚、技术驱动、资本运作以及政策利好的平台,形成新产业、新业态、新模式,最终实现经济功能、社会功能、生态功能的良性互动。以运营主体为主导的农村三产融合路径设计从融合前提、融合开发与培育、融合落地与实施三个方面提出。政策主导的农村三产融合路径优化从特色产业发展平台建设、农村三产融合示范区建设、产业结构优化布局、农村产业与乡村旅游规划设计、农村三产融合政策扶持几方面提出。

11.2 研究不足与未来研究展望

然而,作为一项探索性研究,本书的不足之处在于:农村三产融合是一项复杂的系统工程,本书构建了 PED 分析框架,主要分析了融合过程、融合成效、融合收益分配三方面的问题,诚然,这三个方面相互交织、一脉相承,共同影响着福建省农村三产融合发展,但由于文献阅读以及样本调查的局限性,农村三产融合必然还存在一些其他的复杂现象和困境。农村三产融合是一个与时俱进的课题,随着农村三产融合活动在我国的进一步推进,未来有待进一步拓展研究领域、深化研究案例,并进行案例的跟踪研究,丰富研究的理论体系。如本书以福建省 10 个村进行扎根理论分析推导出农村三产融合过程的 SRM-W 分析模式,10 个案例的样本饱和度有待进一步提升。未来有待展开全国范围内更大规模的研究,进行地区差异性的比较,如东部与西部地区、沿海与内陆城市的比较分析,以为不同情形下的农村三产融合活动提供建议。

未来可展开多案例研究不同地域背景、资源禀赋下农村三产融合 SRM-W 模式的应用及选择偏好,通过建立新型古典经济学模型,研究农村三产融合通过降低交易成本、技术共享促进分工协作、提升集体效率的过程,分析新形势下政府、村集体、企业、家庭农场、合作社、农户等不同利益主体参与农村三产融合的行为特征、利益机制及农村三产融合决策效果。进一步关注农村三产融合的前提——产业公地的形成、农村三产融合利益联结机制,尤其是收益分配机制的问题。同时结合"叶落归根"的乡愁文化、乡土情结对我国农村劳动力流动的影响,通过调查研究从人口学角度研究农村劳动力流动和三产融合的相互作用。人口的流动对农村产业发展的影响不是立竿见影的,所以常常被忽视,但这种隐形的力量可能是不同乡村产生差距的重要原因。

参考文献

[1]ANDERSSON F N G, EDGERTON D L, OPPER S. A matter of time: revisiting growth convergence in China[J]. World development, 2013 (45):239-251.

[2]ANDRÉ C, FRANK H. Null, nullifying, or dummifying players: the difference between the Shapley value, the equal division value, and the equal surplus division value[J]. Economics letters, 2014(2): 167-169.

[3]BRÖRING S, CLOUTIER M L, LEKER J. The front end of innovation process in an era of industry convergence: evidence from nutraceuticals and functional foods[J]. R&D management, 2006,36(5): 487-498.

[4]BRÖRING S, LEKER J. Industry convergence and its implications for the front end of innovation: a problem of absorptive capacity [J]. Creativity and innovation management,2007,16(2):165-175.

[5] CHOI D, VALIKANGAS L. Patterns of strategy innovation [J]. European management journal,2001,19(4):424-429.

[6]CHIN K S, CHAN B L, LAM P K. Identifying and prioritizing critical success factors for coopetition strategy[J]. Industrial management and data systems,2008,108(4),437-454.

[7] DOWLING M, LECHNER C, THIELMANN B. Convergence: innovation and change of market structures between television and

online services[J]. Electronic markets,1998,8(4):31-35.

[8]FRANCOISE L, SANDRA P , et al. Spatial rebalancing and industrial convergence in China[J].China economic review,2015(34):39-63.

[9]HACKLIN F, CHRISTIAN MARXTAND F F. Coevolutionary cycles of convergence: an extrapolation from the ICT industry[J]. Technological forecasting and social change,2009,76(6):723-736.

[10] HEO P S, LEE D H. Evolution patterns and network structural characteristics of industry convergence [J]. Structural change and economic dynamics,2019,12(51):405-426.

[11] KELLY M J, SCHAAN J L, JONCAS H. Managing alliance relationships: key challenges in the early stages of collaboration[J]. R&D management,2002,32(1):11.

[12]KEMAHLIOGLU Z E, BARTHOLDI J J. Centralizing inventory in supply chains by using Shapley value to allocate the profits [J]. Manufacturing & service operations management, 2011, 13(2):146 - 162.

[13]KIM N, LEE H, KIM W. Dynamic patterns of industry convergence: evidence from a large amount of unstructured data [J]. Research policy,2015,44(9):1734-1748.

[14] KODAMA F. MOT in transition: from technology fusion to technology-service convergence[J]. Technovation,2014,34(9):505-512.

[15] LEI D T. Industry evolution and competence development: the imperatives of technological convergence[J]. International journal of technology management,2000(19):699-738.

[16]LI D F. Models and methods for interval-valued cooperative games in

economic management[M]. Cham, Switzerland:Springer,2016.

[17] LITTLER D, LEVERICK F, BRUCE M. Factors affecting the process of collaborative product development: a study of UK manufacturers of information and communications technology products[J]. Journal of product innovation management, 1995(12): 16-32.

[18] LUIS M R, FEDERICO V, JOSE M Z. The least square prenucleolus and the least square nucleolus: Two values for TU games based on the excess vector[J]. International journal of game theory, 1996(25):113-134.

[19] MACHER J T. Organisational responses to discontinuous innovation: a case study approach [J]. International journal of innovation management, 2004, 8(1), 87-114.

[20] MADHUSUDAN G, ATANU G, et al. Regional divergence and club convergence in India[J]. Economic modelling, 2013(30):733-742.

[21] MALERBA F. Innovation and the dynamics and evolution of industries: progress and challenges[J]. International journal of industrial organization, 2007, 25(4):675-699.

[22] MORE E, MCGRATH M. Working cooperatively in an age of deregulation[J]. The journal of management development, 1999, 18(3):227-255.

[23] NARULA R, DUYSTERS G. Globalisation and trends in international R&D alliances[J]. Journal of international management, 2004,10(2), 199-218.

[24] PRESCHITSCHEK N, NIEMANN H, et al. Anticipating industry convergence: semantic analyses vs IPC co-classifification analyses of

patents[J]. Foresight,2013,15(6):446-464.

[25] RICH M K. Requirements for successful marketing alliances[J]. Journal of business and industrial marketing,2003,18(4):447-456.

[26] ROSENBERG N. Perspectives on technology[M]. Cambridge University Press,1978.

[27] SCHMOOKLER J. Invention and economic growth[M]. Harvard University Press,1966.

[28] 蔡海龙.农业产业化经营组织形式及其创新路径[J].中国农村经济,2013(11):4-11.

[29] 曹祎遐,黄艺璇,耿昊裔.农村一二一二三产业融合对农民增收的门槛效应研究:基于2005—2014年31个省份面板数据的实证分析[J].师范大学学报(哲学社会科学版),2019(2):172-182.

[30] 陈国生.湖南省农村一二三产业融合发展水平测定及提升路径研究[J].湖南社会科学,2019(6):79-85.

[31] 陈学云,程长明.乡村振兴战略的三产融合路径:逻辑必然与实证判定[J].农业经济问题,2018(11):91-100.

[32] 陈赞章.乡村振兴视角下农村产业融合发展政府推进模式研究[J].理论探讨,2019(3):119-124.

[33] 程静,何燕,丁晧希.山西省红枣产业一二一二三产业融合发展模式研究[J].山西农业科学,2019(4):686-689.

[34] 程瑞芳,张佳佳.特色农业小镇视角下蔬菜产业与乡村旅游融合发展研究[J].经济与管理,2019(5):42-46.

[35] 崔彩周.乡村产业兴旺的特色路径分析[J].中州学刊,2018(8):47-52.

[36] 董凤丽,曲瑞,马发旺.基于产业融合视角的乡村旅游发展模式分析[J].农业经济,2017(4):34-37.

[37] 郭军,张效榕,孔祥智.农村一二三产业融合与农民增收:基于河南省的

农村一二三产业融合案例[J].农业经济问题,2019(3):135-144.

[38]国家发展改革委宏观院和农经司课题组.推进我国农村一二三产业融合发展问题研究[J].经济研究参考,2016(4):3-28.

[39]郝华勇.以特色小镇引领农村一二三产业融合发展研究[J].农业经济,2018(2):3-5.

[40]姜晶,崔雁冰.推进农村一二三产业融合发展的思考[J].宏观经济管理,2018(7):39-45.

[41]姜长云.日本的"六次产业化"与我国推进农村一二三产业融合发展[J].农业经济与管理,2015(3):5-10.

[42]姜长云.推进农村一二三产业融合发展,新题应有新解法[J].中国发展观察,2015(2):18-22.

[43]姜长云.推进农村一二三产业融合发展的路径和着力点[J].中州学刊,2016(5):43-49.

[44]解安,周英.农村一二三产业融合的学理分析[J].学习与探索,2017(12):155-159.

[45]科宾·J.M.,施特劳斯,等.质性研究的基础[M].重庆:重庆大学出版社,2015.

[46]李冰.农村社群关系、农业技术扩散嵌入"一二三产业融合"的路径分析[J].经济问题,2019(8):91-98.

[47]李冰.提炼文化意象助力农村一二三产业融合发展[J].人民论坛,2019(8):64-65.

[48]李明贤,唐文婷.地域特点、资源整合与农村一二三产业深度融合:来自湖南省涟源市的经验[J].农业现代化研究,2017,38(6):963-970.

[49]李乾,芦千文,王玉斌.农村一二三产业融合发展与农民增收的互动机制研究[J].经济体制改革,2018(4):96-101.

[50]李文天.传承藤铁工艺,谱写精品传奇[J].福建教育,2014(25):43-44.

[51]李云新,戴紫芸,丁士军.农村一二三产业融合的农户增收效应研究:基于对 345 个农户调查的 PSM 分析[J].华中农业大学学报(社会科学版),2017(4):37-44.

[52]李芸,陈俊红,陈慈.北京市农业产业融合评价指数研究[J].农业现代化研究,2017,38(2):204-211.

[53]李芸、陈俊红、陈慈.农业产业融合评价指标体系研究及对北京市的应用[J].科技管理研究,2017,37(04):55-63.

[54]李治,安岩,侯丽薇.农村一二三产业融合发展的研究综述与展望[J].中国农学通报,2018(16):157-164.

[55]李治,王东阳.交易成本视角下农村一二三产业融合发展问题研究[J].中州学刊,2017(9):54-59.

[56]梁瑞华.我国农村一二三产业融合发展的实践探索与推进建议[J].中州学刊,2018(3):51-55.

[57]梁伟军,易法海.中国现代农业发展路径的产业融合理论解释[J].江西农业大学学报(社会科学版),2009,8(4):44-47.

[58]梁伟军.产业融合视角下的中国农业与相关产业融合发展研究[J].科学经济社会,2011(4):12-17

[59]梁伟军.农业与相关产业融合发展研究[D].武汉:华中农业大学,2010.

[60]刘斐,蔡洁,李晓静,夏显力.农村一二三产业融合的个体响应及影响因素[J].西北农林科技大学学报(社会科学版),2019,19(4):142-149.

[61]刘国斌,李博.农村一二三产业融合与现代农业发展分析[J].农业现代化研究,2019,40(4):621-628.

[62]刘威,肖开红.乡村振兴视域下农村一二三产业融合模式演化路径:基于中鹤集团的案例[J].农业经济与管理,2019(1):5-14.

[63]卢青,贺伟华.产业振兴与现代农业发展模式创新:基于 JT 公司农业发展模式的分析[J].农林经济管理学报,2018,17(5):635-640.

233

[64]芦千文.农村一二三产业融合发展的运行机理和理论阐释:例证皖省现代农业产业化联合体[J].山西农业大学学报(社会科学版),2017,16(4):24-29.

[65]芦千文.农村一二三产业融合发展研究述评[J].农业经济与管理,2016(4):27-34.

[66]吕岩威,刘洋.农村一二三产业融合发展:实践模式、优劣比较与政策建议[J].农村经济,2017(12):16-21.

[67]马健.产业融合理论研究评述[J].经济学动态,2002(5):78-81.

[68]马健.产业融合识别的理论探讨[J].社会科学辑刊,2005(3):86-89.

[69]马克思恩格斯全集(第32卷)[M].北京:人民出版社,1998.

[70]马晓河.推进农村一二三产业深度融合发展[J].中国合作经济,2015(2):43-44.

[71]孟秋菊.农村产业融合的内涵研究[J].四川理工学院学报(社会科学版),2018,33(2):76-83.

[72]欧阳胜.贫困地区农村一二三产业融合发展模式研究:基于武陵山片区的案例分析[J].贵州社会科学,2017(10):156-161.

[73]任维哲,邓锴.乡村振兴背景下农村一二三产业融合促进农民财产性收入增长研究:以陕西为例[J].西安财经学院学报,2019,32(5):75-82.

[74]斯大林.苏联社会主义经济问题[M].北京:人民出版社,1961:58.

[75]宋瑞.如何真正实现文化与旅游的融合发展[J].人民论坛,2019(11):24-35.

[76]苏毅清,游玉婷,王志刚.农村一二三产业融合发展:理论探讨、现状分析与对策建议[J].中国软科学,2016(8):17-28.

[77]孙亚南,张荣,张月.二元经济转型中城市化与工业化的耦合协调发展:基于跨国数据的比较与分析[J].经济问题探索,2019(7):26-34.

[78]孙正东.现代农业产业化联合体运营效益分析:一个经验框架与实证

[J].华东经济管理,2015,29(5):108-112.

[79]谭丹.构建农村一二三产业融合的动力系统[J].人民论坛,2019(24):146-147.

[80]谭明交,冯伟林.农村一二三产业融合:内涵厘清、内生动力及典型案例[J].新疆农垦经济,2018(9):14-20.

[81]谭明交.农村一二三产业融合发展:理论与实证研究[D].武汉:华中农业大学,2016.

[82]汤洪俊,朱宗友.农村一二三产业融合发展的若干思考[J].宏观经济管理,2017(8):48-52.

[83]唐艺森.中国非遗工艺——安溪藤铁[J].天工,2019(3):106-107.

[84]田聪华,韩笑,苗红萍,等.新疆农村一二三产业融合发展综合评价指标体系构建及应用[J].新疆农业科学,2019,56(3):580-588.

[85]万宝瑞.我国农业一二三产业融合沿革及其现实意义[J].农业经济问题,2019(8):4-8.

[86]王兴国.推进农村一二三产业融合发展的思路与政策研究[J].东岳论丛,2016(2):30-37.

[87]吴必虎.区域旅游开发的 RMP 分析:以河南省洛阳市为例[J].地理研究,2001(1):103-110.

[88]夏荣静.推进农村产业融合发展的探讨综述[J].经济研究参考,2016(30):46-53.

[89]熊爱华,张涵.农村一二三产业融合:发展模式、条件分析及政策建议[J].理论学刊,2019(1):72-79.

[90]闫周府,吴方卫.从二元分割走向融合发展:乡村振兴评价指标体系研究[J].经济学家,2019(6):90-103.

[91]杨久栋,马彪,彭超.新型农业经营主体从事融合型产业的影响因素分析:基于全国农村固定观察点的调查数据[J].农业技术经济,2019(9):

105-113.

[92]于东山.国家治理视角下的乡城关系70年变迁及展望[J].中国农业大
　　学学报(社会科学版),2019,36(5):111-119.

[93]余涛.农村一二三产业融合发展的评价及分析[J].宏观经济研究,2020
　　(11):76-85.

[94]张来武.产业融合背景下六次产业的理论与实践[J].中国软科学,2018
　　(5):1-5.

[95]张向达,林洪羽.东北粮食主产区一二三产业融合的耦合协调分析[J].
　　财经问题研究,2019(9):95-101.

[96]张永强,王珧,田媛.都市农业驱动城乡融合发展的国际镜鉴与启示[J].
　　农林经济管理学报,2019,18(6):760-767.

[97]张永勋,闵庆文,徐明,等.农业文化遗产地"三产"融合度评价:以云南红
　　河哈尼稻作梯田系统为例[J].自然资源学报,2019,34(1):116-127.

[98]赵放,刘雨佳.农村一二三产业融合发展的国际借鉴及对策[J].经济纵
　　横,2018(9):122-128.

[99]赵霞,韩一军,姜楠.农村一二三产业融合:内涵界定、现实意义及驱动因
　　素分析[J].农业经济问题,2017,38(4):49-57,111.

[100]赵毅.一二三产业融合背景下碧波高效农业示范园规划设计[J].中国
　　　农业资源与区划,2020,41(1):82-91.

[101]中共中央 国务院.中共中央国务院关于实施乡村振兴战略的意见[EB/
　　　OL].(2018-02-04)[2023-05-01].http://www.gov.cn/zhengce/2018-
　　　02/04/content_5263807.htm.

[102]中国共产党第十九次全国代表大会文件汇编[M].人民出版社,2017.

[103]周立,李彦岩,罗建章.合纵连横:乡村产业振兴的价值增值路径:基于
　　　一二三产业融合的多案例分析[J].新疆师范大学学报(哲学社会科学
　　　版),2020(1):1-10.

[104]周立,李彦岩,王彩虹,等.乡村振兴战略中的产业融合和六次产业发展[J].新疆师范大学学报(汉文哲学社会科学版),2018,39(3):16-24.

[105]周立.乡村振兴的核心机制与产业融合研究[J].行政管理改革,2018(8):33-38.

[106]周振华.产业融合:产业发展及经济增长的新动力[J].中国工业经济,2003(4):46-52.

[107]周芳.农村一二三产业融合背景下城厢特色产业文化旅游示范区规划策略[J].吉林农业科技学院学报,2020(6):44-47.

[108]朱朝枝,曾芳芳.农业多功能性与产业发展[M].北京:中国农业出版社.2017.

[109]朱信凯,徐星美.一二三产业融合发展的问题与对策研究[J].华中农业大学学报(社会科学版),2017(4):9-12,145.

[110]宗锦耀.农村一二三产业融合发展理论与实践[M].北京:中国农业出版社,2017.

[111]王苗苗,岳宗滨,王宝卿.山东省三产融合发展多维评价研究[J].江西农业学报 2022(11):190-195.

[112]杨宾宾,魏杰,宗义湘,等.乡村产业融合发展水平测算[J].统计与决策,2022,38(2):125-128.

[113]黄祖辉,胡伟斌.全面推进乡村振兴的十大重点[J].农业经济问题,2022(7):15-24.

[114]陈湘满,喻科.农村产业融合对农村居民收入的影响:基于空间杜宾模型实证分析[J].湘潭大学学报(哲学社会科学版),2022(2):66-73.

[115]陈永蓉.农村三产融合、农民共同富裕与收入分配[J].技术经济与管理研究,2023(2):104-109.

[116]殷晓茵,李瑞光,何江南,等.乡村振兴战略与农村三产融合发展的实践逻辑及协调路径[J].农业经济,2022(1):52-54.

[117]李姣媛,覃诚,方向明.农村一二三产业融合:农户参与及其增收效应研究[J].江西财经大学学报,2020(5):103-116.

[118]金丽馥,王婕.乡村振兴视阈下农村三产融合发展与促进农民增收:以江苏省为例[J].江苏农业科学,2021,49(21):1-7.

[119]余涛.农村一二三产业融合发展的评价及分析[J].宏观经济研究,2020(11):76-85.

[120]陈池波,李硕,田云.农村产业融合发展水平的统计评价[J].统计与决策,2021(21):164-169.

[121]江泽林.农村一二三产业融合发展再探索[J].农业经济问题,2021(6):8-18.

[122]张益丰,吕成成,陆泉志,等."环—链—层"融合与合作社的组织生态演化:组织融合驱动产业融合的实践机制研究[J].新疆社会科学,2021(6):69-80.

[123]余涛.农村一二三产业融合发展的评价及分析[J].宏观经济研究,2020(11):76-85.

[124]赵可霖.我国农村一二三产业融合对农民收入的影响研究[D].山西财经大学,2021.

[125]肖婧文,冯梦黎.农村产业融合嬗变:利益联结与生产要素的互动和共演[J].财经科学,2020(9):64-78.

[126]葛继红,王猛,汤颖梅.农村三产融合、城乡居民消费与收入差距:效率与公平能否兼得?[J].中国农村经济,2022(3):50-66.

[127]DANIELZYK R, WOOD G. On the relationship between cultural and economic aspects of regional development: Some evidence from Germany and Britain[J]. European planning studies, 2001, 9(1): 69-83.

[128]BOND N, FALK J. Tourism and identity-related motivations: why

am I here（and not there）？［J］. International journal of tourism research, 2013, 15(5)：430-442.

[129] FATIMAH T. The impacts of rural tourism initiatives on cultural landscape sustainability in Borobudur area ［J］. Procedia environmental sciences, 2015(28)：567-577.

[130] WEAVER D B, KWEK A, WANG Y. Cultural connectedness and visitor segmentation in diaspora Chinese tourism［J］. Tourism management, 2017(63)：302-314.

[131] FAI F, TUNZELMANN V N. Industry-spesific competencies and converging technological systems: evidence from patents ［J］. Structural change and economic dynamics, 2001(12):141-170.

[132] SCHMOOKLER J. Invention andeconomic growth[M]. Cambridge: Harward University Press, 1966.

[133] KARVONEN M, KASSI T. Patent citations as a tool foranalyzing the early stages of convergence[J]. Technological forecasting and social change, 2013, 80(6):1094-1107.

[134] KEMAHLIOGLU Z E, BARTHOLDI J J. Centralizing inventory in supply chains by using Shapley value to allocate the profits [J]. Manufacturing & Service operations management, 2011, 13(2):146-162.

[135] 于晓辉,张强. 模糊合作对策的区间 Shapley 值[J]. 中国管理科学, 2007,15(Z1):76-80.

附录:福建省农村三产融合现存问题关键词共线矩阵

	乡村规划	主体定位	技术研发	创意设计	农产品销售	农产品物流	农产品仓储	农产品加工	农产品价格	融合主体	工作分工	成效评价	农民增收	就业水平	农业劳动力	农村人口	人口老龄化	收益分享	利益联结	分配机制	生态环境	生态种养	评价标准	机械化程度	融合条件	生产成本
乡村规划	2	2	2	2	2	2	2	2	2	2	0	0	0	1	1	0	0	1	0	0	0	0	0	0	2	1
主体定位	2	2	2	2	2	2	2	2	0	2	2	0	0	0	0	0	0	0	1	0	0	1	0	1	2	0
技术研发	2	2	2	2	2	2	2	2	2	2	0	0	0	0	0	0	0	2	0	0	2	0	0	2	2	2
创意设计	2	2	2	2	2	2	2	2	0	2	2	1	0	0	0	0	0	0	0	0	0	0	0	0	2	0
农产品销售	2	2	2	2	2	2	2	2	1	2	2	1	0	0	0	0	0	0	0	0	0	0	0	0	2	0
农产品物流	2	2	2	2	2	2	2	2	2	2	2	0	0	0	2	0	0	0	0	0	2	0	0	0	2	0
农产品仓储	2	2	2	2	2	2	2	2	1	2	2	0	0	0	1	0	0	0	0	0	0	0	0	0	1	0
农产品加工	2	2	2	2	2	2	2	2	0	2	2	0	0	0	0	0	0	0	0	0	2	0	0	0	2	1
农产品价格	0	0	0	0	0	0	0	0	2	0	0	0	0	0	0	0	0	0	0	0	0	0	0	0	0	2
融合主体	2	2	2	2	2	2	2	2	2	1	2	2	2	0	0	0	0	0	0	0	0	0	0	0	2	0
工作分工	2	2	2	2	2	2	2	2	0	2	2	1	0	0	0	0	0	0	0	0	0	0	0	0	2	0
成效评价	0	0	0	1	0	0	1	0	0	0	0	2	2	2	2	2	0	2	0	2	2	2	2	2	0	0
农民增收	0	0	0	0	0	0	0	0	0	0	0	2	2	2	2	2	0	2	2	2	2	2	2	2	0	0
就业水平	0	0	0	0	0	0	0	0	0	0	0	2	2	2	2	2	0	2	2	2	2	2	2	2	0	0
农业劳动力	0	2	1	0	0	0	0	0	0	0	0	2	2	2	2	2	0	2	2	2	2	2	2	2	1	0
农村人口	0	0	0	0	0	0	0	2	0	0	0	0	0	0	2	0	0	2	2	2	2	2	2	0	0	0
人口老龄化	0	0	1	1	1	0	0	0	0	1	0	2	2	2	2	0	0	2	2	2	2	0	0	2	2	0
收益分享	1	0	0	0	0	0	0	0	0	2	0	0	0	1	0	1	2	2	2	2	0	2	0	1	2	2
利益联结	0	0	0	2	0	0	0	0	0	0	0	0	0	0	2	0	2	2	2	2	0	0	0	0	0	2

续表

	乡村规划	主体定位	技术研发	创意设计	农产品销售	农产品物流	农产品仓储	农产品加工	农产品价格	融合主体	工作分工	成效评价	农民增收	就业水平	农业劳动力	农村人口	人口老龄化	收益分享	利益联结	分配机制	生态环境	生态种养	评价标准	机械化程度	融合条件	生产成本
分配机制	0	0	0	0	2	0	2	0	2	0	0	0	0	2	0	0	0	2	2	2	0	0	2	0	1	2
生态环境	0	1	0	0	0	1	0	0	0	0	0	2	2	2	2	2	2	0	0	1	2	2	2	2	0	2
生态种养	0	0	1	0	2	0	0	0	0	1	0	2	2	2	2	0	0	1	2	2	2	2	2	2	2	2
评价标准	0	0	0	0	0	0	0	0	0	0	0	2	2	2	2	2	2	0	0	0	2	2	2	2	0	0
机械化程度	0	2	0	2	2	0	0	0	0	0	1	2	0	0	0	0	0	0	0	2	2	2	2	2	0	0
融合条件	2	2	2	2	2	2	2	2	2	2	1	0	0	0	0	2	0	0	1	0	1	0	0	0	2	0
生产成本	0	0	0	0	0	0	1	2	2	0	0	0	0	0	0	0	0	2	2	2	0	0	0	0	0	0
运输成本	0	1	0	0	0	0	0	0	2	0	0	0	0	2	1	0	2	2	2	2	0	0	0	0	0	2
人工成本																										
风险承担	2	2	1	0	0	0	0	0	0	0	0	0	0	0	1	0	0	0	0	0	0	0	0	1	2	2
市场分析	2	2	2	2	2	2	2	2	0	0	0	0	0	0	0	1	1	0	1	0	1	0	1	0	2	1
形象设计	2	2	2	2	2	2	2	2	0	2	2	2	0	0	0	0	0	0	1	0	2	0	0	0	0	0
功能分区	2	2	2	0	2	2	2	2	2	2	2	0	0	0	0	0	0	0	0	0	0	0	0	2	2	1
技术培训	2	2	2	2	2	2	2	2	2	2	0	0	0	0	0	0	0	0	1	1	0	0	0	0	0	0
农产品检测	2	2	2	2	2	2	2	2	2	0	0	0	0	0	0	2	1	0	0	0	0	0	0	0	2	0
电子商务	2	2	2	2	2	2	2	2																		
净利润	0	0	0	0	0	0	0	0	0	2	0	0	1	0	0	0	0	2	2	2	2	0	0	0	0	2
销售总额	1	0	0	0	0	0	1	0	2	0	0	0	0	0	0	0	0	2	2	2	2	0	0	0	1	2
产业基础	0	0	0	0	0	0	0	0	0	0	0	2	2	2	2	2	2	0	2	2	2	2	2	2	2	0
发展潜力	0	0	0	0	0	0	0	0	0	0	0	2	2	2	2	2	2	0	2	2	2	2	2	2	2	1
功能定位	2	2	2	2	2	2	2	2	2	2	2	0	0	0	0	0	0	0	0	0	0	0	0	0	2	1
融合模式	2	2	2	2	2	2	2	2	2	2	2	0	0	0	0	0	0	0	0	0	0	0	0	0	2	1
空间布局	2	2	2	2	2	2	2	2	2	2	2	0	0	0	0	0	0	0	0	0	0	0	0	0	0	0
土地保障	2	2	2	2	2	2	2	2	2	2	1	0	0	2	0	0	0	2	0	0	0	0	0	0	2	0
能源支持	2	2	2	2	2	2	2	2	2	2	2	0	0	0	0	0	0	0	0	0	2	2	2	0	2	1
资金投入	0	0	0	0	0	0	0	0	1	2	0	0	0	0	0	0	0	2	2	2	2	0	0	0	0	2
金融服务	2	2	2	2	2	2	2	2	1	2	2	0	0	0	0	1	0	0	0	1	0	0	0	1	2	2

续表

	乡村规划	主体定位	技术研发	创意设计	农产品销售	农产品物流	农产品仓储	农产品加工	农产品价格	融合主体	工作分工	成效评价	农民增收	就业水平	农业劳动力	农村人口	人口老龄化	收益分享	利益联结	分配机制	生态环境	生态种养	评价标准	机械化程度	融合条件	生产成本
适度规模化	0	2	0	2	1	0	0	0	0	0	0	2	2	2	2	2	0	2	2	2	2	2	2	2	0	1
督促考核	0	0	0	0	2	0	0	0	0	0	0	2	2	2	2	2	0	0	0	1	2	2	2	2	0	0
标准化程度	0	0	0	0	0	0	0	0	0	0	0	2	2	2	2	2	0	0	0	2	2	2	2	0	0	0
品牌效应	0	0	0	0	1	0	0	2	1	0	0	0	0	0	0	0	0	0	0	2	2	2	2	2	1	1
组织化程度	0	0	0	0	0	2	1	0	0	0	0	0	0	0	0	0	0	0	0	2	2	2	2	2	0	2
市场辐射	1	0	2	2	0	0	2	2	0	0	1	2	2	2	2	2	0	0	0	2	2	2	2	2	0	

	运输成本	人工成本	风险承担	市场分析	形象设计	功能分区	技术培训	农产品检测	电子商务	净利润	销售总额	产业基础	发展潜力	功能定位	融合模式	空间布局	土地保障	能源支持	资金投入	金融服务	适度规模化	督促考核	标准化程度	品牌效应	组织化程度	市场辐射
乡村规划	0	0	0	2	2	2	2	2	2	0	0	0	2	2	2	2	2	2	2	0	0	0	0	3	0	2
主体定位	0	0	0	2	2	2	2	2	2	0	0	1	2	2	2	2	2	2	2	1	0	0	0	0	0	0
技术研发	0	0	0	2	2	2	2	2	2	0	0	0	2	2	2	2	2	2	2	0	0	0	0	0	0	0
创意设计	0	0	0	2	2	2	2	2	0	2	0	0	2	2	2	2	2	2	2	1	0	0	0	0	0	0
农产品销售	0	0	2	2	2	2	2	2	1	2	1	0	2	2	2	2	2	2	2	0	0	2	1	0	0	0
农产品物流	0	0	0	2	2	2	2	2	2	0	2	0	1	2	2	2	2	2	2	0	0	0	0	0	0	2
农产品仓储	2	0	0	2	2	2	2	2	2	0	0	0	2	2	2	2	2	2	2	0	0	0	0	0	0	0
农产品加工																										
农产品价格	2	2	2	0	0	0	0	0	1	2	2	2	2	0	0	0	0	0	0	2	0	0	2	1	1	2
融合主体	0	2	2	2	2	2	2	2	2	0	0	0	2	2	2	2	2	2	2	1	0	0	0	0	0	0
工作分工	0	0	2	2	2	2	2	2	2	0	0	0	2	2	2	2	2	2	2	0	0	0	0	0	0	0
成效评价	0	0	0	2	0	2	0	0	0	0	0	2	2	0	0	1	0	0	0	2	2	2	2	2	2	2
农民增收	0	0	0	0	0	0	0	0	0	0	0	0	2	1	0	0	0	0	0	0	0	0	0	0	0	2
就业水平	0	2	0	0	2	0	0	0	0	0	0	0	0	0	0	0	0	0	0	0	0	0	0	0	0	2
农业劳动力	0	0	0	0	0	0	0	0	0	0	0	0	0	1	0	0	0	0	0	0	0	0	0	0	0	2
农村人口	0	0	0	0	0	1	0	2	0	0	0	0	0	0	0	0	0	0	0	0	0	0	0	0	0	2
人口老龄化	0	0	2	0	0	0	0	0	0	0	0	2	2	2	1	0	2	0	0	2	2	2	2	2	2	2

续表

	运输成本	人工成本	风险承担	市场分析	形象设计	功能分区	技术培训	农产品检测	电子商务	净利润	销售总额	产业基础	发展潜力	功能定位	融合模式	空间布局	土地保障	能源支持	资金投入	金融服务	适度规模化	督促考核	标准化程度	品牌效应	组织化程度	市场辐射
收益分享	2	2	2	0	0	0	0	0	0	2	2	1	0	1	0	0	0	0	2	0	0	0	2	1	0	0
利益联结	2	2	2	0	0	0	2	0	0	2	2	0	0	0	0	0	2	0	2	1	0	2	0	0	0	2
分配机制	2	2	2	0	0	1	0	0	0	2	2	0	0	0	0	0	0	0	2	1	0	0	0	0	0	0
生态环境	0	2	0	1	0	2	1	2	0	0	0	2	2	0	0	0	2	2	2	2	2	2	2	2	2	2
生态种养	0	0	0	1	0	0	0	0	0	0	0	0	0	0	0	0	2	0	2	2	2	2	2	2	0	2
评价标准	0	0	0	0	0	0	0	1	0	0	0	2	2	0	0	2	1	0	1	0	0	0	0	0	0	0
机械化程度	0	0	0	0	0	0	0	1	0	0	0	2	2	0	0	1	2	0	0	0	2	2	2	2	2	2
融合条件	0	0	0	2	2	2	2	2	0	0	0	0	0	0	0	0	0	0	0	0	0	0	0	0	0	1
生产成本	2	2	2	0	0	0	0	0	0	2	2	0	0	0	0	0	0	0	2	0	0	0	0	0	0	0
运输成本	2	2	2	0	0	0	0	0	0	2	2	0	0	0	0	0	0	0	2	0	0	0	0	0	0	0
人工成本	2	2	2	0	0	0	0	0	0	2	2	0	0	0	0	0	0	0	2	0	0	0	0	0	0	1
风险承担	2	2	2	0	0	0	0	0	0	2	2	0	1	0	0	0	0	0	2	0	1	0	0	0	0	1
市场分析	2	0	0	2	2	2	2	2	2	0	0	0	0	2	2	2	2	2	0	2	0	0	1	0	0	2
形象设计	0	2	0	2	2	2	2	2	0	0	0	2	2	2	2	2	2	0	0	0	0	0	1	2	2	2
功能分区	0	0	0	2	2	2	2	2	2	0	0	2	2	2	2	2	2	2	2	2	0	0	0	0	0	0
技术培训	0	0	0	2	2	2	2	2	2	0	0	1	1	0	0	2	2	2	2	2	2	0	2	0	0	0
农产品检测	0	0	0	2	2	2	2	0	2	0	0	2	2	2	2	2	2	2	2	1	2	0	0	0	0	0
电子商务	0	0	0	2	2	2	2	2	2	0	1	0	0	2	2	2	2	1	0	1	0	0	0	0	0	0
净利润	2	2	2	0	0	2	0	0	0	2	2	2	0	0	0	1	0	0	2	0	0	0	0	0	0	1
销售总额	2	2	2	0	0	0	0	1	0	2	0	0	0	1	0	0	1	0	0	2	0	0	0	0	0	0
产业基础	1	1	1	0	0	0	0	0	0	2	2	0	2	2	1	0	0	0	2	0	0	2	2	2	2	2
发展潜力	1	0	0	0	0	0	2	0	0	2	2	0	0	0	0	0	0	0	2	0	0	0	0	0	0	0
功能定位	1	2	2	2	2	2	2	2	2	2	0	0	0	0	2	2	2	2	2	2	0	0	2	0	2	0
融合模式																										
空间布局	2	0	0	2	2	2	2	2	0	0	0	0	0	1	2	0	0	1	2	2	0	0	0	0	0	0
土地保障	0	1	0	2	2	2	2	2	2	2	0	0	2	2	2	2	2	2	2	1	2	1	2	2	0	0

续表

	运输成本	人工成本	风险承担	市场分析	形象设计	功能分区	技术培训	农产品检测	电子商务	净利润	销售总额	产业基础	发展潜力	功能定位	融合模式	空间布局	土地保障	能源支持	资金投入	金融服务	适度规模化	督促考核	标准化程度	品牌效应	组织化程度	市场辐射
能源支持	0	0	0	2	2	2	2	2	2	1	0	0	0	2	2	2	2	2	0	2	0	0	0	0	2	0
资金投入	2	2	2	0	1	2	0	2	0	2	2	1	0	0	0	0	0	0	2	0	0	0	0	0	0	0
金融服务	0	1	0	2	2	2	2	2	2	0	0	0	0	2	2	2	2	2	0	2	0	0	0	0	0	0
适度规模化	0	0	0	0	0	0	0	0	1	0	0	0	2	2	0	0	0	0	0	0	0	2	2	2	2	2
督促考核	0	0	0	0	0	0	0	0	0	1	0	1	2	2	0	1	0	0	0	2	0	0	2	2	2	2
标准化程度	2	0	0	0	2	0	2	0	0	0	0	0	2	2	2	0	0	0	0	0	0	0	2	2	2	2
品牌效应	2	0	0	0	2	0	0	0	0	0	0	2	2	2	0	0	0	0	0	0	2	2	2	2	2	2
组织化程度	2	0	0	0	0	0	0	0	0	1	0	0	2	2	0	0	0	0	2	2	0	0	2	2	2	2
市场辐射	0	0	0	2	0	0	1	0	0	0	0	2	2	0	0	0	0	0	1	0	2	2	2	2	2	2